Bernardo Campos

EL PRINCIPIO
PENTECOSTALIDAD

LA UNIDAD EN EL ESPIRITU, FUNDAMENTO DE LA PAZ

PRÓLOGO:
DR. CARMELO ÁLVAREZ

EL PRINCIPIO
PENTECOSTALIDAD

Bernardo Campos

EL PRINCIPIO PENTECOSTALIDAD

LA UNIDAD EN EL ESPIRITU, FUNDAMENTO DE LA PAZ

PRÓLOGO:
DR. CARMELO ÁLVAREZ

Publicaciones Kerigma ©2016 Salem Oregón

Todos los derechos son reservados. Por consiguiente: Se prohíbe la reproducción total o parcial de esta obra por cualquier medio de comunicación sea este digital, audio, video escrito, salvo para citaciones en trabajos de carácter académico según los márgenes de la ley o bajo el permiso escrito de Publicaciones Kerigma.

www.seminarioteologicokerigma.org/publicaciones

Diseño de Portada: Fabio L. Mejía

2016 Publicaciones Kerigma

Salem Oregón

All rights reserved.

ISBN: 978-0-9979958-1-7

© 2016 Publicaciones Kerigma
Primera Edición: 1500 ejemplares.

RECOMENDACIONES

Bernardo Campos es uno de los preeminentes teólogos pentecostales en América Latina. Su trabajo sobre el pentecostalismo se ha forjado a lo largo de casi tres décadas. Es una contribución única y creativa en el campo de la teología pentecostal mientras que al mismo tiempo ofrece implicaciones prácticas para los creyentes. Recomiendo este trabajo como una contribución oportuna a los campos en desarrollo de la teología sistemática pentecostal, así como la teología práctica.

~ **Cecil M. Robeck, Jr., PhD**
Director of the David du Plessis Center for Christian Spirituality
Fuller Theological Seminary

El "Principio Pentecostalidad" de Bernardo Campos se nutre de las profundas realidades que dan vida a la espiritualidad y a los movimientos pentecostales modernos, pero también tan fundamentalmente enraizada en el mensaje apostólico del Nuevo Testamento. La obra es una invitación ecuménica y universal a la iglesia a ser más radical y verdaderamente cuerpo de Cristo, precisamente en la comunión del Espíritu. Vientos frescos del Espíritu pueden soplar a través de este libro para vigorizar el pueblo de Dios en el tercer milenio.

~ **Amos Yong, PhD**
Professor of Theology & Mission,
Fuller Theological Seminary

En este libro, Bernardo Campos trata de un tema de la teología cristiana que él conoce con profundidad, por teoría y por experiencia personal. Pues él mismo es un teólogo pentecostal. El libro trae a la luz aspectos del pentecostalismo prácticamente desconocidos, hasta por adeptos del mismo movimiento. Por lo tanto, recomiendo la lectura de este libro a todos los cristianos en general y, en especial, a todos los estudiantes de teología.

~ **Expedito Ferreira de Melo. Ph.D**
Superintendente de la Iglesia de Dios en Brasil.

Dentro del contexto latinoamericano, el nuevo libro del pastor pentecostal peruano Bernardo Campos nos impulsa a destacar su vocación de intelectual comprometido con la reflexión teológica conectada a las ciencias sociales. La obra, que se reviste de una gran calidad didáctica no obstante su erudición, amplitud y complejidad, avanza en la preocupación de su autor por la pentecostalidad como fuerza espiritual con significaciones sociales que necesitamos explorar y experimentar.

~ **Hilario Wynarczyk, PhD**
Universidad Nacional de San Martín, Argentina.

Hay un aspecto crucial que Bernardo Campos ha enarbolado en sus escritos continuamente: La pentecostalidad como principio hermenéutico e histórico que se transforma en una convocatoria que apunta a la herencia protestante, dialoga con ella y plantea la necesidad de romper dogmatismos o confesionalismos estrechos, que no dan cuenta de la riqueza que ofrece como principio crítico de desinstalación (Paul Tillich). Ambos, el principio protestante y este principio pentecostalidad (Bernardo Campos) nos desafían con su sesgo profético-pastoral.

~ **Carmelo Álvarez, PhD**
Misionero y profesor de la historia del cristianismo. Es conferencista, asesor teológico y consultor en educación teológica en Latinoamérica y el Caribe, Autor del Prólogo de este libro
Chicago, USA

La pentecostalidad de la iglesia es un concepto teológico legítimamente acuñado por Bernardo Campos. Con creatividad nos presenta un nuevo paradigma teológico que él ha estudiado y desarrollado a través del tiempo. En El Principio Pentecostalidad, el lector se encontrará con una metodológica transversalmente inclusiva, que reconoce la misión socio-espiritual del Espíritu Santo en la promoción de la experiencia pentecostal en el cuerpo de Cristo. Como teología pentecostal, este libro enriquecerá el conocimiento de estudiantes interesados en una pneumatología dinámica, profunda y de gran altura.

~ **Miguel Álvarez, PhD**
Profesor adjunto de Teología y Misión
Regent University

En esta obra Bernardo Campos nos brinda una madura reflexión sobre su propuesta teórica de la pentecostalidad. Se trata de un aporte teórico creativo y muy bien fundamentado. Sin duda esta obra enriquecerá la comprensión de la experiencia del Espíritu, motor y movilizador de la unidad de los cristianos como fundamento de la paz, condición *sine qua non* para una teología de la pentecostalidad universal. Una obra indispensable para los pentecostales y para todos que estudian el fenómeno pentecostal.

~ David Mesquiati, PhD
Pesquisador da Cátedra Unida de Teología Pública
e Estudos da Religião Faculdade Unida de Vitória,
Brasil

Bernardo Campos como un teólogo creativo y riguroso despliega una categoría, pentecostalidad, según su tesis, en la tradición bíblica y en los cristianismos históricos y latinoamericanos. Su aporte nos invita a la reflexión sobre el reencuentro entre las tradiciones, las culturas, las comunidades y un encuentro personal con el Espíritu, que nos impulsa la transformación, la búsqueda de la justicia, la rebelión y la esperanza.

~ Juan Jacobo Tancara Ch. PhD
Center for Interdisciplinary Research on Religion and Society
(CIRRUS) Universität Bielefeld,
Fakultät für Geschichte Philosophie und Theologie
(Facultad de Historia, Filosofía y Teología)
Alemania

INDICE

RECOMENDACIONES 7

PROLOGO 15

INTRODUCCION 17

PRIMERA PARTE: PENTECOSTÉS 27

    EL SINAÍ: CLAVE HERMENEUTICA DE LA PENTECOSTALIDAD .. 28
   1. *El lugar y significado del Sinaí para la Teología Bíblica* 30
   2. *El libro de los Hechos a la luz de la teología y experiencia sinaíticas* ....
   322
   3. *Pentecostés como Deutero Sinaí* 33
   4. *Pentecostés, clave de lectura del Nuevo Testamento* 38

    LA FIESTA DE PENTECOSTÉS EN LA CULTURA JUDIA 41
   1. *El Antiguo Testamento* 41
   2. *El Nuevo Testamento* 43

    LA ESPERA DE LA PROMESA DEL PADRE 44
   1. *Jesús cita a sus discípulos en Betania* 44
   2. *La Presencia del resucitado en Jerusalén* 46
   3. *La Promesa del Padre se cumple. El deutero Sinaí* 47
   4. *¿Glosolalia o Xenolalia?* 50
   5. *Señales y Maravillas* 52
   6. *De la Fiesta a la diáspora* 53

    LA COMUNIDAD UNIVERSAL DE LA PROMESA 56
   1. *El cristianismo primitivo* 57
   2. *Los bautizados de la nueva comunidad* 60
   3. *Las primicias de la Gran Cosecha* 62
   4. *Las lluvias tardías* 63
   5. *La gran cosecha* 65
   6. *La Comunión en el Espíritu* 66
   7. *Santidad del Espíritu* 69
   8. *La comunidad de bienes* 71

9. Solidaridad mecánica 71
10. Solidaridad orgánica 72

EL NUEVO PENTECOSTES PARA LA GENTILIDAD 75

1. El Espíritu Santo en Samaria (contra la simonía y la discriminación) 75
2. Camino a Damasco: Saulo de Tarso (Hechos 9:17-18) 78
3. El Espíritu Santo en Jaffa (introduce a los gentiles) 78
4. El Espíritu Santo en Éfeso (contra el comercio religioso) 81
5. El Espíritu Santo en Corinto (sobrepuja a la unidad en la fe) 84
6. El Espíritu Santo hasta lo último de la Tierra (armoniza la creación) 87

SEGUNDA PARTE: LA PENTECOSTALIDAD 91

EL PROTO PENTECOSTÉS 93

1. La Pentecostalidad pre y post Pentecostés 96
2. La universalidad del carisma pentecostal 98

EL SUCESO TEOLOGAL Y SUS INTERPRETACIONES 99

1. La pregunta por el significado ("¿Qué significa esto?") 100
2. La pregunta por la praxis consecuente – ética y moral 100

HERMENÉUTICA DEL ESPÍRITU 103

1. El Reconocimiento del Mesías, Objeto Material de la HDE 104
2. Las Aporías de una HDE: El «espíritu de error» 106
3. La unción como método para experimentar una HDE 107
4. Pentecostés, hecho Teologal o teofanía 109
5. La interpretación incrédula de los celebrantes 110
6. Pedro, teólogo de la Pentecostalidad 112
7. Acontecimientos del Espíritu Hoy 114

HACIA UNA TEOLOGÍA DE LA PENTECOSTALIDAD (TdP) 117

1. Pentecostés y la Teología de la Pentecostalidad (TdP) 117
2. La Pentecostalidad como criterio de conocimiento 118
   a. El Kairós Pentecostal (Cuando llegó el día) 118
   b. La praxis Pentecostal 119
   c. El Pathos Pentecostal 120
   d. El Ethos pentecostal 121
   e. El imperativo pentecostal 125

- f. Hermenéutica Pentecostal 126
3. *La Pentecostalidad forjadora de identidades* *128*
4. *El Principio Pentecostalidad* *128*
   - a. Pentecostalidad y Pentecostalismos 130
   - b. El proceso de la pentecostalidad 132
   - c. Hermenéutica de lo pentecostal y sus correlaciones 136
   - d. La producción Teológica Pentecostal 137
   - e. Lo testimonial en la teología Pentecostal 139
   - f. Lo Narrativo y su significación 141

LA PRODUCCION SIMBOLICA DE LA PENTECOSTALIDAD 141
1. *Variedad de las experiencias de lo pentecostal* *141*
2. *Univocidad del acontecimiento pentecostal fundacional* *142*
3. *Operaciones de la conciencia pentecostal* *144*
   - a. Ruptura tempo-espacial 144
   - b. Configuración epistemológica 146
   - c. Actualización hermenéutica 147
   - d. Impostación lingüística 149

TERCERA PARTE: LOS PENTECOSTALISMOS **151**

LOS CRISTIANISMOS Y LA PENTECOSTALIDAD 153
LA PENTECOSTALIDAD DEL CRISTIANISMO 156
1. *La taxonomía religiosa* *156*
2. *El cristianismo católico y sus variantes* *161*
3. *El cristianismo Ortodoxo y sus variantes* *162*
4. *El cristianismo Protestante y su diversidad* *163*
5. *El cristianismo Pentecostal y su variedad* *167*

EPILOGO HACIA UN CRISTIANISMO GLOBAL 177

CUADROS Y GRAFICAS **187**

BIBLIOGRAFIA **193**

PROLOGO

El libro más reciente del teólogo pentecostal, Bernardo Campos, viene a corroborar su competencia y calidad como investigador y maestro. El principio pentecostalidad se une a una serie de discusiones que han desafiado a teólogos y teólogas pentecostales en varios ámbitos académicos de importancia y pertinencia. En la Sociedad de Estudios Pentecostales (SPS) hemos tenido amplias sesiones para conversar sobre "el principio pentecostal".

Recuerdo que ya para 1990 Bernardo ofreció una ponencia pionera sobre este principio en la creación de la Coordinadora Evangélica Pentecostal Latinoamericana (CEPLA), Canelo de Nos, Chile 1990, que resultó a ratos polémica, y finalmente la incluimos en nuestro ya mundialmente famoso libro: Carmelo Álvarez (ed.), *Pentecostalismo y liberación: una experiencia latinoamericana*. San José: DEI, 1992. En el contexto de la Red Latinoamericana de Estudios Pentecostales (RELEP), el mismo Bernardo Campos nos ha llamado la atención una y otra vez sobre este tema tan crucial.

Bernardo Campos se une, además, a connotados teólogos de fama mundial como Paul Tillich y Jaroslav Pelikan, que fueron pioneros en subrayar el concepto "principio protestante". El amigo, colega y hermano Juan Sepúlveda es una voz pentecostal que se ha unido a la discusión del tema, insistiendo en el "principio pentecostal".

Hay un aspecto crucial que Bernardo Campos ha enarbolado en sus escritos continuamente: La pentecostalidad como principio hermenéutico e histórico que se transforma en una convocatoria que apunta a la herencia protestante, dialoga con ella y plantea la necesidad de romper dogmatismos o confesionalismos estrechos, que no dan cuenta de la riqueza que ofrece como principio crítico de desinstalación (Paul Tillich). Ambos, el principio protestante y este principio pentecostalidad (Bernardo Campos) nos desafían con su sesgo profético-pastoral.

Hay otras dos dimensiones del libro que debemos subrayar. El tema de la paz se une al tema de la unidad y forjan un reclamo ético en lo que también se ha llamado insistentemente, "ecumenismo del Espíritu". Bernardo Campos conoce muy bien esas discusiones y las incorpora en su análisis. Todo ello enmarcado en una teología contextualizadora que toma como referente filosófico el principio de la interculturalidad. Desde su vivencia peruana y pentecostal, Bernardo Campos nos propone un análisis multifacético que debemos tomar en serio.

Recomiendo con mucho entusiasmo este nuevo aporte de Bernardo Campos. Sugiero su promoción y discusión no sólo entre pentecostales, sino en el diálogo ecuménico. Nos va a propiciar desafíos importantes. Gracias, Bernardo, por tu creatividad y aporte académico-pastoral, en esta obra definitiva.

Dr. Carmelo Álvarez
Chicago, 17 de febrero de 2016

INTRODUCCION

El ilustre teólogo alemán, Paul Tillich, fue quien habló sobre el "*principio protestante*" y señaló que la quintaesencia del espíritu protestante debería pasar por la voluntad de buscar siempre la protesta protestante, especialmente ante la situación proletaria[1]. El que es verdaderamente reformado no sólo debe procurar la reforma, sino que debe estar siempre reformándose: "*ecclesia reformata, semper reformanda*". Ese es el principio protestante.

En 1949, el filósofo de la utopía, Ernst Bloch, vio que la humanidad se debería mover por lo que él llamó el "principio esperanza". En su obra titulada *El Principio Esperanza* (3 Vols.) decía que la esperanza humana es el eje motor de la existencia. La esperanza ilumina nuestro camino y como utopía orienta la realización de nuestros proyectos. Tal es el principio esperanza. En sus tres volúmenes se demuestra la existencia de la conciencia anticipadora que escapa de, y es capaz de, escudriñar la realidad con respecto a la pre-apariencia de su objetivo final, el cual es, al mismo tiempo, el objetivo final del cosmos y del ser humano, ambos inconclusos en el presente, pero en trance de llegar a ser ellos mismos [2]

---

[1] Paul Tillich, *La Era Protestante*. Chicago: The University of Chicago Press, 1965: 243-268
[2] Krotz, Esteban. *Introducción a Ernst Bloch (a 125 años de su nacimiento)*. En-clav. pen [online]. 2011, vol.5, n.10 [consultado 17.12.2015]: 55-73. Disponible en: <http://www. scielo.org.mx/scielo.php?script=sci_arttext&pid=S1870-879X2011000200004&lng=es&nrm =iso>.ISSN 1870-879X.

Y Jon Sobrino --siguiendo a E. Bloch-- juzga la realidad crucificada del Tercer Mundo, en el marco del quinto centenario de la conquista de américa, y propone el *"principio misericordia"*[3]. Destaca dos manifestaciones de la misericordia que él conoce bien: la realidad sacerdotal y la solidaridad refiriéndose a los mártires de la Universidad Centroamericana UCA, sus hermanos jesuitas. Su intensión ha sido mostrar la imperiosa necesidad de misericordia ante los pueblos crucificados. Aunque el lenguaje de misericordia parezca excesivamente suave y aun peligroso para expresar lo que necesitan los pueblos crucificados. Sin embargo, ha mantenido el título, porque quizá tenga la fuerza necesaria para despertar y sacudir a la sociedad y a la Iglesia. Y es que la misericordia dice ultimidad, humana y cristiana, ante el pueblo crucificado.

Según Sobrino por «principio-misericordia» debemos entender un específico amor que está en el origen de un proceso, pero que además permanece presente y activo a lo largo de él, le otorga una determinada dirección y configura los diversos elementos dentro del proceso. Ese «principio-misericordia» —dice— es el principio fundamental de la actuación de Dios y de Jesús, y debe serlo de la Iglesia. Pero el término «misericordia» hay que entenderlo bien, porque puede connotar cosas verdaderas y buenas, pero también cosas insuficientes y hasta peligrosas: sentimiento de compasión (con el peligro de que no vaya acompañado de una praxis), «obras de misericordia» (con el peligro de que no se analicen las causas del sufrimiento), alivio de necesidades individuales (con el peligro de abandonar la transformación de las estructuras), actitudes paternales (con el peligro del paternalismo) ... Para evitar las limitaciones del concepto «misericordia» y los malentendidos a que se presta, no hablamos simplemente de «misericordia», sino del «principio-misericordia», del mismo modo que Ernst Bloch no hablaba simplemente de «esperanza», como una de entre muchas realidades categoriales, sino del «principio-esperanza»[4].

El pentecostalismo no ha sido ajeno a esta tradición de encontrar el principio motor de la cultura o la existencia. En Norteamérica Nimi Wariboko[5] ha señalado que el principio pentecostal es –sencillamente—"la

---

[3] Jon Sobrino, *El Principio Misericordia: Bajar de la cruz a los pueblos crucificados.* Santander: Editorial Sal Terrae, 1992: 31-32
[4] Ibid: 32
[5] Nimi Wariboko, *The Pentecostal Priciple: Ethical Methodoloy in New Spirit*. USA: William B. Publishing Company-Grand Rapids, Michigan / Cambridge, U.K., 2012, Introduction: 1

capacidad para comenzar". Según Wariboko, "si se encapsula la noción de que hay una realidad finita o acondicionada se puede decir que ha llegado a su destino o a su fin. El movimiento de todo lo existente hacia su destino (la plena realización de las potencialidades) permanece *siempre sin completar* porque está "arraigado" en el abismo de la libertad divina. Cada extremo tiene una sola opción: ser un nuevo comienzo[6].

Haciendo suyo el comentario de Hannah Arendt, Nimi Wariboko indica que "el principio, antes de ser un evento histórico, es la capacidad suprema del hombre; políticamente, es idéntica a la libertad del hombre. *Infinitum ut esset homo est creatus* --- "el hombre ha sido creado para ser infinito", dijo Agustín[7]. "Debido a la demanda del nuevo comienzo, se espera más de cada momento y cada vida, y hay una apertura radical a las alternativas y sorpresas. La inquietud de toda la vida *en-espíritu* es reconocida, comprendida y asumida"[8].

Wariboko sostiene que la metodología ética (compromiso) debe asumir el modo de una crítica cultural, creatividad social y compromiso político. No debemos permitir que ese compromiso se quede en *conocimiento-ex máquina* que sólo funciona para entender el mundo, pero no para cambiarlo. En su lugar debe provocar el desarrollo moral, y promover prácticas sociales de superación humana. Una ética fiel al "principio pentecostal" no se permite el lujo de bañarse al aire despreocupado de la problemática, anclado en el vocabulario de épocas pasadas y sus espíritus (o sus espectros), sino que debe trabajar continuamente para inventar sus propios análisis y lenguajes, es decir, hablar en nuevas lenguas[9]. Desde esta perspectiva, el pentecostalismo, gracias al principio pentecostal, siempre aparecerá como novedoso y lleno de sorpresas. Empezará de nuevo cuantas veces sea necesario y –aunque vuelva siempre a las fuentes-- no se aferrará a una tradición. Será capaz de renovarse permanentemente. Más que un concepto, es una metodología para apuntalar una ética que resista al absolutismo, provoque posibilidades creativas, y forje alternativas a cualquier mundo dado. El proyecto no está terminado, empieza ahora.

---

[6] Ibid.
[7] Hannah Arent, *The Origins of Totalitarism* (New York: Schocken), 2004: 616 citado por Nimi Wariboko, op.cit: 1
[8] Ibid.
[9] Nimi Wariboko, *op.cit.*: preface: ix.

En América Latina quien se ha referido al *"principio pentecostal"* con igual singularidad, ha sido mi gran amigo y compañero pentecostal, el teólogo chileno Juan Sepúlveda. Como él dice, "el *principio protestante* según Tillich, representa, la protesta o rechazo de cualquier absolutización de las mediaciones institucionales y políticas de la fe cristiana, a la vez que el rechazo de la absolutización de cualquier sistema político mediante su legitimación teológica cristiana". Por lo mismo, (…) "el ***principio pentecostal*** representa la protesta o el rechazo contra la absolutización de cualquier *mediación cultural* del evangelio de Jesucristo. El principio pentecostal se desarrolló históricamente a partir de la protesta – generalmente inconsciente – contra la cautividad occidental del evangelio, tanto protestante como católica, caracterizada por una concepción *logocéntrica* y racionalista de la fe cristiana. Pero el **principio pentecostal** también se opone una eventual absolutización de mediaciones culturales del propio pentecostalismo"[10]

En ese artículo Sepúlveda, dialogando con mi propuesta de la pentecostalidad, advertía el peligro de convertirla en un absoluto más, como pretendió el idealismo alemán y la costumbre occidental[11]. Por cierto, y lo digo de una vez, el *"principio pentecostalidad"* no quiere ser un absoluto que, como camisa de fuerza, obligue al mundo a interpretarse como "pentecostal" y mucho menos someter todo a este principio. Tal sería un reduccionismo pentecostalizador. Muy por el contrario, el *principio pentecostalidad*, por estar movido por el Espíritu –y allí donde está el Espíritu, allí hay libertad--, por su carácter universal, es contrario a toda absolutización particularista. Como se aprecia en Hechos 2, la gloso lalia es un milagro de la comunicación por el poder del Espíritu Santo en el que cada uno habla el idioma del otro, pero respetando la *diversidad* o las *diferencias* culturales de todas y cada una de "las naciones bajo el cielo". El *principio Pentecostalidad* emerge de la experiencia con el resucitado, hecho Señor y Cristo, y sobrepuja a *toda carne* que es objeto de su influjo, hacia el fin de los tiempos para el encuentro definitivo con el Padre.

Desde que apareció mi libro *De la Reforma Protestante a la Pentecostalidad de la Iglesia* en 1997, hasta hoy en América Latina, muchas deno-

---

[10] Juan Sepúlveda, "*El Principio Pentecostal: Reflexiones a partir de los orígenes del Pentecostalismo en chile*" en, Chiquete-Orellana (editores.) *Voces del Pentecostalismo Latinoamericano.* Chile Vol 1, 2003 13-28.
[11] Ibid.

minaciones del cristianismo latinoamericano han comenzado a denominar "Pentecostalidad" a su experiencia con el Espíritu Santo. Y lo han hecho precisamente porque el término Pentecostalidad como tratamos de mostrar allí, alude a una experiencia universal, abierta, libre con el Espíritu de Dios, y no se identifica exclusivamente con los pentecostales. Tal cosa sería contraria al principio "Pentecostalidad".

Yo mismo buscaba por aquellos años una categoría teológica que me permitiera interpretar la acción del Espíritu Santo más allá de las iglesias pentecostales. Entonces acuñé el término "Pentecostalidad". Tenía conciencia, no obstante, de las limitaciones del término ya que su nomenclatura podría asociarse inmediatamente al pentecostalismo. Hubiera sido mejor, tal vez, hablar de espiritualidad como un concepto más universal. No obstante, como lo que queríamos mostrar era que las diversas experiencias del Espíritu estaban trazadas por la matriz de Pentecostés según Hechos 2, derivé el nombre de él y lo distinguí de las denominaciones que llevan ese nombre. Los cristianos en el mundo que derivan o relacionan su experiencia de espiritualidad con el suceso de pentecostés, podrían llamar Pentecostalidad a esa experiencia con toda legitimidad y con todo derecho, por ser la experiencia cristiana matriz.

Antes de continuar me gustaría contestar brevemente algunas objeciones sobre la identidad pentecostal. J. W. McGarvey presenta dos objeciones al nombre de "pentecostales". Según él:

> Al revisar en el Nuevo Testamento toda la terminología aplicada a la iglesia observamos que "Pentecostés" no aparece como una identificación aceptable para ella. Tampoco sus derivados, por ejemplo, "pentecostal". O sea, la iglesia de Jesucristo nunca se identifica como "pentecostal", hecho que no sorprende al estudioso sabio de las Sagradas Escrituras, pues es evidente que el nombre de una fiesta judía abolida no es apropiado para el Nuevo Pueblo de Dios regido por un Nuevo Pacto. A pesar de estas realidades, no pocas iglesias del presente optan por llamarse "pentecostales". Lógicamente, "pentecostal" significaría: "celebrante del día de Pentecostés conforme a las ordenanzas del Antiguo Testamento". Pero, las iglesias que toman el nombre le dan un significado diferente que en nada armoniza con su significado original o el contexto de Hechos dos. ¿Quién autoriza a la iglesia a llamarse "Pentecostal"? Si puede llamarse "Pentecostal", también puede llamarse "Quincuagésima" o "Día Cincuenta", "Fiesta

de las Semanas", "Fiesta de la Cosecha" o "Fiesta de las Primicias". Lo cierto es que el Espíritu Santo no transfiere el nombre "Pentecostés" del judaísmo a la iglesia de Jesucristo.

A esa objeción contestamos que, los así llamados "pentecostales", no celebramos Pentecostés como fiesta judía, sino que recordamos y prolongamos la experiencia espiritual vivida por los primeros apóstoles aquél día. Nos identificamos con el suceso del Espíritu que dio continuidad al pueblo de Dios que venía del Antiguo Testamento. ¿Por qué entonces, siendo Pablo ya cristiano, quería volver a Jerusalén para el día de Pentecostés? (Hechos 20:16) Evidentemente no era para **celebrarla** como judío, sino para compartir una ofrenda para los pobres de Jerusalén (Hechos 24:17). Pero, ¿Por qué ese día? ¿Acaso no había otro momento para hacer buenas obras? Por otra parte, a los cristianos se los identificó como la secta del "camino" (Hechos 24.14). Con la lógica de McGarvey ¿Querría decir eso que todos los "caminantes" son cristianos? Seguro que no.

La segunda objeción de J. W. McGarvey reza así:

> Los creyentes y las iglesias que celebran Pentecostés en la actualidad hacen caso omiso a la advertencia y la censura encerradas en las palabras inspiradas: "*Guardáis los días, los meses, los tiempos y los años. Me temo de vosotros, que haya trabajado en vano con vosotros*" (Gálatas 4:10-11). Además, se incurren en la falta de volver "a edificar" lo que el Señor mismo había derribado, a saber, "la pared intermedia de separación... la ley de los mandamientos expresados en ordenanzas", o sea, el Antiguo Testamento (Gálatas 2:18-19; Efesios 2:14-16).

A esta segunda objeción, yo también preguntaría: Y si guardamos los 10 mandamientos, ¿judaizamos? No, obviamente. Pentecostés adquiere sentido para los cristianos en tanto revela el señorío de Cristo y manifiesta al Jesús resucitado. Si se trata de una experiencia con el Espíritu de Dios, con el mismo Dios que se manifestó aquel día de Pentecostés, ¿por qué no identificarse con tal acontecimiento? Somos pentecostales no por la fiesta en sí, sino por su significación teológica. De igual forma celebramos el día del Señor el domingo, primer día de la semana, no por lo que representaba en la tradición antigua "*dominus*" el sol invicto, sino porque ese día Jesús resucitó. El domingo de Pentecostés, es la festividad de la Venida del Espíritu Santo, que se celebra el quincuagésimo día que sigue al de Pascua de Resurrección, contando ambos, y que fluctúa entre el 10 de mayo y el 13 de junio. No celebre Pentecostés. Vívalo.

El Espíritu de Dios acompaña a su iglesia. Ella es *una, santa, apostólica, universal* y *pentecostal*. Las tres grandes ramas del cristianismo mundial son, como sabemos, el catolicismo romano, el protestantismo histórico y pentecostal, y la iglesia ortodoxa rusa, copta, griega, etc. Todas estas confesiones, por tener el mismo Dios y la misma base teológica sintetizada en el *Credo Apostólico*, se relacionan con Dios y viven su espiritualidad de modos distintos, pero en esencia es el mismo Espíritu de Dios (1 Co. 11) Si lo vemos desde arriba, desde Dios, es el mismo Espíritu de Dios manifestándose a su iglesia, como en el día de Pentecostés cuando estaban reunidos de todas las naciones bajo el mismo cielo.

En términos más amplios, el Espíritu de Dios se mueve y cubre toda la creación. No sólo está presente en las iglesias. El sostiene el mundo. Aún las grandes religiones como el judaísmo, el islamismo y el cristianismo, viven su experiencia espiritual con el Uno y único Dios manifestado en Espíritu, derramado sobre *toda carne*.

Hans Kung, ha insistido con mucha razón que tanto el judaísmo, el islam como el cristianismo son tres religiones procedentes de la gran familia de Abraham. Todas han recibido la revelación del Uno y único Dios Padre. Aunque motivos culturales, históricos y teológicos separan a unas de las otras, sin embargo, el Espíritu Santo de Dios da testimonio internamente a nuestro espíritu que somos hijos de un mismo Padre. El mismo H. Kung ha dicho acertadamente: *"No habrá paz entre las naciones si no hay paz entre las religiones; no habrá paz entre las religiones sin el diálogo entre las religiones; no habrá dialogo entre las religiones si no se investigan los fundamentos de las religiones"*[12]. Podríamos aventurarnos incluso a decir que la paz del mundo depende de la unidad de los hijos de Abraham, pero eso solo será fruto del Espíritu de Dios.

El presente libro, *El Principio Pentecostalidad*, quiere mostrar cómo las diferentes experiencias "pentecostales" por más diversas que fueran, tienen como matriz la experiencia y el relato del Pentecostés originario de Hechos 2, 4, 10 y 19. Por esa razón dividimos este libro en tres grandes

---

[12] Citado por Donald W.Musser y D. Dixon Sutherland, War Or Words?: *Interreligious Dialogue as an Instrument Of Peace*. EE. UU.: Pilgrim Press 2005:1; Cf. También: H. Kung, *Hacia una Teología Universal*, Video en https://www.youtube.com/embed/dB9OXZSC3yk?showinfo=0&rel=0&autoplay=1 (Parte I - Emisión del día 17-06-2011 - 26:14 min. y Parte II - Emisión del día 01-07-2011 - 21:05 min.); Hans Küng, *El cristianismo y las grandes religiones. Hacia el diálogo con el islam, el hinduismo y el budismo*. Madrid: Ediciones Cristiandad, 1993.

partes: I) *El Pentecostés originario,* II) *La Pentecostalidad* y III) *Los Pentecostalismos.*

La Primera Parte: El Pentecostés originario, describe la fiesta judía del Pentecostés desde la antigüedad hasta el tiempo de Cristo y de la iglesia, teniendo al Sinaí como clave de interpretación. Discutimos el lugar que ocupa el Sinaí para la teología bíblica y en particular para el libro de los Hechos. Luego de eso, se muestra cómo esa fiesta que era fruto de una tradición cultural judaica adquirió un nuevo significado teológico al cumplirse en ese día la Promesa del Padre de manifestarse con poder y gloria, como en el Sinaí o mejor, desde el Sinaí. De ese modo la iglesia continuadora del pueblo de Dios del Antiguo Pacto se convierte en la comunidad universal de la promesa. Describimos al pentecostés originario (Hechos 2) extendiéndose a Samaria (Hechos 8) la gentilidad en la casa de Cornelio (Hechos 10) y posteriormente a la ciudad de Éfeso (Hechos 19) donde se consolida la iglesia de occidente.

La segunda parte: La Pentecostalidad, muestra la Hermenéutica del Espíritu sobre el acontecimiento fundante. Examina el suceso teologal a partir de las dos preguntas centrales del relato. La primera pregunta es por el *significado* del evento ("¿Qué significa esto?" – Hechos 2:12) y la segunda pregunta es por la *conducta* (ético-moral) *consecuente* ("Y ahora, ¿qué haremos?" – Hechos 2:37) Mostramos cómo el apóstol Pedro, lleno del Espíritu Santo, reinterpreta el acontecimiento en términos espirituales. Pedro se erige como el primer teólogo del acontecimiento pos pascual y por eso teólogo de la Pentecostalidad. Examinando su mensaje explicativo a los judíos, observaremos los ejes centrales de su teología. La teología petrina de la Pentecostalidad, toma como punto de partida el contexto social e histórico de la fiesta (la praxis judeocristiana de la cosecha), relee el suceso pentecostal como un acontecimiento cristológico, pneumatológico (o del Espíritu), soteriológico (salvífico), escatológico (relativo al fin de los tiempos) y por ello mismo de transformación social, cultural y política. De una lectura exegética y teológica de la narrativa lucana, nos aproximamos a una teología contemporánea de la Pentecostalidad de modo tal que sirva como base para interpretar hoy los movimientos del Espíritu, bajo el mismo esquema hermenéutico.

La tercera parte: Los Pentecostalismos, que son concreciones históricas de la Pentecostalidad originaria, se expresan en una diversidad variopinta de formas de vivir la espiritualidad. En otras palabras, los diversos pentecostalismos, no son otra cosa que el intento de estas familias cristianas de revivir, cada día, la experiencia original del Pentecostés, matriz del cristianismo. En esta parte discutimos las tipologías teológicas y sociológicas (taxonomías) para identificar, o distinguir, al menos idealmente, los irreductibles y siempre cambiantes movimientos del espíritu. En tal sentido seguimos el análisis de Stronstad sobre la narrativa lucana de Pentecostés y su teología carismática.

La narrativa de inauguración de Lucas (Lucas 3:1-4:44) tiene elementos explícitamente tipológicos: el rechazo de Jesús por la gente de su propio pueblo de Nazaret hace eco del rechazo anterior por Israel de los profetas carismáticos, Elías y Eliseo (Lucas 4:22-30). De la misma manera, la narrativa de Pentecostés (Hechos 1:1-2:42) también tiene sugerencias tipológicas: la transferencia del Espíritu Santo, de Jesús a los discípulos, refleja la transferencia anterior del espíritu de Moisés a los Setenta ancianos (Números 11:16-30). Además, así como la narrativa de la infancia (Lucas 1:5-2:52) es programática para la misión de Jesús a Israel, la narrativa de Pentecostés es programática para la misión de los discípulos de Jerusalén a Judea, a Samaria y hasta lo último de la tierra (Hechos 1:8).

Por último, así como la unción de Jesús (Lucas 3:22; 4:18) es un paradigma para el subsiguiente bautismo en el Espíritu de los discípulos (Hechos 1:5; 2:4), el don del Espíritu a los discípulos es un paradigma para el pueblo de Dios por todos los "postreros días" como una *Comunidad carismática del Espíritu*, la función profética de todos los creyentes (Hechos 2:16-21). Otras narrativas en Lucas-Hechos pueden o no tener todos esos elementos. No obstante, esos elementos episódicos, tipológicos, programáticos, paradigmáticos, son la **clave** para la interpretación de la dimensión histórico-teológica de la historiografía de Lucas[13]. A nosotros más que una exégesis de Hechos nos interesa hacer una lectura pentecostal, sin desconocer para nada la problemática exegética de fondo.

Terminamos el libro con un epílogo sobre la globalización de la Pentecostalidad. En esa visión, creemos que caminamos hacia un cristianismo

---

[13] Roger Stronstad, *La Teología Carismática de Lucas*. Miami, Florida: Editorial Vida, 1994: 9-10. Para la discusión sobre la historicidad o teologicidad de Lucas-Hechos, remito a los lectores a Rafael Aguirre Monasterio-Antonio Rodríguez Carmona, *Evangelios Sinópticos y Hechos de los Apóstoles*. Navarra, España: Ed. Verbo Divino, 1992: 281-388.; Rafael Aguirre Monasterio-Antonio Rodríguez Carmona (eds.) *La investigación de los evangelios sinópticos y Hechos de los Apóstoles en el siglo XX*. Navarra, España: Ed. Verbo Divino, 1996: 277-397.

global y la Pentecostalidad se hace cada vez más universal, incluyendo a cuantos están lejos, como signo del fin de los tiempos y del retorno de la humanidad al Padre, principio de toda creación.

Bernardo Campos
Isla de Maipo, Chile, 8 de diciembre del 2015
Lima, Perú, 02 de Enero del 2016

PRIMERA PARTE: PENTECOSTÉS

Esta parte incluye:

El Sinaí como clave hermenéutica; La Fiesta de Pentecostés en la cultura judía; La espera de la promesa del Padre; La Comunidad Universal de la Promesa; El Nuevo Pentecostés para la gentilidad.

Describe la fiesta judía del Pentecostés desde la antigüedad hasta el tiempo de Cristo y de la iglesia, teniendo al Sinaí como clave de interpretación. Discutimos el lugar que ocupa el Sinaí para la teología bíblica y en particular para el libro de los Hechos. Luego de eso, se muestra cómo esa fiesta que era fruto de una tradición cultural judaica adquirió un nuevo significado teológico al cumplirse en ese día la Promesa del Padre de manifestarse con poder y gloria, como en el Sinaí o mejor, desde el Sinaí. Pentecostés sería así un Deuterio Sinaí y el Sinaí un Proto Pentecostés.

Describimos al pentecostés originario (Hechos 2) extendiéndose a Samaria (Hechos 8) la gentilidad en la casa de Cornelio (Hechos 10) y posteriormente a la ciudad de Éfeso (Hechos 19) donde se consolida la iglesia de occidente.

PENTECOSTES Y EL INICIO DE LA PENTECOSTALIDAD

EL SINAÍ: CLAVE HERMENEUTICA DE LA PENTECOSTALIDAD

Cuando empecé a escribir este libro no había visto a profundidad la trascendencia de la experiencia israelita con Dios en el Sinaí y de su relevancia para la teología neo testamentaria. No fue sino hasta que oí y leí la ponencia del Pastor Eleuterio Uribe Villegas, biblista, y secretario nacional de educación de la Iglesia Apostólica de la Fe en Cristo Jesús, de México, que pude entender su significado y trascendencia. Gracias a Dios, este libro no había sido aún impreso, de modo que pude incluir este primer apartado que dará sentido a todo lo que sigue en este libro. El artículo al que me refiero y que estará incluido en un libro que publicaremos como Red Latinoamericana de Estudios Pentecostales (RELEP), se titula *"Unicidad y Revelación del Nombre: Una Exégesis de Hechos 2:1-41"*[14].

Uribe plantea entre otras cosas que el Sinaí no solo ocupa un lugar importante en la experiencia de Israel en el Antiguo Testamento, sino que lo sigue teniendo en el Nuevo Testamento. Muestra cómo la estructura literaria de Hechos 2 está organizada en el marco de los *"relatos de vocación"* según la propuesta del biblista Gregorio del Olmo Lete[15]. Por otra parte, la cristología de Pentecostés, como la teogonía del Sinaí, reafirma la visión monoteísta de Israel, tal y como Bauckham lo ha enfatizado[16]. Basándose en Gordon Fee[17] y Stronstad[18], Uribe sugiere que el

---

[14] Uribe Villegas, Eleuterio *Unicidad y Revelación del Nombre: Una Exégesis de Hechos 2:1-41.* México: RELEP, 2016 Ponencia (inédita) presentada en el Encuentro de RELEP y la Iglesia Apostólica de la Fe en Cristo Jesús en Culiacán, Sinaloa, México 6-8 de abril del 2016.
[15] Del Olmo Lete, Gregorio *La vocación del Líder en el Antiguo Israel*. Salamanca, Universidad Pontificia, 1973.
[16] Bauckham, Richard. *El Dios crucificado: Monoteísmo y Cristología en el Nuevo Testamento*. Barcelona: Editorial CLIE, 2003
[17] Fee, Gordon D. *Pablo, el Espíritu y el Pueblo de Dios*. Miami, FL: Editorial Vida, 2007
[18] Stronstad, Roger. *La Teología Carismática de Lucas*. Miami, Florida: Editorial Vida, 1994

Pentecostés según la *teología carismática de Lucas* ha influido notablemente en el apóstol Pablo y por ello mismo cruza casi todo el Nuevo Testamento. De comprobarse esta hipótesis, con Pentecostés se habría dado lo que -- para fines de este libro-- yo llamaría un **deutero Sinaí**. El Sinaí sería el *tipo* y el Pentecostés el *ectipo* o su contraparte, más allá de Babel. En tal sentido, Babel sería el *anti-tipo* de Pentecostés. De la misma manera como hay un deutero nomio (repetición de la Ley) Pentecostés es un *deutero Sinaí*. Jesús el Cristo, y Palabra de Dios, como cordero pascual ha sido entregado e inmolado por nuestros pecados. Su sangre derramada, como se derramó en los dinteles de las casas de los hebreos, nos cubre de las plagas y nos salva de la muerte. Como el antiguo Israel, hemos pasado por el bautismo del mar y de la nube. Como Israel, empoderados por la renovación de la Alianza, viajamos desde el Sinaí por el desierto rumbo a la tierra prometida. Un camino o un peregrinaje de la liberación (proceso) a la Libertad (estado). De Jerusalén, hasta lo último de la Tierra.

1. El lugar y significado del Sinaí para la Teología Bíblica

En el Sinaí Dios reunió a Israel para manifestar su gloria y para trazarle su destino como pueblo de Dios y como instrumento de salvación del resto de las naciones de la tierra. El monte Sinaí, también llamado monte Horeb o monte de Yahveh, es citado en libro de Reyes como destino de Elías en su huida (1 Reyes 11:19:1 - 11:19:18). Para la Biblia este momento (el suceso alrededor del monte, no el monte) es fundamental, porque habla de la presencia de Dios manifestándose a su pueblo, en el desierto y entregándole la Ley. En esencia, el Pacto o Alianza consistió en la libre elección de Yahwéh por las tribus de Israel, comprometiéndose Dios a introducirlos en la tierra de Canaán, hacerlo su especial tesoro entre todos los demás pueblos, protegerle de sus enemigos y colmarle de bienes. El único requisito era que la nación diera culto a Yahwéh como Dios único y observe sus preceptos.

El pueblo aceptó de buena voluntad esta iniciativa divina: "*Todo aquello que el Señor ha dicho nosotros lo haremos*" (Ex 19:4). Dios entonces les dio los estatutos de la Alianza centrados en el Decálogo (Ex 20:1-17) y el Código de la Alianza (Ex 20:19, 22-23). Toda la teología del Sinaí viene a ser "la Carta Magna constitucional de Israel" y reposa sobre dos pilares sellados por la autoridad divina: el derecho de Israel y el culto instituido por Moisés.

Por esa razón el Sinaí es importante, pero a partir de la obra del Mesías que consiste en conducirnos al Padre, en espíritu y en verdad, el propio monte (cualquiera que sea) pierde su centralidad como lugar de la presencia de Dios. Esto queda claro en la conversación entre Jesús y la Samaritana. Ni el monte de Sion y ni el monte Gerizim; ningún monte en realidad.

> Nuestros padres adoraron en este monte [Gerizim] y vosotros decís que en Jerusalén [el monte de Sion] es el lugar donde se debe adorar. Jesús le dijo: Mujer, créeme, que la hora viene cuando **ni en este monte ni en Jerusalén** adoraréis al Padre. Vosotros adoráis lo que no sabéis; nosotros adoramos lo que sabemos; porque la salvación viene de los judíos. Más la hora viene, y ahora es, cuando los verdaderos adoradores adorarán al Padre en espíritu y en verdad; porque también el Padre tales adoradores busca que le adoren. Dios es Espíritu; y los que le adoran, en espíritu y en verdad es necesario que adoren. (Juan 4:20-24)

Dios mora dentro de nosotros. Su presencia nos llena y plenifica. Incluso así lo muestran algunos textos del mismo Antiguo Testamento: "El habita en medio de la alabanza de su pueblo" (El Salmo 22:3); "Dios está en medio de ti, poderoso, se gozará sobre ti con alegría, callará de amor, se regocijará sobre ti con cánticos" (Sofonías 3:17) y "Dios nos invita a que cantemos y estemos alegres, hija de Sion porque he aquí vengo y moraré en medio de ti" (Zacarías 2:10). Finalmente, la epístola a los hebreos, habla de nuestro acercamiento a Jesús quien da el verdadero sentido a las cosas:

> "Porque no os habéis acercado al *monte* [*Sinaí*] que se podía palpar y que ardía en fuego, a la oscuridad, a las tinieblas y a la tempestad, al sonido de la trompeta, y a la voz que hablaba, tal que los que oyeron suplicaron que no se les hablase más, porque no podían soportar lo que se ordenaba: Si aún una bestia toca el monte, será apedreada, o traspasada con dardo; y tan terrible cosa era el espectáculo, que Moisés dijo: Estoy espantado y temblando; sino que os habéis acercado al *monte de Sion*, a la ciudad del Dios vivo, la Jerusalén celestial, a la asamblea festiva de miríadas de ángeles, a la congregación de los primogénitos que están inscritos en los cielos, a Dios el Juez de todos, a los espíritus

de los justos hechos perfectos, *a Jesús el Mediador del nuevo pacto*, y a la sangre rociada que habla mejor que la de Abel. Mirad que no desechéis al que habla. Porque si no escaparon aquellos que desecharon al que los amonestaba en la tierra, mucho menos nosotros, si desechamos al que amonesta desde los cielos" (Hebreos 12:18-25).

2. El libro de los Hechos a la luz de la teología y experiencia sinaíticas

García Cordero, en el *Comentario a la Sagrada Escritura de los Profesores de Salamanca*, ha mostrado el parangón entre las experiencias o sucesos del Sinaí con la narración lucana. Según Cordero, es probable que este hecho de Pentecostés haya sido coloreado en su presentación literaria con el trasfondo de *la teofanía del Sinaí* y quizás también con la de la confusión de lenguas en Babel, a fin de hacer resaltar más claramente dos ideas fundamentales que dirigirán la trama de todo el libro de los Hechos, es a saber, la presencia divina en la Iglesia (v.1-4) y la universalidad de esta Iglesia, representada ya como en germen en esa larga lista de pueblos enumerados (v.5-13). El trasfondo vétero testamentario se dejaría traslucir sobre todo en las expresiones "ruido del cielo, lenguas de fuego como divididas, oía hablar cada uno en su propia lengua," máxime teniendo en cuenta las interpretaciones que a esas teofanías daban muchos rabinos y el mismo Filón[19].

Eruditos como Walaskay, creen que en algún momento Pentecostés se convirtió "principalmente en una celebración del don de la Ley de Moisés al pueblo de Israel, (recordándole al pueblo judío) del intervalo de cincuenta días entre la Pascua en Egipto y el donar la ley en el Monte de Sinaí"[20] Otros como Faw, ven paralelos entre la experiencia de Moisés y el primer Pentecostés cristiano:

- El viento y fuego de Pentecostés se relacionan con los truenos y relámpagos de Sinaí (Hechos 2:2-3; Éxodo 19:16).

---

[19] García Cordero, Maximiliano (1967). *Biblia Comentada* por los Profesores de Salamanca. Madrid: Editorial B.A.C, citado por Uribe, en: op. cit.: 4-5.
[20] Walaskay, Paul, *Westminster Bible Companion: Acts*, Louisville: Westminster John Knox Press, 1998: 34

- Pedro compara a Moisés como el portavoz de Dios (Hechos 2.14-40; Éxodo 31:12).
- El hablar en lenguas, inspirado por el Espíritu, por parte de 120 discípulos en Pentecostés es paralelo al don de Dios del Espíritu en Sinaí a los Setenta que profesaron (Hechos 2:1-4; Núm. 11:16-30).
- En ambas ocasiones, hay un énfasis en la salvación del Señor y la oferta de una nueva relación entre el Señor y el pueblo (2:21, 38-39; Éxodo 19:4-6)[21].

De acuerdo con Uribe, se trata de una lectura *teológica* de Lucas. Lucas escribió varios años más tarde de cuando sucedió el derramamiento del Espíritu Santo. Por ello es fácil ver que el historiador es también un teólogo, pues, tuvo el tiempo suficiente, y la revelación del Espíritu Santo, para reflexionar y entender el significado teológico acontecido en Pentecostés, así como su importancia para la iglesia y el mundo[22]

Al menos en el relato de Hechos 2.1-41 Lucas muestra a tres interlocutores presenciales que dialogan sobre el significado del pentecostés como evento teofánico: el Espíritu Santo, el apóstol Pedro y la Multitud que se reúne ante el estruendo teofánico del derramamiento del Espíritu. Esta es la nueva forma en que Dios llama o convoca para ser escuchado, revelar su divinidad y vocacionar a su pueblo, para una misión universal y como aparece en los *relatos de vocación* del Antiguo Testamento[23]

3. Pentecostés como Deutero Sinaí

Las teofanías o manifestaciones visibles de la acción de Dios en Pentecostés se evidencian en una serie de portentos del día 50 después de la pascua. El viento recio, el fuego y la palabra de Dios en el Sinaí se presentaron nuevamente el día de Pentecostés. Así lo describe Eleuterio Uribe:

---

[21] Faw, Chalmer E., *Believers Church Bible Commentary: Acts*, (Scottdale, PA: Herald Press, 1993:32
[22] Eleuterio Uribe Villegas, *op.cit:* 5
[23] Del Olmo Lete, Gregorio *La vocación del Líder en el Antiguo Israel*. Salamanca, Universidad Pontificia, 1973.

Es totalmente evidente en el libro del Éxodo que tanto el libro mismo como la teofanía del Sinaí están escritos para mostrarnos la manera en que Dios descendió para liberar a su pueblo de la esclavitud de Egipto, para tener un encuentro con él, hacer pacto con ellos, habitar en medio de ellos, vocacionarlos para una misión, y darles garantías de que iría con ellos para darles éxito. Esto es exactamente lo que sucedió el día del Pentecostés: Dios mismo desciende del cielo de nueva cuenta, para hacer un nuevo pacto con su pueblo, habitar en medio de ellos, vocacionarlos para una misión universal y que ellos llevaran su nombre a las naciones.[24]

Dios mismo desciende de nueva cuenta el día de Pentecostés como lo hizo en el Sinaí (Ex. 19:16-17)[25]. En efecto, Jehová mismo descendió desde el cielo al monte Sinaí, en medio de ruido, estruendo, viento y fuego, para manifestar su presencia en él. Luego descendió en una nube y como una columna de fuego con toda su gloria desde el monte Sinaí hasta el Tabernáculo (Ex. 40: 34-38). El mismísimo Dios de Israel estaría morando en medio de su pueblo (Ex. 25:8) y los acompañaría hasta la tierra prometida. Tener o sentir la presencia de Dios en medio de ellos era una de las experiencias que hacía que Israel entendiera lo especial que era como pueblo a los ojos de Dios, en medio de los demás pueblos [26].

Juan Pablo II comentando Hechos de los apóstoles recuerda esta verdad a la luz del Talmud de Jerusalén:

> El recuerdo de la experiencia maravillosa del Sinaí se mantenía vivo en el alma de Israel y lo disponía a entender el significado de las nuevas comunicaciones contenidas bajo aquel simbolismo, como sabemos también por el Talmud de Jerusalén (Cfr. Hag 2, 77b, 32; cfr. también el Midrash Rabbah 5, 9, sobre Ex 4, 27). La misma tradición judía había preparado a los Apóstoles para comprender que las «lenguas» significaban la misión de anuncio, de testimonio, de predicación, que Jesús mismo les había encargado, mientras el «fuego» estaba en relación no sólo con la Ley de Dios, que Jesús había confirmado y completado, sino también

---

[24] Ibid: 5
[25] Ibid: 5
[26] Ibid: 6

con Él mismo, con su persona y su vida, con su muerte y su resurrección, ya que Él era la nueva Toráh para proponer al mundo. Y bajo la acción del Espíritu Santo las «lenguas de fuego» se convirtieron en palabra en los labios de los Apóstoles: «Quedaron todos llenos del Espíritu Santo y se pusieron a hablar en otras lenguas según el Espíritu les concedía expresarse» (Hech 2, 4)[27].

Además de eso, en el Pentecostés Dios reveló su absoluta divinidad, soberanía y señorío sobre todas las cosas, como lo hizo en el Sinaí. De la misma manera como Ex 20:1-5 y Deuteronomio 6:4-9 (que incluye el Shemá judío: *"Oye Israel Jehová nuestro Dios, Jehová uno es"*), el Pentecostés vino a reafirmar esa *unicidad divina*: fuera del Dios de Israel no hay otro Dios. Por eso se reveló con las mismas señales teofánicas para reafirmarse como el único Dios verdadero, y como es el único Dios, y entonces revelarse como un Dios universal. El viento fuerte, el estruendo del cielo, las lenguas, el fuego, la voz divina a través de las lenguas de fuego, donde las personas hablan según el Espíritu les da que hablen, son muestra una vez de la absoluta divinidad del Dios de Israel.

Ahora en Pentecostés, dice Uribe, ejerce señorío y absoluta soberanía sobre los elementos de la naturaleza, la historia, la vida y la muerte, resucitando a Cristo de entre los muertos. Nuevamente Dios ejerce todo su poder salvífico a través de su Nombre, el cual debe ser invocado para el perdón de los pecados[28]

Pentecostés es, además, el lugar donde Dios reveló su nombre sobre todo nombre, como en el Sinaí. Primero se lo reveló a Moisés en el episodio de la zarza ardiendo, y le dijo que era necesario que lo diera a conocer a todo el pueblo, y luego, con ese nombre se debía presentar al Faraón y exigir la libertad del pueblo de Israel. A la pregunta de Moisés sobre quién lo envía a la casa de Israel, Dios revela su nombre.

> *Dijo Moisés a Dios: He aquí que llego yo a los hijos de Israel, y les digo: El Dios de vuestros padres me ha enviado a vosotros. Si ellos me preguntaren: ¿**Cuál es su nombre?**, ¿qué les responderé? (Éxodo 3:13)*

---

[27] Juan Pablo II, *Creo en el Espíritu Santo: Catequesis sobre el Credo III*. Madrid: Ediciones Palabra, 2003: 93
[28] Del Olmo Lete Op. cit: 8

> *Además, dijo Dios a Moisés: Así dirás a los hijos de Israel:* **Jehová, el Dios de vuestros padres, el Dios de Abraham, Dios de Isaac y Dios de Jacob,** *me ha enviado a vosotros.* ***Este es mi nombre para siempre;*** *con él se me recordará por todos los siglos.* (Éxodo 3:15)

Dios se lo reveló al mismo pueblo de Israel cuando lo congregó al pie del monte Sinaí. Las primeras palabras de la ley empiezan con la pronunciación de su nombre: "**Yo soy Jehová tu Dios**, que te saqué de la tierra de Egipto" (Éxodo 20:1). Uribe señala que este versículo muestra a Jehová interesado en revelar tres cosas esenciales de su naturaleza y carácter divino a Israel, las cuales quiere que nunca olviden, sino que trasmitan esta fe e identidad a todas las generaciones:

1. Quiere **que su pueblo conozca su Nombre**, el cual es sobre todo nombre. Por lo tanto, deberán trasmitir esta revelación a todas las generaciones.
2. **Que lo reconozcan como el único salvador**, pues solamente Él fue el que los sacó de tierra de Egipto. Israel no puede adorar a otro salvador ni invocar otro nombre para salvación, porque no lo hay; sólo Jehová. El único fundamento de la salvación de Israel es Jehová. Por lo tanto, sólo el nombre de Jehová deberá invocar para salvación.
3. Quiere **que no olviden** todos los milagros, plagas, señales y maravillas con que los libró de la tierra de Egipto, de la casa de esclavitud, y con las cuales se manifestó en el Sinaí. Que **fue para revelarles que Él es el único Señor**, el sólo soberano sobre todos los elementos de la naturaleza, el único que es Dios; y que no hay otro[29].

La revelación e invocación del nombre en el Sinaí, recorre todo el libro del Éxodo, ya sea como fundamento para liberar, como el caso de la zarza ardiendo en el mismo Sinaí, o también para reconocer su *absoluta divinidad, señorío y salvación* como cuando hizo oír sus mandamientos y luego los escribió en las tablas de la ley, y lo depositó en el arca del pacto. Esto se ve más claramente, en Ex 34: 5-7:

---

[29] Ibid: 9

> *Y Jehová descendió en la nube, y estuvo allí con él, proclamando el nombre de Jehová. Y **pasando Jehová por delante de él, proclamó**: **¡Jehová! ¡Jehová!** fuerte, misericordioso y piadoso; tardo para la ira, y grande en misericordia y verdad; que guarda misericordia a millares, que perdona la iniquidad, la rebelión y el pecado, y que de ningún modo tendrá por inocente al malvado; que visita la iniquidad de los padres sobre los hijos y sobre los hijos de los hijos, hasta la tercera y cuarta generación.* (Éxodo 34:5-7)

El Pentecostés está narrado de tal forma que evoca también el relato del descenso de Jehová para hacer un nuevo pacto (Alianza), y revelar su poder salvífico en el Nombre de Jesús; nombre que, como el de Yahveh, resume toda su misericordia, bondad, gracia, favores y clemencia puestas al alcance de su pueblo para el perdón de los pecados. Se debe *invocar ese nombre* para apelar a la cobertura de la gracia de Dios, con fe y arrepentimiento. De esta forma la iglesia queda vocacionada para conducir a otros al perdón de sus pecados y a la vida eterna en Cristo Jesús, *Nombre sobre todo nombre*, nombre del Dios vivo y verdadero de Israel; a quien Pedro lo identifica en la narrativa del Pentecostés como el "***Señor y Cristo***", y también como "***Señor y Dios***" (Hechos 2:36, 39).

Cuando los gobernantes de Israel preguntaron a los discípulos de Jesús: ¿Con qué potestad, o *en qué nombre*, habéis hecho vosotros esto? La respuesta fue contundente.

> *Entonces Pedro, lleno del Espíritu Santo, les dijo: Gobernantes del pueblo, y ancianos de Israel: Puesto que hoy se nos interroga acerca del beneficio hecho a un hombre enfermo, de qué manera éste haya sido sanado, sea notorio a todos vosotros, y a todo el pueblo de Israel, que **en el nombre de Jesucristo de Nazaret**, a quien vosotros crucificasteis y a quien Dios resucitó de los muertos, por él este hombre está en vuestra presencia sano. Este Jesús es la piedra reprobada por vosotros los edificadores, la cual ha venido a ser cabeza del ángulo. Y **en ningún otro hay salvación; porque no hay otro nombre bajo el cielo, dado a los hombres, en que podamos ser salvos**.* (Hechos 4: 8-12)

4. Pentecostés, clave de lectura del Nuevo Testamento

En el apóstol San Pablo se puede evidenciar también el eco del Sinaí cuando escribe acerca del Templo que había sido visitado por Dios. A juzgar por 1 Corintios 3:16 y Efesios 2: 20-22, el concepto paulino del nuevo templo (nuestro cuerpo) estaría influido por el espíritu de Pentecostés. En este último pasaje se lee:

> *Edificados sobre el fundamento de los apóstoles y profetas, siendo la principal piedra del ángulo Jesucristo mismo, en quien todo el edificio, bien coordinado, va creciendo para ser un templo santo en el Señor; en quien vosotros también sois juntamente edificados* **para morada de Dios en el Espíritu** (Efesios 2:20-22, subrayado nuestro)

Como lo recuerda Uribe, a partir de Pentecostés la iglesia es el templo del Espíritu Santo; es la morada del Dios de Israel en Espíritu, tanto en los corazones de los creyentes de forma individual, como también de forma colectiva en medio de la iglesia[30]. Y según comenta Gordon Fee, "Pablo vincula específicamente al Espíritu con la imaginería del templo en el contexto de la presencia del Espíritu entre el pueblo de Dios. Así es como el Dios vivo está ahora presente con su pueblo. Esto se expresa de manera especialmente clara en Efesios 2:22: la Iglesia está siendo erigida para ser un templo santo en el Señor, en la que los creyentes son "juntamente edificados *para morada de Dios* en el Espíritu"[31]

Que el Éxodo, y con él el Sinaí, es una clave de lectura del Nuevo Testamento queda también ratificado por la estructura de la 1 epístola de Pedro. Para construir su discurso, el autor acude con mucha libertad, pero con una gran intuición teológica y espiritual, a la tradición bíblica tanto del AT como del NT.

> En efecto, se observan en el escrito petrino cuatro citas explícitas del AT, sacadas de la versión griega alejandrina (los LXX): 1 Pe 1:24; 2:6; 3:10-12; 5:5; y al menos 11 alusiones, especialmente a los Salmos, a los libros del Éxodo, Levítico y Proverbios. Pero,

---

[30] Ibid: 7
[31] Fee, Gordon D. *Pablo, el Espíritu y el Pueblo de Dios*. Miami, FL: Editorial Vida, 2007: 19.

además de estas citas implícitas o explícitas del AT, hay que señalar el uso de la fraseología y de las imágenes sacadas de la tradición bíblica, aunque releídas en clave cristológica según el método de la exégesis tipológica. Esto aparece de forma especial en la imagen de cordero/Cristo y del diluvio-arca, como figura (griego, antítypos) del bautismo (1 Pe 1:19-21; 3:21).[32]

Precisamente los grandes temas del Éxodo están presentes en toda la Biblia. A ellos se refieren los Profetas para anunciar un nuevo Éxodo (Is. 43: 18-21) y una nueva Alianza (Jer. 31: 31-34) más admirables que los primeros. Y el Nuevo Testamento presenta al antiguo Éxodo como una prefiguración de la obra redentora de Cristo, la verdadera "Pascua" (1 Cor. 5: 7), que selló con su sangre "una Alianza más excelente" (Heb. 8: 6). El *Éxodo es el prototipo de todos los actos salvíficos de Dios, en especial, del Bautismo* (1 Cor. 10: 1-4)[33] como símbolo de paso a la nueva vida. Otros muchos acontecimientos serán recordados para poner de relieve su proyección en la nueva economía y, dicho con palabras del Apóstol Pablo: *"Todas estas cosas les sucedían como en figura; y fueron escritas para escarmiento nuestro, para quienes ha llegado la plenitud de los tiempos"* (1 Cor 10:11).

Romanos 10:9-14 es un excelente ejemplo de cómo influyó Pentecostés en la teología paulina. Tres aspectos centrales del acontecimiento de Pentecostés se traslucen en el pasaje citado.

1. Frases de los vv.9-10: *"si confesares con tu boca que Jesús es el Señor"*; *"creyeres en tu corazón que Dios le levantó de los muertos, serás salvo"*, *"con el corazón se cree para justicia"*, *"con la boca se confiesa para salvación"*; **compárelo con** el sermón de Pedro en **Hechos 2:21-41**, donde establece que se debe invocar el nombre del Señor para ser salvo y afirma que ese Señor es Jesucristo, quien fue resucitado de entre los muertos; luego los que lo invocaron fueron los compungidos de corazón.
2. Frases del v.12: *"el mismo que es Señor de todos, es rico para con todos los que le invocan"*. **Compárelo con Hechos 2:21,38-41.** Así como el derramamiento del Espíritu es para toda carne, la invocación del nombre del Señor, es para cuantos el Señor

---

[32] R. Fabris, *La prima lettera di Pietro, Ed. Lanterna, Génova 1971* citado en: http://www.mercaba.org/DicTB/P/pedro_primera_carta_de.htm
[33] http://www.lasantabiblia.com.ar/exodo/exodo.html

nuestro Dios llamare, Frase que Pedro aplicó a Jesucristo y Pablo aplica también con el término Señor. Así que, como nada más hay un solo Señor, entonces es para judíos y gentiles la promesa y eficacia de la gracia salvífica de Dios al invocar el nombre del Señor (Jesucristo); invocación del nombre del Señor que quedó conectada solemnemente con el bautismo en la exégesis de Pedro del día del Pentecostés (Hechos 2:21,38).

3. Frases de los vv. 13-14: *"porque todo aquel que invocare el nombre del Señor, será salvo", "Cómo, pues, invocarán", "cómo creerán", "¿Y cómo oirán si no hay quién les predique?"*. **Compárelo con Hechos 2:21,38**, y podrá observar que son frases que en el día del Pentecostés aterrizaron en la invocación del nombre de Jesucristo en el bautismo para perdón de los pecados. De hecho, la primera frase tiene directamente palabras de Pedro con las cuales argumento la invocación del nombre de Jesucristo el día del Pentecostés. Pablo lo aplica además para estimular el cumplimiento de llevar el nombre de Jesús a todas las naciones y que puedan invocar su nombre para salvación en todos los lugares[34].

---

[34] Eleuterio Uribe, op. cit: 13

LA FIESTA DE PENTECOSTÉS EN LA CULTURA JUDIA

1. El Antiguo Testamento

Según el biblista E. Lohse[35], la palabra pentecostés (πεντηκοστή, en español "pentecosté") se usó en un sentido secular desde tiempos de Platón, y la versión griega del Antiguo Testamento o septuaginta (LXX) lo usa en Levítico 25:10-11 para referirse al año del jubileo[36], y en 2 Reyes 15:23 cronológicamente Πεντηκοστή figura como término técnico en el campo tributario a partir del siglo IV a. C. Con este término se designaba un arancel del dos por ciento sobre el valor de los bienes, en las exportaciones e importaciones.

En el judaísmo antiguo y el Antiguo Testamento Pentecostés es la *Fiesta de las Semanas*, la segunda fiesta en orden de importancia después de la pascua (Pésaj). En hebreo se la reconoce como el Shavuot, la segunda de las tres fiestas de peregrinaje del judaísmo (Shalosh Regalim – רגלים שלוש) Según Éxodo 34:22, la Fiesta de las Semanas es un *festival de las cosechas* para distinguir la recolección de las *primicias* de la cosecha de trigo. Deuteronomio 16:9 dice que debe comenzar siete semanas después

---

[35] E. Lohse, "Πεντηκοστή (Pentecostés)" en Gerhard Kittel, et. al., *Compendio del Diccionario del NT*.: Estados Unidos: Libros Desafío, 2003: 805-806

[36] El *Jubileo* era una fiesta pública que celebraban los hebreos cada 50 años, en la cual se devolvían las heredades a sus antiguos dueños y los esclavos recobraban la libertad. El término «jubileo» tiene dos raíces, una hebrea y otra latina. La palabra hebrea que aparece en la Biblia es *yobel*, que hace referencia al cuerno del cordero utilizado como instrumento sonoro que servía para anunciar un año excepcional dedicado a Dios. Ese año se denominaba yobel, es decir, jubileo, pues se iniciaba con el sonido del yobel o cuerno. Pero existe también una palabra latina, *iubilum* (derivada del verbo *iubilare*), que refería los gritos de alegría de los pastores y que terminó por significar alegría, gozo o alabanza. En el cristianismo encuentra su primera expresión al inicio del ministerio público de Jesús de Nazaret, con el anuncio del cumplimiento del año de gracia del Señor, tal como lo expresaba el Libro de Isaías (Isaías 61:1-2; Lucas 4:17-21). Cf. *Revista RIBLA Nro. 33* (octubre 1999) íntegramente dedicado al Jubileo bíblico. Véase especialmente Pablo Richard, "Ya es tiempo de proclamar un Jubileo: Sentido general del Jubileo en la Biblia y en el contexto actual" en Ibid: 17-21; José Severino Croatto, "Del año jubilar levítico al tiempo de liberación profético: Reflexiones exegéticas sobre Isaías 61 y 58, en relación con el Jubileo" en *Ibid*: 76-96; y Marcelo Barros, "Escucha la trompeta del Espíritu: Para que vivamos una espiritualidad del Jubileo" Ibid: 175-182. Una lectura pentecostal del jubileo en Gamaliel Lugo (org), Jubileo La Fiesta del Espíritu. Identidad y Misión del Pentecostalismo Latinoamericano Maracaibo, Venezuela: CEPLA-CLAI, 1999:151-189

de haber metido la hoz a la mies. Los dones han de ofrecerse a Dios gozosamente en el lugar designado. Levítico 23:15 provee mayores detalles acerca de la fecha y los sacrificios. El día de la fiesta se interrumpe todas las labores, y se realiza una celebración alegre. Durante la festividad se acostumbra a comer lácteos, acompañados por las siete especies características de Israel.

El judaísmo fija la fecha como el día cincuenta después de la Pascua, aunque todavía se debate cuándo comenzar a contar. Antes del año 70 d. C., parece haber prevalecido el punto de vista farisaico de que debía ser a los 50 días después del 16 de nisán o aviv (abril). De manera que podía caer en cualquier día de la semana. Se trata de una fiesta de un solo día, aunque en la dispersión se añade un segundo día a causa de las dificultades para arreglar bien el calendario.

En el contexto judío, Pentecostés sigue siendo una fiesta de las cosechas. Durante la fiesta se lee el libro de Rut, y los peregrinos llevan ofrendas a Jerusalén, donde les salen al encuentro los sacerdotes, y suben al templo entre cánticos. Se ofrecen dos panes como primicias de la cosecha de trigo. El ofrecimiento de los primeros frutos y la gavilla (gomer) de las primeras espigas de la cosecha, representan el reconocimiento de Dios como proveedor de todas las cosas y como el Señor de su pueblo; supone la reclamación por parte de Dios de su pueblo, como hijos suyos y como pueblo especial y escogido. El número de gente que concurre, sin embargo, es mucho menor que para la Pascua. Es casi un apéndice de la pascua judía (Pésaj)[37].

Pentecostés como fiesta celebra el otorgamiento de la ley (los 10 mandamientos) en el Sinaí realizada unos cincuenta días después de la salida de Egipto. Después del año 70 d. C., cuando ya no se pueden llevar las primicias al templo, Pentecostés se conecta más de cerca con la era de Moisés. El libro deuterocanónico de los *Jubileos* fundamenta la fiesta en el relato de los patriarcas, y resalta así su significado. La asociación con la

---

[37] Pésaj (en hebreo פסח, 'salto') o Pascua es una festividad judía que conmemora la liberación del pueblo hebreo de la esclavitud de Egipto, relatada en el Pentateuco y fundamentalmente en el Libro de Éxodo. El pueblo hebreo ve el relato de la salida de Egipto como el hito que marca la conciencia de los descendientes de Jacob, con su identidad entendida en términos de nación libre y provista de una Ley. También se la llama Pascua judía o Pascua hebrea (para distinguirla de la Pascua de Resurrección celebrada por el cristianismo). Cf. Pablo Uribe Ulloa, "*Pascua Judía, Pascua Cristiana*" en: http://www.ucsc.cl/blogs-academicos/pascua-judia-pacua-cristiana/ (Consultado 09.12.15)

ley se basa en Éxodo 19:1, que coloca a Israel en el Sinaí al mes tercero después del éxodo. El relato de la promulgación de la ley se convierte en la lectura para el día de Pentecostés.

Más adelante en la historia del cristianismo, hacia el siglo III d. C. se dirá claramente que Pentecostés es el día en que se dio la ley. El Pentecostés cristiano en tal sentido se convirtió en una fiesta de la nueva revelación de Dios en Cristo.

2. El Nuevo Testamento

En 1 Corintios 16:8 Pablo dice que se va a quedar en Éfeso hasta Pentecostés. Probablemente tiene en mente la fiesta judía, como en Hechos 20:16, donde quiere estar en Jerusalén para Pentecostés, posiblemente para participar, junto con los cristianos judíos, en la celebración judía. Lucas introduce el relato del Pentecostés cristiano al vincularlo con la historia de la salvación en la expresión de Hechos 2:1: «*Al llegar al día de Pentecostés*» (Lc. 9:51). La promesa de Jesús en Hechos 1:8 queda ahora cumplida. El relato que sigue enfatiza en primer lugar el don del Espíritu Santo, cuya unción trae consigo la capacidad de alabar y de proclamar (vv. 11-14ss), y en segundo lugar el nacimiento público de la iglesia como una comunidad viva (2:42ss).

El *hablar en lenguas* conocido técnicamente como glosolalia (vv. 1ss, 13) ofrece clara evidencia de la manifestación del Espíritu, y sirve también como prototipo de la *misión universal* de llevar el evangelio a *todas las naciones de la tierra*.

En la iglesia antigua se usa pentecosté (Πεντηκοστή) para los 50 días de regocijo que comienzan con la Pascua (Pésaj). Puesto que la Pascua se observa siempre en domingo, las siete semanas concluyen también un domingo. Durante este período no hay ayunos, la oración se hace de pie, se bautiza a los catecúmenos, y los pensamientos se centran en las cosas del fin, de modo que pevτηκοστή se puede considerar como una señal del reino celestial, al cual Cristo ha ascendido ya como primicias de la cosecha. Es un evento cristológico y escatológico.

No hay registros de la celebración de esta fiesta en el siglo I con connotaciones cristianas. Las primeras alusiones a su celebración se encuentran en escritos de san Ireneo (130-202 d.C.), Tertuliano (160-220 d.C.) y Orígenes (185-254 d.C.), a fines del siglo II y principios del siglo III.

Ya en el siglo IV hay testimonios de que, en las grandes Iglesias de Constantinopla, Roma y Milán, así como en la Península Ibérica, se festejaba el último día de la cincuentena pascual. Posteriormente adquiere significación el último día de esa temporada, y se llega a usar Πεντηκοστή para designar ese día como una fiesta que conmemora el derramamiento del Espíritu.

LA ESPERA DE LA PROMESA DEL PADRE

1. Jesús cita a sus discípulos en Betania

Lucas refiere que Jesús y sus discípulos, *"estando juntos, (en Betania) les mandó que no se fueran de Jerusalén, sino que esperasen* **la promesa del Padre***, la cual, les dijo, oísteis de mí. Porque Juan ciertamente bautizó con agua, más vosotros seréis bautizados con el Espíritu Santo dentro de no muchos días"* (Hechos 1:4-5)

Jesús en Betania les prometió a sus discípulos que los visitaría en Jerusalén:

> *He aquí, yo enviaré* **la promesa de mi Padre** *sobre vosotros; pero quedaos vosotros en la ciudad de Jerusalén, hasta que seáis investidos de poder desde lo alto. Y los sacó fuera hasta Betania, y alzando sus manos, los bendijo. Y aconteció que, bendiciéndolos, se separó de ellos, y fue llevado arriba al cielo. Ellos, después de haberle adorado, volvieron a Jerusalén con gran gozo; y estaban siempre en el templo, alabando y bendiciendo a Dios* (Lucas 24: 49-53)

Uno se pregunta legítimamente en qué consiste precisamente la promesa del padre. ¿Será que el Padre lo prometió, o lo hizo Jesús en tanto padre? Juan lo relata así en los capítulos 14 al 16. Tomaremos solamente los versículos que lo expresan directamente:

Juan 14: 16 *Y yo rogaré al Padre, y os dará otro Consolador, para que esté con vosotros para siempre: 17 el Espíritu de verdad, al cual el mundo no puede recibir, porque no le ve, ni le conoce; pero vosotros le conocéis, porque mora con vosotros, y estará en vosotros (...) 20 En aquel día vosotros conoceréis que yo estoy en mi Padre, y vosotros en mí, y yo en vosotros. (...) 26 Más el Consolador, el Espíritu Santo, a quien el Padre enviará en mi nombre, él os enseñará todas las cosas, y os recordará todo lo que yo os he dicho.*

Juan 15: 26 *Pero cuando venga el Consolador, a quien yo os enviaré del Padre, el Espíritu de verdad, el cual procede del Padre, él dará testimonio acerca de mí.*

Juan 16: 13 *Cuando venga el Espíritu de verdad, él os guiará a toda la verdad; porque no hablará por su propia cuenta, sino que hablará todo lo que oyere, y os hará saber las cosas que habrán de venir. 14 El me glorificará; porque tomará de lo mío, y os lo hará saber. 15 Todo lo que tiene el Padre es mío; por eso dije que tomará de lo mío, y os lo hará saber.*

Hay una relación de estas palabras de Jesús con **la promesa del Padre en el Sinaí** y la dación de la Ley y que ahora Jesús retoma como haciéndola suya. En el AT el Padre le dijo a Moisés que prepare al pueblo y le ordene que se purifique, porque en los próximos tres días lo visitaría. Se revelaría con poder. Efectivamente, al tercer día el Padre se manifestó con estruendo al pie del Sinaí. Éxodo 19: 9-11, 16-20 dice:

9 Entonces Jehová dijo a Moisés: He aquí, yo vengo a ti en una nube espesa, para que el pueblo oiga mientras yo hablo contigo, y también para que te crean para siempre. Y Moisés refirió las palabras del pueblo a Jehová. 10 Y Jehová dijo a Moisés: Ve al pueblo, y santifícalos hoy y mañana; y laven sus vestidos, 11 y estén preparados para el día tercero, porque al tercer día Jehová descenderá a ojos de todo el pueblo sobre el monte de Sinaí.

Y luego, versículos más adelante se lee:

16 Aconteció que, al tercer día, cuando vino la mañana, vinieron truenos y relámpagos, y espesa nube sobre el monte, y sonido de bocina muy fuerte; y se estremeció todo el pueblo que estaba en el campamento. 17 Y Moisés sacó del campamento al pueblo para recibir a Dios; y se detuvieron al pie del monte. 18 Todo el

> *monte Sinaí humeaba, porque Jehová había descendido sobre él en fuego; y el humo subía como el humo de un horno, y todo el monte se estremecía en gran manera. 19 El sonido de la bocina iba aumentando en extremo; Moisés hablaba, y Dios le respondía con voz tronante. 20 Y descendió Jehová sobre el monte Sinaí, sobre la cumbre del monte; y llamó Jehová a Moisés a la cumbre del monte, y Moisés subió.*

Acto seguido, Éxodo 20 el Padre les entrega los 10 mandamientos. Ya en el NT, el Espíritu Santo confirma la Palabra de Jesús el Cristo y la hace patente en su pueblo. Juan 16: 13-14 dice:

> *"Pero cuando El, el Espíritu de verdad, venga, os guiará a toda la verdad, porque no hablará por su propia cuenta, sino que hablará todo lo que oiga, y os hará saber lo que habrá de venir. 14 El me glorificará, porque tomará de lo mío y os lo hará saber"*

2. La Presencia del resucitado en Jerusalén

Lucas le había escrito a Teófilo un primer tratado que iba desde el nacimiento de Jesús *hasta el día en que fue recibido arriba, después de haber dado mandamientos por el Espíritu Santo a los apóstoles que había escogido; a quienes también, después de haber padecido, se presentó vivo con muchas pruebas indubitables, apareciéndoseles durante cuarenta días y hablándoles acerca del reino de Dios* (Hechos 1: 2-3). La promesa se cumplió. Jesús resucitado se manifestó a sus discípulos en Jerusalén como lo prometió en Betania (Lucas 24:50). Tras haber venido en carne (1 Juan 4:3), Jesús se manifestó en Espíritu. Ahora, desde Pentecostés, se queda y está con nosotros *todos los días hasta el fin del mundo* como lo prometió (Mt 28:20). Con esta manifestación se terminan dos épocas: la *época de Israel* y la *época de Cristo* y se inicia la *época del Espíritu* y con ella el nacimiento de la iglesia.

Desde la anunciación del nacimiento de Jesús, el Espíritu estuvo obrando en la vida de Jesús. En su Bautismo intervino el Espíritu de una manera solemne para conferir a Jesús su investidura mesiánica. Durante toda su vida pública se multiplicaron los signos de manifestación del Espíritu. Y cuando llegó el momento supremo de la muerte en la cruz, fue también el Espíritu el que emprendió la obra por excelencia: la Resurrección. En la sangre derramada por el Mesías se ha sellado una nuevo Pacto, que es el que da comienzo al tiempo del Espíritu.

Todo se ha cumplido en el sacrificio de la cruz (Juan 19: 30). La esperanza de los profetas se ha visto cumplida. La nueva alianza se ha consumado. He aquí que ha llegado ya el tiempo en que se ha de dar culto a Dios en espíritu y en verdad (Juan 4: 23-24) El Espíritu habita desde ahora en los corazones y los transforma desde el interior. El acto redentor y expiatorio de la cruz tiene ahora una resonancia universal.

3. La Promesa del Padre se cumple. El deutero Sinaí

Al cumplirse la promesa del padre el día de Pentecostés, el lugar donde ellos estaban reunidos fue movido por un viento recio. Posteriormente orando ellos por causa de la persecución de los judíos (Hechos 4:1-21) el lugar tembló como en el Sinaí (Éxodo 19:18). *Después de haber orado, tembló el lugar en que estaban reunidos; todos fueron llenos del Espíritu Santo, y proclamaban la palabra de Dios sin temor alguno* (Hechos 4:31).

Como se aprecia, cada vez que el Espíritu Santo se manifiesta empodera a los creyentes y los capacita para la misión universal. El monte Sinaí o monte Horeb es una montaña situada al sur de la península del Sinaí, al nordeste de Egipto, entre el norte de África y Asia, y es el lugar donde, según la Biblia, Dios entregó a Moisés los Diez Mandamientos.

Desde la época de la emperatriz Helena de Constantinopla, ha sido identificada con Jabal Musa, o Gebel Musa, nombre árabe que significa monte Moisés, nombre que comparte con otros montes como el monte Musa, en las proximidades de Ceuta, actual Turquía. Si bien la ley se dio en el Sinaí histórico, hoy no es más una referencia, pues en Cristo tenemos por decirlo así un nuevo Sinaí. Adoramos a Dios en Espíritu y en Verdad.

El relato de Hechos 2 da cuenta de dos tradiciones, una *restauracionista* y otra *profética y misionera*. Lucas une las dos tradiciones en su teología narrativa para mostrar la intención divina de llevar a su iglesia a una dimensión más universal. Se avanza de una época y un lugar local (la judía, provinciana) a otra más universal (las naciones) en el poder del Espíritu hasta la segunda venida de Cristo. El Dr. Pablo Richard, especialista en Sagrada Escritura, comentado Hechos 2, señala:

> *Los hechos de Pentecostés (vv. 1-13):* En la narrativa de Pentecostés podemos distinguir dos relatos: uno más primitivo y tradicional en los vv. 1-4 y 12-13. Y otro más evolucionado y redaccional en los vv. 5-11. El relato antiguo tiene un carácter *carismático y apocalíptico:* hay viento impetuoso y lenguas como de fuego; los presentes hablan en lenguas (vv. 1-4) y por eso aparecen ante los demás como borrachos; los hechos suceden en una casa (v. 2). *El segundo relato es profético y misionero*: ya no se trata de hablar en lenguas (glosolalia), sino de un don profético: los presentes hablan en galileo (arameo) y cada cual los entiende en su propia lengua nativa (…) Los que están reunidos para escuchar son un grupo grande. Si el evento primitivo se da en una *casa*, ahora, en el segundo relato, tenemos la impresión de estar más bien en el *Templo*. Posiblemente Lucas unió aquí, en un solo relato, dos tradiciones históricas, cada cual con un sentido diferente. Este recurso literario lo descubriremos en varios lugares en los Hechos[38].

Sea como fuere, a Lucas parece interesarle mostrar el paso de una visión restauracionista, sionista, (véase 1:6: "*¿restaurarás el reino a Israel en este tiempo?*"), a una visión profética y misionera (1:8: "*me seréis testigos hasta lo último de la tierra*"). Sobre este tema, Pablo Richard aclara:

> El don del Espíritu se da a esta primera comunidad, si bien es Pedro, junto con los once, el que va a pronunciar el discurso (vv. 14-36). Se añade también que están reunidos "con un mismo propósito" ("*epi to autó*": Gr. ἐπὶ τὸ αὐτό, lo que a veces también se traduce "en un mismo lugar", Hech 2:1). Este mismo propósito es posiblemente la **estrategia restauracionista** implícita en la elección de Matías en 1,15-26. La irrupción del Espíritu viene a romper este propósito de restauración, que mira más al pasado que al futuro. El Espíritu viene de repente, con ruido como de viento impetuoso y en lenguas como de fuego: estos símbolos (huracán u fuego) muestran *la "violencia" necesaria del Espíritu*

---

[38] Pablo Richard, *Hechos*, en: http://hectorucsar.fles.wordpress.com /2014/ 01/el-movimiento-de-jesus-antes-de-la-iglesia.pdf

> *para transformar al grupo presente y reorientar la primera comunidad, desde una posición restauracionista hacia una **posición profética y misionera**.* Esta tensión entre restauración (pasado) y misión (futuro), es la que se ve en 1: 6-11. Pentecostés es el bautismo en el Espíritu Santo anunciado en 1:5. El bautismo de Juan Bautista era de agua, un símbolo judío de conversión personal; ahora se trata del *bautismo en el Espíritu*, que es el símbolo característico del movimiento profético de Jesús, no ya solo de conversión personal, sino de transformación de la comunidad de los discípulos en auténtica comunidad profética, para dar testimonio de Jesús hasta los confines de la tierra[39].

Si bien, se trata ahora de la reunión del pueblo de Dios, la casa de Israel, evocando la dación de la Ley en el antiguo Sinaí, ahora todas las naciones de la tierra reunidos simbólicamente en Pentecostés, viven un nuevo Sinaí. El antiguo Pacto escrito en tablas de piedra, ha sido renovado con Jesús y ha sido escrito en los corazones. Varios textos así lo indicaban:

> Y yo os tomaré de las naciones, y os recogeré de todas las tierras, y os traeré a vuestro país. Esparciré sobre vosotros agua limpia, y seréis limpiados de todas vuestras inmundicias; y de todos vuestros ídolos os limpiaré. Os daré corazón nuevo, y pondré espíritu nuevo dentro de vosotros; y quitaré de vuestra carne el corazón de piedra, y os daré un corazón de carne. Y pondré dentro de vosotros mi Espíritu, y haré que andéis en mis estatutos, y guardéis mis preceptos, y los pongáis por obra.

> "...porque este es el pacto que haré con la casa de Israel después de aquellos días--declara el Señor--. Pondré mi ley dentro de ellos, y sobre sus corazones la escribiré; y yo seré su Dios y ellos serán mi pueblo (Jeremías 31:33)

> Yo les daré un solo corazón y pondré un espíritu nuevo dentro de ellos. Y quitaré de su carne el corazón de piedra y les daré un corazón de carne (Ezequiel 11:19)

> Por lo cual, este es el pacto que haré con la casa de Israel Después de aquellos días, dice el Señor: Pondré mis leyes en la mente de ellos, Y sobre su corazón las escribiré; Y seré a ellos por Dios, Y ellos me serán a mí por pueblo (Hebreos 8:10)

---

[39] Ibid.

> "...siendo manifiesto que sois carta de Cristo redactada por nosotros, no escrita con tinta, sino con el Espíritu del Dios vivo; no en tablas de piedra, sino en tablas de corazones humanos (2 Corintios 3.3)

4. ¿Glosolalia o Xenolalia?

La palabra **glosolalia** (del griego γλῶσσα "glossa", 'lengua', y λαλεῖν "laleín", 'hablar') puede referirse indistintamente a hablar en cualquiera de una variedad de diferentes idiomas o a emitir sonidos o "galimatías", es decir, idiomas no reales o incomprensibles. En las comunidades carismáticas contemporáneas "glosolalia" hace alusión a las lenguas extrañas o hablar en lenguas incomprensibles, no necesariamente conocidas. Estas a veces vienen acompañadas de ruidos, incluyendo movimientos corporales, suspiros, gemidos.

El término **xenoglosia,** por el contrario, viene del griego Xenos, "extranjero", y Glossa, "lengua" y significa "hablar en una lengua extranjera". Así mismo **xenolalia** viene de Xenos, "Extranjero", y Lalia, "hablar", traduciéndose también como "hablar en una lengua extranjera". Estos términos se utilizan como sinónimos, y se refieren al hablar o escribir en un lenguaje humano que no se ha adquirido por medios naturales. **Xenolalia**, por lo general se refiere a hablar en muchos idiomas reales. En los tiempos apostólicos, esto se referiría a la capacidad de hablar idiomas, por el Espíritu, como en Hechos 2 o a tener un don divino para el aprendizaje de una lengua.

En los tiempos actuales "xenolalia" se refiere a la capacidad de aprender lenguas extranjeras. Algunos individuos aprenden idiomas no nativos con facilidad mientras que otros no pueden. A quienes les resulta relativamente fácil se les dice que tienen el don de la "xenolalia." Por eso la xenolalia se puede considerar como una subcategoría del término general "glosolalia".

El apóstol Pablo no hace esta distinción, por lo que la interpretación de los pasajes en los que él se refiere a *hablar en lenguas* hay que deducirlo del contexto que lo rodea, tanto textual como cristiano, para determinar en qué tipo de lengua habla. Lo que queda claro es que en Hechos 2 se trata de una *xenolalia* ya que cada uno les oía hablar en su propia lengua o idioma (Hechos 2:6)[40], pero se lo reconoce usualmente como *glosolalia*.

El biblista Mathew Henry[41] sugiere que tal vez por vivir algún tiempo en Jerusalén, los que asistieron a la fiesta llegaron a ser maestros de la lengua judía y que podrían haber entendido el significado de los discípulos, insinuando con ello que los discípulos no hayan hablado en lenguas. Otro exégeta como G. Schille[42], cree que se trata de un "*milagro hermenéutico*" y no un milagro lingüístico. El propio Chiquete, sin embargo, en este estudio se reserva una interpretación pentecostal y parece coincidir con G. Schille.

William Barclay, comentando Hechos 2:1-13 en el mismo sentido que Schille, sugiere que:

> El don de lenguas que se manifestó en Pentecostés no requería interpretación. Es posible que los discípulos hablaran su dialecto, y el Espíritu hacía que los oyentes recibieran simultáneamente la interpretación, cada uno en su propia lengua materna. El caso es que en Pentecostés el poder del Espíritu era tal que daba a aquellos sencillos discípulos la capacidad de presentar el Evangelio de forma que calaba hasta lo más íntimo del corazón[43].

A la luz del testimonio de los participantes de la fiesta, podemos concluir que se trató de una xenolalia por parte de los galileos. La experiencia de muchos misioneros de nuestra época que, bajo circunstancias especiales (generalmente de peligro), hablaron idiomas nativos, corrobora la posibilidad de que los discípulos hayan hablado otros idiomas, venciendo así la barrera cultural del idioma. Una comisión de exegetas de la *International Catholic Charismatic Renewal Services* o Servicios Internacionales de la Renovación Carismática Católica (ICCRS por sus siglas en inglés) cree, igualmente, que Lucas se refiere al fenómeno de Pentecostés

---

[40] Gingrich, F. Wilbur. Shorter Lexicon of the Greek New Testament. Chicago: University of Chicago Press, 1983; "*Glossolalia*" y "*Gift of Tongues*" in John E. Steinmueller and Kathryn Sullivan. *Catholic Biblical Encyclopedia: Old and New Testaments* New York: Joseph Wagner, 1956: 258-9; 635-6 respectivamente.
[41] Matthew Henry's Commentary » Resources » Acts » Chapter 2 » Verses 5–13 en: https://www.biblegateway.com/resources/matthewhenry/Acts.2.5-Acts.2.13
[42] G. Schille, *Die Apostelgeschichte des Lukas*. Berlin, 1983: 90, citado por Daniel Chiquete, *Pentecostés y Liberación: Lectura Pentecostal Latinoamericana de Hechos 2*: 6
[43] William Braclay, *Comentario al Libro de los Hechos de los Apóstoles*. Tomo 7. Bs. As. Argentina: Ed. La Aurora, 1974: 2:1-11.

como *xenolalia*, es decir que los apóstoles hablaron en lenguas humanas reales desconocidas para ellos mismos[44].

5. Señales y Maravillas

La que ocurrió el día de Pentecostés está en íntima relación con el éxodo bíblico. Como en la antigüedad, ocurrieron señales, maravillas y milagros. En Hechos 2: 11 todos los que se habían reunido en Jerusalén, dijeron *"les oímos hablar en nuestras lenguas las maravillas de Dios"*. Literalmente "las grandezas de Dios" (glossais tá megaleia thou theou: γλώσσαις τὰ μεγαλεῖα τοῦ θεοῦ.) Note que no dice que les oían predicar el evangelio, sino que hablaban "las maravillas de Dios". ¿Qué son esas maravillas, entonces? El texto dice que ellos oían en sus propios idiomas las maravillosas obras, es decir los actos poderosos, magníficos y sublimes de Dios como en el Éxodo. Esto puede haber sido en forma de expresiones de alabanza a Dios por estas obras maravillosas. No se señala aquí que hubiera discursos o predicación, aunque con toda seguridad la predicación hubiera causado la salvación de algunos (1 Corintios 1:21).

Sin embargo, no hay memoria ahora ni en ningún otro momento, de que el don de lenguas haya sido usado como medio para predicar o enseñar el Evangelio. En cambio, los oyentes estaban maravillados (asombrados) y atónitos (perplejos, sorprendidos, completamente incapaces de comprender) sobre lo que significaba todo aquello. "*¿Qué quiere decir esto?*" o más literalmente "¿Qué será todo esto?" Evidentemente se trataba de una experiencia extraordinaria.

Su pregunta expresa una confusión total, así como un asombro extremo. Comprendían el significado de las palabras, pero no su sentido. Por esto se hallaban confundidos con lo que oían. Había otros en la multitud que evidentemente no comprendían ninguno de aquellos lenguajes, y tomaron todo aquello como algo ininteligible. Entonces, como no podían comprender su significado, se apresuraron a deducir que aquello no tenía sentido alguno.

---

[44] Cf. http://www.iccrs.org/_files/files/ResourcesEnglish/QuestionsforDoctrinalCommission/ QDC33_En.pdf

Comunicar las maravillas de Dios es, a la luz del pasaje, comunicar algo más que palabras. Es comunicar por la unción del Espíritu Santo un lenguaje total, (palabras y signos: sanidades, milagros, revelación, etc.) a fin de que los oyentes reciban el sublime mensaje de salvación en Cristo. Las señales y maravillas hechas por mano de Moisés, ahora son hechas por los apóstoles. Si el oponente antiguo fue el Faraón, el antagonista contemporáneo para ellos sería el César. En el fondo más que personas antagonistas, lo que tenemos delante es el Imperio de la muerte que oprime y esclaviza y contra el cual se yergue Pentecostés como experiencia de liberación, como ha mostrado Chiquete.

El Reino de Jesús libera de toda opresión (Lucas 4: 18-19), ya que *"el Señor es el Espíritu; y donde está el Espíritu del Señor, hay libertad"* (2 Corintios 3:17)

6. De la Fiesta a la diáspora

El movimiento de la iglesia en el esquema de Lucas sobre la misión universal, muestra a una iglesia que emerge de un contexto de fiesta y júbilo a uno de diáspora[45] o dispersión. Jesús les había prometido que recibirían poder y que en consecuencia le serían testigos (mártires) por toda la tierra conocida, en varias etapas. *"recibiréis poder, cuando haya venido sobre vosotros el Espíritu Santo, y me seréis testigos **en Jerusalén**, en toda **Judea**, en **Samaria**, y hasta **lo último de la tierra**"* (Hechos 1:8).

La primera etapa, el testimonio "en Jerusalén" (Hechos 1-5), presenta el testimonio a judíos y prosélitos. Los Doce, con Pedro y Juan como personajes centrales, son los agentes de la misión. Sus oyentes provienen de 14 diferentes regiones, entre las que se mencionan cinco en el oriente y dos en África. Tres mil se convierten en un solo día, pero pronto las cifras ascienden a cinco mil. La segunda etapa, el testimonio "en toda Judea y Samaria" (Hechos 6-12), muestra cómo el testimonio se extiende a los samaritanos, los adherentes gentiles y los paganos. El testimonio "hasta lo último de la tierra" según este versículo, describe el bosquejo de la misión en su tercera etapa (Hechos capítulos 13 al 28) y tiene que ver con

---

[45] Cf. Comay, Joan. *The Diaspora Story: The Epic of the Jewish People among the Nations* (1981), Tel Aviv y Bnei-Brak: Steimatzky, repr. 1994; Kovadloff, Santiago. *La extinción de la diáspora judía*, Buenos Aires: Emecé, 2013.

la "misión a los gentiles". Profetas y maestros de Antioquía comisionan a Bernabé y Pablo, y poco después el apóstol Pablo se transforma en el personaje central. Los capítulos finales presentan los tres viajes misioneros de Pablo, su arresto en Jerusalén, su defensa en Cesarea, y su arribo a Roma.

En Lucas se nota este énfasis en el *carácter universal de la misión* casi desde el comienzo mismo de su libro. En Pentecostés (Hechos 2: 9, 11) había representantes de catorce regiones distintas. El episodio del eunuco etíope nos presenta el del primer adherente gentil convertido (Hechos 8.26-40). Por otro lado, Lucas destaca el papel de los africanos en el inicio de la misión a los gentiles. Los de Cirene fueron los primeros en predicar a los paganos (Hechos 11:20). Fueron cirenaicos los que apartaron a Bernabé y a Saulo para su ministerio (Hechos 13: 1, 2).

El primer suceso relevante en el desarrollo del cristianismo en Asia Menor se remonta al Pentecostés del año 33 de nuestra era, cuando una muchedumbre multilingüe en la que había prosélitos y judíos de la diáspora —es decir, los que vivían fuera de Palestina— se congregó en Jerusalén. Los apóstoles de Jesús predicaron las buenas nuevas a estos visitantes. Según el registro histórico, algunos procedían de Capadocia, Ponto, el distrito de Asia, Frigia y Panfilia, territorios que abarcaban una gran parte de Asia Menor. En aquella ocasión, unas tres mil personas aceptaron el mensaje cristiano y se bautizaron. Al volver a sus hogares, llevaron consigo su nueva fe (Hechos 2:5-11, 41).

Los siguientes datos se hallan en el registro bíblico de los **viajes misioneros** de Pablo por Asia Menor. Durante el primero de ellos, que tuvo lugar alrededor de los años 47 o 48, el apóstol navegó con sus compañeros desde Chipre hasta Asia Menor. Tras desembarcar en Perga de Panfilia se dirigieron hacia el interior, a la provincia romana de Galacia. En la ciudad de Antioquía de Pisidia, el éxito de su predicación despertó los celos y la oposición de los judíos. Cuando Pablo viajó en dirección sureste a Iconio, otros judíos trataron de hacer daño a los misioneros. En la cercana Listra, muchos de sus habitantes, impulsados por la emoción del momento, aclamaron a Pablo como un dios; pero tras la llegada de unos judíos opositores procedentes de Antioquía e Iconio, la multitud apedreó al apóstol y lo dio por muerto. Después de aquel suceso, Pablo y Bernabé continuaron hasta Derbe, donde, al igual que en Listra, se hablaba la lengua licaónica. Allí organizaron congregaciones y nombraron ancianos. Como puede verse, unos quince años después del Pentecostés del año 33, el cristianismo ya estaba bien establecido en Asia Menor (Hechos 13:13–14:26).

En su segundo viaje, en torno a los años 49 y 52, Pablo y sus acompañantes viajaron por tierra y se dirigieron primero a Listra, probablemente pasando por la ciudad natal del apóstol, Tarso, en la provincia de Cilicia. Tras visitar a sus hermanos de Listra y dirigirse hacia el norte, Pablo intentó "hablar la palabra" en las provincias de Bitinia y Asia. Sin embargo, el Espíritu Santo no se lo permitió, pues aquellas regiones serían evangelizadas más adelante. Dios guio al apóstol a través de la zona noroccidental de Asia Menor hasta Troas, en la costa. Entonces Pablo recibió una visión en la que se le ordenaba predicar las buenas nuevas en Europa (Hechos 16:1-12; 22:3).

Durante su tercer viaje misionero, aproximadamente entre los años 52 y 56, el apóstol volvió a atravesar Asia Menor hasta Éfeso, una importante ciudad portuaria de Asia que ya había visitado al regresar de su segundo viaje. Allí se mantenía activo un grupo de cristianos, al que Pablo y sus acompañantes se unieron por unos tres años. Aquel período se caracterizó por una sucesión de problemas y peligros, entre ellos un alboroto provocado por los plateros efesios en defensa de su lucrativo negocio religioso (Hechos 18:19-26; 19:1, 8-41; 20:31). Es evidente que la obra misional en Éfeso tuvo una amplia repercusión, pues Hechos 19:10 indica: "*Todos los que habitaban en el distrito de Asia oyeron la palabra del Señor, tanto judíos como griegos*".

La Biblia no especifica cómo llegó allí el cristianismo, pero pudo ser mediante los judíos o los prosélitos que fueron a Jerusalén en el Pentecostés del año 33 y luego regresaron a su tierra. Sea como fuere, es obvio que cuando Pedro escribió sus cartas, unos treinta años después del Pentecostés, había congregaciones dispersas por toda Asia Menor.

LA COMUNIDAD UNIVERSAL DE LA PROMESA

De acuerdo a la narrativa lucana, se puede apreciar que toda la vida de la comunidad primitiva de Jerusalén lleva las señales del Espíritu Santo, que es su guía y su animador invisible. La visión de conjunto que ofrece Lucas nos permite ver en aquella comunidad casi el tipo de las comunidades cristianas formadas a lo largo de los siglos, en las que el fruto de la "plenitud del Espíritu Santo" se concreta en algunas formas fundamentales de organización, parcialmente recogidas en la misma legislación de la Iglesia.

Esta nueva comunidad del Espíritu se caracteriza entre otras cosas por: 1) la *"comunión"* (koinonía) en la fraternidad y en el amor (Hechos 2: 42), de forma que se podía decir de aquellos cristianos que eran "un solo corazón y una sola alma" (Hechos 4: 32); 2) la *comunidad de bienes* en un espíritu comunitario en la entrega de los bienes a los Apóstoles para la distribución a cada uno según sus necesidades (Hechos 4: 34-37) o en su uso cuando se conservaba su propiedad, de modo que "nadie llamaba suyos a sus bienes" (4: 32; cf. 2: 44-45; 4: 34-37); 3) la *doctrina apostólica* en comunión al escuchar asiduamente la enseñanza de los Apóstoles (Hechos 2: 42) y su testimonio de la resurrección del Señor Jesús (Hechos 4: 33); 4) *la comunión en la "fracción del pan"* (Hechos 2, 42), o sea, en la comida en común según el uso judío, en la que sin embargo los cristianos insertaban el rito de la Santa Cena (1 Co 10: 16; 11: 24; Lc 22: 19; 24: 35); 5) *la comunión en la oración* (Hechos 2: 42. 46-47). En la concepción teológica de Lucas lo inmanente de la cotidianeidad y lo trascendente de lo litúrgico forman dos aspectos de un todo: esta es la novedad de la nueva vida comunitaria[46].

La Palabra de Dios, la Santa Cena, la oración, el amor fraternal, eran, por tanto, el ámbito dentro del cual vivía, crecía y se fortalecía la nueva comunidad del Espíritu.

---

[46] Daniel Chiquete Beltrán, *Pentecostés y Liberación. Lectura Pentecostal Latinoamericana de Hechos 2*: p. 14

1. El cristianismo primitivo

Esta comunidad del espíritu está integrada por los 120, entre hombres y mujeres que siguieron a Jesús y los que Dios iba añadiendo a la iglesia.

La *comunidad de Jerusalén* estaba compuesta por hombres y mujeres provenientes del judaísmo, como los mismos apóstoles y María. No podemos olvidar este hecho, aunque a continuación aquellos judío-cristianos, reunidos en torno a Santiago cuando Pedro se dirigió a Roma, se dispersaron y desaparecieron poco a poco. Sin embargo, lo que sabemos por el libro de los Hechos debe inspirarnos respeto y también gratitud hacia aquellos nuestros lejanos "hermanos mayores", en cuanto que ellos pertenecían a aquel pueblo jerosolimitano[47] que rodeaba de "simpatía" a los Apóstoles (Hechos 2: 47), los cuales *"con gran poder daban testimonio de la resurrección del Señor Jesús, y abundante gracia era sobre todos ellos."* (Hechos 4: 33). No podemos tampoco olvidar que, después de la lapidación de Esteban y la conversión de Pablo, las Iglesias, que se habían desarrollado partiendo de aquella primera comunidad, *"tenían paz por toda Judea, Galilea y Samaria; y eran edificadas, andando en el temor del Señor, y se acrecentaban fortalecidas por el Espíritu Santo"* (Hechos 9: 31).

Si bien esta comunidad era judía, cuando Lucas escribió, la comunidad cristiana en su apariencia exterior era muy distinta de lo que podían haber esperado los que vieron su comienzo. Ella comenzó en Palestina; ahora estaba esparcida por todo el mundo del Mediterráneo. Jesús y todos sus primeros seguidores fueron judíos. Ahora la iglesia era predominantemente no judía. Jesús y sus primeros seguidores asistían a las sinagogas y al templo.

En el tiempo en que Lucas escribió, muchos cristianos se estaban reuniendo en hogares y en edificios públicos. El templo posiblemente ya había sido destruido, y las puertas de las sinagogas se estaban cerrando o se habían cerrado para los cristianos.

Se trata de una comunidad integrada por mujeres y varones, niños, jóvenes, ancianos, esclavos y esclavas, de perfil religioso y popular. Era gente

---

[47] Dunn, James D. G. *El cristianismo en sus comienzos Tomo II / Volumen 1 Comenzando desde Jerusalén*. Pamplona: Ed. Verbo Divino, 2009: 27-29, 171ss

del vulgo, carismáticos ambulantes y sin patria, como describe Gerd Theissen:

> Jesús no fundó primariamente comunidades locales, sino que dio a la luz un movimiento de carismáticos vagabundos. Las figuras decisivas del cristianismo primitivo fueron apóstoles, profetas y discípulos ambulantes que se movían de sitio en sitio, donde encontraban apoyo en pequeños grupos de simpatizantes. Estos grupos de simpatizantes siguieron, como organización, en el seno del judaísmo. Encarnaban menos claramente lo nuevo del cristianismo primitivo; estaban vinculados con la vieja situación por obligaciones y lazos de diversa índole. Los responsables de lo que más tarde había de ser el cristianismo autónomo eran, más bien, carismáticos ambulantes apátridas. El concepto de «carismático» indica que su «rol» no era una forma de vida institucionalizada a la que podía uno adherirse por propia decisión. Más bien se basaba en una llamada ajena a la propia iniciativa[48].

Lo más interesante en ellas son las *normas éticas* porque hacen referencia directa al comportamiento de los seguidores de Jesús, especialmente la *ética de renuncia* a un lugar estable, renuncia a la familia, renuncia a la propiedad y renuncia a la propia defensa[49]. A decir verdad, las comunidades primitivas del cristianismo surgieron como una "secta" apocalíptica[50] del judaísmo (Hechos 24:5) a la que los historiadores denominan *judeocristianismo*.

En esa época era importante pertenecer a una secta, pues si no, se era considerado un paria social. Secta en la época de Jesús era una facción de la sociedad con alguna propuesta o proyecto de vida. Entre las sectas judías están: Los **Saduceos** Mateo 3:6; **Esenios** Históricos Meshiajim; **Cristianos** Hechos 11:26; Nozrim - **Nazareos**- Hechos 24:5, Ha Derej - El camino. **Sicarios** Hechos 21:38; Zelotes Lucas 6:15; **Ebionitas** Históricos Herodianos Mateo 22:16; **Fariseos** Mateo 3:6. Los fariseos, por

---

[48] Gerd Theissen, *Sociología del Movimiento de Jesús: El nacimiento del Cristianismo primitivo*. España: Ed. Sal Terrae, 1979:13-14
[49] Ibid: 15
[50] La *visión apocalíptica* de la vida se caracteriza por una perspectiva del futuro inmediato como misterioso, oscuro, enigmático o una situación que amenaza o implica exterminio o devastación: Terrorífico o espantoso.

ejemplo, eran considerados una secta o partido surgido claramente durante la revuelta de los Macabeos contra los gobernantes seléucidas de Siria, Palestina (167 a 165 a. C.). El origen del nombre "fariseos" es incierto y sugiere la idea de "los separados", es decir la separación de impurezas y contaminación. Probablemente de la comunidad esenia del Qumrán cuyos antecedentes inmediatos podrían estar en el movimiento hasideo o de los santificados. El nombre apareció por primera vez durante el reinado de Juan Hircano (135 a 105 a. C). Pablo ante Félix dice en su defensa: "*admito ante ti, que según el Camino que ellos llaman secta (gr. herejía), yo sirvo al Dios de nuestros padres, creyendo todo lo que es conforme a la ley y que está escrito en los profetas*" (Hechos 24:14). La *herejía* por definición es una creencia o teoría controvertida o novedosa, especialmente religiosa, que entra en conflicto con el dogma establecido. Este es el sentido que los católico-romanos dan al protestantismo cuando lo califican de secta, aunque en su interior ellos tengan sectas también

Estos primeros cristianos se llaman a sí mismos "Nazarenos" o "los del Camino". Los primeros cristianos acuden a las sinagogas, como todos los otros grupos dentro del judaísmo tradicional. Su mensaje es de tipo profético y enseñan que Jesús de Nazaret, es el Mesías anunciado por los profetas. A Jesús, a quien las autoridades romanas y judías habían crucificado, el Señor lo ha resucitado. Como regla de vida enseñan la observancia de la Ley y las obras del Espíritu Santo, pero ahora de acuerdo con las enseñanzas de Jesús.

La **profecía de Joel** invocada por el apóstol Pedro interpretando el acontecimiento del día de Pentecostés incluye hijos e hijas, jóvenes sin diferencia de género, ancianos o presbíteros de Israel (líderes religiosos) así como gente marginal como los esclavos y esclavas. Según el biblista y teólogo pentecostal Daniel Chiquete

> El autor del libro de Joel especifica quienes son los diferentes grupos que constituyen este *pasan sarka*: "tus hijos y tus hijas" (3:1), "ancianos y jóvenes" (3,1) y "siervos y siervas" (3:2). La puntualización de "**tus hijos y tus hijas**" (*oi uioi umwn kai ai fugateres umwn*, Jl 3,1; Hechos 2:17) puede entenderse como la superación de la discriminación por género en la estructura comunitaria, la cual era muy marcada en la época del surgimiento del texto (siglo IV a.C.). Para Lucas es evidente el cumplimiento de este oráculo en Pentecostés, en "las hijas de Israel", representadas por "María y las otras mujeres" (Hechos

1:14), que ejercen también el derecho a profetizar, esto es, de hablar en forma inspirada de parte de Dios.

Y respecto de los ancianos, los y las jóvenes, esclavos y esclavas, comenta:

> Los **ancianos** tendrán sueños y los **jóvenes** verán visiones" (*oi presbuteroi umwn enupniois enupniasqhsontai*, 3,1; Hechos 2,17). Los "sueños" y las "visiones" son de los recursos más frecuentes en el Antiguo Testamento para comunicar la revelación de Dios. Al referir este texto en Pentecostés, Lucas manifiesta que en la era del Espíritu los medios que Dios emplea para revelarse no están limitados por la edad, pues ésta ya no promociona privilegios o provoca exclusión. Los viejos vuelven a tener una posición participativa dentro de la comunidad salvífica, en igualdad con los jóvenes. El tercer grupo doble de personas que es mencionado es el de los **esclavos y esclavas**: "Hasta sobre los siervos y las siervas derramaré mi Espíritu" (*kai ge epi tous doulous mou kai epi tas doulas mou*, 3,2; Hechos 2:18). Seguro que esta declaración debió sonar increíble para los contemporáneos del profeta. Para el especialista del Antiguo Testamento H. W. Wolff, la promesa del Espíritu para los esclavos y las esclavas agregaba "el momento social-revolucionario de la esperanza" (…) La revolución social profetizada se concretizará en la forma de la comunidad nacida del Espíritu, cuya vida describe Lucas al final del capítulo 2 (vv. 42-47)[51].

2. Los bautizados de la nueva comunidad

Aunque Jesús no bautizó, sus discípulos sí lo hicieron y lo relacionaron con el bautismo de Juan con un sentido escatológico. Cuando Pedro predicó a los judíos en el día de Pentecostés, sus oyentes clamaron: "¿Qué haremos?" Pedro les dijo: "*Arrepentíos, y* bautícese *cada uno de vosotros en el nombre de Jesucristo para perdón de los pecados*" (Hechos 2.38). Después de explicar Felipe el camino de la salvación al eunuco etíope, ¿qué hizo? De inmediato le bautizó (Hechos 8.34-38). Así mismo,

---

[51] Chiquete, *op. cit.*: 8-9

cuando Dios mostró a Pedro (al derramar su Espíritu sobre Cornelio) que los gentiles también podían entrar en la iglesia, la primera cosa que hizo Pedro fue bautizar a Cornelio y a su familia (Hechos 10.44-48). Cuando Pablo predicó de noche al carcelero filipense y su familia, dice Lucas: "*Y le hablaron la palabra del Señor a él y a todos los que estaban en su casa. Y él, tomándolos en aquella misma hora de la noche, les lavó las heridas; y en seguida se bautizó él con todos los suyos*" (Hechos 16.32-33).

De acuerdo con Lohfink[52] la pregunta fundamental es la siguiente: ¿Por qué los discípulos de Jesús, después de pascua, echan mano del bautismo de Juan, contra la práctica de Jesús? En principio la comunidad de los discípulos no espera la vuelta de Jesús y el próximo fin del mundo uno junto al otro. Se sabe enviada a Israel por el mismo Jesús terrenal. Y este envío se profundiza y renueva en las apariciones de pascua, y sigue siendo un envío exclusivo a la casa de Israel, con la pretensión de convertir y reunir al pueblo en el Israel verdadero y definitivo, capaz de agradar a Dios.

Podríamos decir, con Lohfink, que en la primitiva comunidad hay dos constantes: una constante fundamental *escatológica*: la espera del fin próximo; y una constante fundamental *eclesiológica*: el intento de reunir el verdadero Israel antes de la irrupción del fin. Esta comprensión de la situación, con sus constantes fundamentales, escatológica y eclesiológica, es tan análoga a la que tiene el Bautista, que no puede sorprender que la primera comunidad eche mano del bautismo, el instrumento decisivo del Bautista para la reunión escatológica y la protección definitiva de Israel. De este modo, también para la primera comunidad, el bautismo es un sacramento escatológico: un signo eficaz de la reunión, purificación y protección de Israel frente al fin próximo. De ahí la importancia que la primitiva comunidad cristiana le asigna al bautismo en agua.

En resumidas cuentas, el bautismo, tanto en Juan como en la iglesia primitiva, apunta a la conversión y reunión de Israel. Tiene una referencia comunitaria: Dios, en el bautismo, crea su pueblo, su comunidad. De ahí que los esfuerzos actuales por sacar al bautismo de su aislamiento y reintegrarlo en la comunidad deban adquirir el máximo vigor posible.

---

[52] Gerhard Lohfink, *El Origen del bautismo cristiano* (Der Ursprung der christlichen Taufe, Theologische Quartalschrift, (Traducido y condensado por Luis Tuñi) (1976):156: 35-54

El bautismo cristiano no puede comprenderse sin su estructura fundamental escatológica. El bautismo apunta al fin último, al regreso definitivo de Jesucristo, que hay que esperar cotidianamente. El bautismo cristiano significaba no sólo la protección ante el juicio, sino que también hacía presente la salvación que había irrumpido ya en Jesús: se realizaba en nombre de y hacia Jesús[53]. El bautismo se vuelve una renuncia a las obras de la Ley como mérito para la salvación[54].

3. Las primicias de la Gran Cosecha

Este día del Pentecostés se vio una asombrosa cosecha de creyentes. La iglesia creció de aproximadamente 120 personas a 3,120 personas en un solo día. Muchos de los 3000 eran sin duda peregrinos que vinieron a Jerusalén para la fiesta del Pentecostés. Esperaban algo especial de Dios, pero nada como esto. Muchos en esta multitud regresaron a casa, viajando lejos de Jerusalén, llevando las buenas nuevas de Jesús consigo. Luego 5000 y finalmente millones al rededor del mundo.

Para los cristianos el festival de Pentecostés es de gran importancia y trascendencia. Dios tenía una razón para que tanto Israel como su Iglesia observaran estos festivales. Por medio de estas celebraciones, Dios revela los pasos de su plan de salvación para la humanidad. Esta fiesta en particular, que celebraba los primeros frutos de la cosecha del trigo en el antiguo Israel (ver Deuteronomio 34:22), revela una de las etapas más significativas del plan de salvación de Dios. El gozo de los participantes es precisamente la expresión de la presencia de Dios y sus maravillas.

Como hemos visto anteriormente, el nombre *Fiesta de las Primicias* encierra un gran significado. Tal como lo dice su nombre, este festival indica que debe haber una cosecha inicial, previa una cosecha posterior. Como veremos, este festival representa la intención de Dios de recolectar primero una pequeña cosecha de personas para la salvación (llamadas "primicias" en las Escrituras), y más tarde llamar a un número mucho mayor de personas para que sean salvas.

Podría decirse que Dios estableció un procedimiento sistemático para llevar a la gran mayoría de la humanidad a su luz y salvación: una cosecha

---

[53] Ibid: 9
[54] Eleuterio Uribe Op. Cit: 14

inicial de primicias, y después una gran cosecha de seres humanos para llevarlos a todos a la salvación.

Notemos cuán asombrosa es esta verdad que simboliza este festival revelado por Dios. Él ha hecho coincidir sus fiestas con el ciclo agrícola de los dos períodos de cosecha más importantes en la Tierra Santa (uno en primavera y otro al final del verano), para enseñarle a su pueblo una importante lección. Está asociado al tiempo de lluvias tempranas y tardías.

4. Las lluvias tardías

Los agricultores en Israel esperan ciertas estaciones de tiempos en las cuales hay lluvias, ellos esperan una primera lluvia que es llamada la *"lluvia temprana"*, que es aquella lluvia que va a ser que la tierra se ponga suave para la siembra, pero cuando ya han hecho la siembra, después de un tiempo y antes de cosechar, él espera un segundo período de lluvia al cual llaman la *"lluvia tardía"* que es una fuertísima y abundante lluvia que hace que lo sembrado produzca fruto en gran manera y esté listo para ser cosechado. Había que confiar en Dios, porque él es el que hace llover:

> Si obediciereis cuidadosamente a mis mandamientos que yo os prescribo hoy, amando a Jehová vuestro Dios, y sirviéndole con todo vuestro corazón, y con toda vuestra alma, Yo daré la lluvia de vuestra tierra a su tiempo, la temprana y la tardía; y recogerás tu grano, tu vino y tu aceite. Daré también hierba en tu campo para tus ganados; y comerás, y te saciarás. Guardaos, pues, que vuestro corazón no se infatúe, y os apartéis y sirváis a dioses ajenos, y os inclinéis a ellos (Deuteronomio 11:13-16)

Las lluvias tardías son un tiempo de bendición donde la espiritualidad descansa en la acción de Dios sobre la naturaleza. Así lo entendía Jeremías (5:24) *"Y no dijeron en su corazón: Temamos ahora a Jehová Dios nuestro, que da lluvia temprana y tardía en su tiempo, y nos guarda los tiempos establecidos de la siega"*. Un proverbio antiguo decía *"En la alegría del rostro del rey está la vida, y su benevolencia es como nube de lluvia tardía"*(Proverbios 16:15) Así lo entendieron Pablo y Bernabé en Listra: "En las edades pasadas él ha dejado a todas las gentes andar en sus propios caminos; si bien no se dejó a sí mismo sin testimonio, haciendo bien, *dándonos lluvias del cielo y tiempos fructíferos*, llenando de sustento y de alegría nuestros corazones" (Hechos 14:14-17).

Tenía un sentido escatológico: "*Por tanto, hermanos, tened paciencia hasta la venida del Señor. Mirad cómo el labrador espera el precioso fruto de la tierra, aguardando con paciencia hasta que reciba la lluvia temprana y la tardía*" (Santiago 5:7). A la luz de estos pasajes bíblicos, se ha interpretado los avivamientos históricos como el cumplimiento de la promesa de Dios de dar lluvias tardías y se generó hasta un movimiento con ese nombre.

El *Movimiento de la Lluvia Tardía*[55] es una corriente dentro del Pentecostalismo que enseña que el Señor está derramando Su Espíritu de nuevo, como lo hizo en Pentecostés y usando los creyentes para preparar al mundo para Su Segunda Venida.

El primero que usó el término "lluvia tardía" en la historia del pentecostalismo fue David Wesley Myland, cuando escribió un libro llamado *Canciones De La Lluvia Tardía* en 1907. Tres años más tarde, Myland escribió *El Convenio De La Lluvia Tardía*, una defensa del pentecostalismo en general. Su sentido espiritual asociado a Pentecostés proviene de Joel 2:23, "*Vosotros también, hijos de Sion, alegraos y gozaos en Jehová vuestro Dios; porque os ha dado la primera lluvia a su tiempo, y hará descender sobre vosotros lluvia temprana y tardía como al principio*" La "lluvia" en este versículo se interpreta como un derramamiento del Espíritu Santo. La "lluvia tardía" (la efusión del final de los tiempos) sería mayor que la "lluvia temprana".

En 1948, un "avivamiento" estalló en Saskatchewan, Canadá, y las enseñanzas del Movimiento de la Lluvia Tardía fueron evidenciadas. Los involucrados en el avivamiento estaban convencidos de que estaban al borde de una nueva era, una en la cual el Espíritu Santo demostraría Su poder en una forma mayor que el mundo había visto. Ni la edad de los apóstoles, dijeron ellos, había presenciado un movimiento tal del Espíritu Santo.

---

[55] R. M. Riss, "*The Later Rain Movement of 1948*", Pneuma 4 (Spring 1982):32-46. El nombre del movimiento está asociado a Pastores del Canadá como George Hawtin, Ern Hawtin, P.G.Hunt, Herrick Holt y Milford Kirkpatrik y es el antecesor del movimiento carismático en los USA. Cf. Isael De Araujo, "O Movimento Chuva Serôdia" en *Dicionário do Movimiento Pentecostal*. Río de Janeiro: CPAD, 2007: 619-620 y R.M. Riss "Latter Rain Movement" en: Stanley M. Burgess and Gary B. McGee (editors) *Dictionary of Pentecostalism and Charismatic Movement*. USA: Regency Zondervan Publishing House, 1988: 532-534.

La enseñanza de la Lluvia Tardía se caracteriza por una hermenéutica altamente tipológica. Es decir, la Biblia se interpreta de manera simbólica, y contextual. Se hace un énfasis en la revelación activa de Dios a través de profecías personales, experiencias y directivas directas de Dios.

5. La gran cosecha

La Fiesta de las Primicias coincidía con la cosecha del trigo durante la primavera en esa zona (Éxodo 34:22). El nombre griego de esta fiesta es Pentecostés, que significa "día quincuagésimo", porque se celebraba 50 días a partir de la cosecha de la primera gavilla de grano. Este período de siete semanas dio origen a otro nombre para este mismo festival: la *Fiesta de las Semanas* (Deuteronomio 16:9-10). En este día los israelitas ofrecían dos hogazas de pan hecho con la harina del grano de la nueva cosecha. Estos panes se llamaban "las primicias para el Eterno" (Levítico 23:16-17). La gente no debía hacer "ningún trabajo de siervos" en este día y debían reunirse en una santa convocatoria religiosa (Levítico 23:21). Era una ocasión sumamente importante.

El **significado espiritual** de la primera parte de la cosecha, representada por la Fiesta de las Primicias, se pone de manifiesto en las Escrituras. El apóstol Pablo escribió en 1 Corintios 15:20-23: *"Mas ahora Cristo ha resucitado de entre los muertos, primicias de los que durmieron (...) Porque, así como en Adán todos mueren, también en Cristo todos serán vivificados. Pero cada uno en su debido orden: Cristo, las primicias; luego los que son de Cristo, en su venida"*

La ofrenda de la gavilla mecida, que comenzaba con la cosecha de cebada 50 días antes de Pentecostés, representaba a Jesucristo presentándose ante su Padre después de resucitar, como la primicia de los primeros frutos. Por lo tanto, la ofrenda de las primicias de la siega del trigo en Pentecostés (Levítico 23:17) era un símbolo de las demás primicias, según el orden en que Dios cosecharía la humanidad para la salvación, y posteriormente vendrían otras personas.

Note que en 1 Corintios 15 Pablo dice claramente que Dios resucitará a los muertos en un orden específico. Primero fue Jesucristo, quien resucitó como "primicias de los que durmieron", seguido por los demás a su regreso.

Pablo habla de la resurrección de los santos asociada al regreso de Cristo, cuando recibirán cuerpos espirituales inmortales (1 Corintios 15:44, 53), se llevará a cabo "a la final trompeta" (1 Corintios 15:52), es decir, junto con el poderoso y sobrenatural sonido que anunciará el regreso de Jesucristo para gobernar la Tierra (Apocalipsis 11:15). En ese momento, Dios resucitará a los muertos que hayan sido fieles a Cristo y transformará en hijos inmortales suyos a aquellos que aún estén vivos y que también hayan sido fieles (1 Tesalonicenses 4:16-17). Este milagroso acontecimiento se describe como "la primera resurrección" en Apocalipsis 20:6: "Bienaventurado y santo el que tiene parte en la primera resurrección; la segunda muerte no tiene potestad sobre éstos, sino que serán sacerdotes de Dios y de Cristo, y reinarán con él mil años".

6. La Comunión en el Espíritu

Inmediatamente después y como una consecuencia de la fiesta de las cosechas la comunidad del Espíritu procura afirmarse en la tradición de Jesús y la de los apóstoles. Por eso Lucas dice que los primeros convertidos *"perseveraban en la doctrina de los apóstoles, y en la comunión, y en el partimiento del pan, y en las oraciones"* (Hechos 2:42). Veamos un poquito en detalle qué significan estas palabras. La palabra clave aquí es perseverancia.

"Y **perseveraban**" (en griego: *proskarterountes*) (v. 42a) puede significar "serio" o "ser constantemente diligente" o "adherirse fuertemente." Esta es la misma palabra que Lucas utilizó para describir las actividades de los discípulos después de la ascensión de Jesús al decir, "*Todos éstos perseveraban unánimes en oración y ruego*" (Hechos 1:14). Aquí Lucas nos presenta la fiel y constante adhesión de los discípulos a "la doctrina de los apóstoles, y en la comunión, y en el partimiento del pan, y en las oraciones."

Perseveraban en la doctrina de los apóstoles

"**En la doctrina de los apóstoles**" (v. 42b). En su Evangelio, Lucas pone mucho énfasis en las enseñanzas de Jesús (Lucas 4:16-27, 42-44; 6:1-11, 20-49; 8:4-21; 9:1-6, 21-27; 43b-50, 57-62, etcétera). En su Gran Comisión, Jesús instruyó a sus discípulos que hicieran más discípulos, "*Enseñándoles que guarden todas las cosas que os he mandado*" (Mateo

28:19-20). Prometió que el Espíritu Santo *"os recordará todas las cosas que os he dicho"* (Juan 14:26).

En el Libro de Hechos, Lucas incluye **doctrina** frecuentemente (2:42; 4:2; 5:21, 25, 28, 42; 13:12; 17:19; 18:11; 20:20; 28:31), pero no divulga el contenido de dicha doctrina. Sin embargo, podemos estar seguros de que "la doctrina de los apóstoles" incluía lo que habían aprendido de Jesús tanto como un gran énfasis en la muerte, resurrección, y ascensión de Jesús. Con el pasar del tiempo, también incluiría cuestiones de disciplina eclesiástica, pero en ese momento no había pasado suficiente tiempo para que este tema fuera de gran importancia en la doctrina de la iglesia.

Perseveraban en la comunión

"**Y en la comunión**" (griego: *te koinonia* – la comunión) (v. 42c). Anote que koinonía lleva el artículo definido (te, "la") – como las otras tres disciplinas mencionadas en este versículo. Koinonia puede significar tanto "comunión" como "asociación" o "comunicación." Siempre incluye de alguna manera la unidad humana, el compartir. "La palabra se utilizaba a menudo para describir la mutualidad de un matrimonio"[56] Según Willis[57], en el Nuevo Testamento, koinonia se refiere a "una relación mutua con Cristo que nace de la llamada de Dios (1 Corintios 1:9), y es sostenida por el Espíritu Santo (2 Corintios 13:14; Filipenses 2:1)"

La koinonia que sienten los discípulos se expresa naturalmente en el compartir de sus recursos (vv. 44-45; Romanos 15:26; Galatos 6:6; Filipenses 4:14-20; Hebreos 13:16)

Perseveraban en el partimiento del pan

"**Y en el partimiento del pan**" (*tou artou* – el pan) (v. 42d). Cuando Lucas habla del "partimiento del pan," ¿se refiere a una comida cualquiera o a la celebración de la Cena del Señor también llamada eucaristía? No podemos estar seguros. Lo más probable es que gente usara la frase "partimiento de pan" o "partir pan" para hablar de una comida diaria. No obstante, el uso del artículo definido (el pan) podría marcar una comida especial, es decir, la Eucaristía. También, "el partimiento del

---

[56] Darrell L. Bock, Baker *Exegetical Commentary on the New Testament: Acts*. Grand Rapids: Baker Academic, 2007: 150
[57] Wendell Willis, "koinonia" en Freedman, David Noel (ed.), *Eerdmans Dictionary of the Bible*. Grand Rapids: William B. Eerdmans Publishing Co., 2000

pan" aquí es una de cuatro actividades. Las otras tres (doctrina, comunión, y oración) son actividades de carácter espiritual. Según el biblista Fernando Ajith[58]"esto sugiere que Lucas quería hablar del partimiento del pan como disciplina espiritual (la Eucaristía) también"

Lucas documenta cuatro ocasiones donde Jesús partió pan (Lucas 9:16; 22:19; 24:30, 35). Una de ellas (22:19) fue cuando Jesús instituyó la Cena del Señor. Las otras, aunque se refieren a comidas diarias, utilizan lenguaje que claramente evoca la Eucaristía (lenguaje como "bendijo," "partió," "dio"). En el Libro de Hechos, Lucas documenta dos ocasiones donde los discípulos partieron pan. Una (Hechos 20:7) se refiere a la Eucaristía, mientras que la otra (Hechos 27:35) se refiere a una comida diaria.

Perseveraban en las oraciones

"**Y en las oraciones**" (griego: *kai tais proseujais*: las oraciones) (v. 42e). El uso del artículo definido (las oraciones) sugiere que pueden ser oraciones utilizadas en alabanza pública. Sabemos que estos discípulos pasaron bastante tiempo en un templo (v. 46). Entonces la frase "las oraciones," seguramente incluía oraciones utilizadas en el templo. También es probable que incluyera oraciones como el Padre Nuestro, que nació en un contexto cristiano, y oraciones privadas.

Partiendo el pan en las casas

"**y partiendo** [quebrando] **el pan en las casas** (griego: *klontes te kat oikon arton*), **comían juntos con alegría y con sencillez** (*apheloteti* – simple, sin pretensión) **de corazón**" (v. 46b).

Lo más probable es que el partir del pan en este versículo se refiere a una comida diaria y no la Eucaristía. Lo que tenemos aquí es una mesa rodeada de discípulos en comunión sin pretensiones ni egos.

---

[58] Fernando Ajith, *The NIV Application Commentary: Acts*. Grand Rapids: Zondervan, 1998:121

Según F.F. Bruce "Su comunidad seguramente se organizaba de manera parecida a la organización de voluntarios llamada *haburah*[59], cuyo elemento central era el comer juntos"[60] No obstante el hecho de "quebrar" o "partir" el pan podría también referirse a la Cena del Señor, pero en las casas.

7. Santidad del Espíritu

Ananías y Safira (Hechos 5)

El caso de Ananías y Safira es a todas luces un caso paradigmático y recuerda el celo divino del AT en el momento de la entrega de la Ley de Dios al pueblo. Según los versículos anteriores a Hechos 5, los creyentes eran de un solo corazón y un alma (Hechos 4:32). No había necesitados porque muchos creyentes vendían sus propiedades voluntariamente.

Es importante tener en cuenta que nadie obligaba a hacerlo; y lo traían a los pies de los apóstoles para repartirlo a los más necesitados. Entre esos cristianos generosos, se encontraba José, que tenía por sobrenombre Bernabé (que traducido es Hijo de consolación). Este vendió una heredad que tenía y trajo el precio a los apóstoles para que lo repartieran con los más necesitados. En esa misma iglesia de Jerusalén había un matrimonio de creyentes que se llamaban Ananías y Safira.

Y aquí es donde empieza nuestra historia. Lucas cuenta que "sustrajo del precio, sabiéndolo también su mujer; y trayendo sólo una parte, la puso a los pies de los apóstoles" (Hechos 5:2).

El verbo "sustraer" significa desfalcar a un amo, y solo aparece en dos ocasiones más en la Biblia griega: Tito 2:10 y Josué 7:1. En el pasaje de Josué, se describe el pecado de Acán, que robó secretamente del botín de

---

[59] Un Havurah (חבורה hebreo: "comunión", havurot en plural) es un pequeño grupo de Judíos con ideas afines que se reúnen para los efectos de facilitar los servicios de Shabat y de oración en vacaciones, compartir experiencias comunes tales como eventos del ciclo de vida, como el cumpleaños, o de aprendizaje judío en comunidad. Los havurot suponen un énfasis en el igualitarismo en el sentido amplio (de los cuales la igualdad de género es solo una parte), en función de la participación de toda la comunidad en lugar de la dirección vertical del clero.
[60] F. F.Bruce, *The New International Commentary on the New Testament: The Book of Acts* (Revised) Grand Rapids: William B Eerdmans Publishing Company, 1988: 74

Jericó, sabiendo que pertenecía a Dios y éste lo castigó con la misma muerte.

El problema no es que Ananías y Safira se quedaran con una parte del dinero de la venta de la heredad, porque podían hacerlo. Nadie les obligó ni les forzó a darlo todo. Su problema era, que mintieron a los apóstoles y dijeron que traían todo el dinero que habían sacado por vender la heredad. Querían dar la imagen de ser tan generosos como Bernabé, y que los hermanos de la iglesia en Jerusalén los alabaran y pensaran que se habían sacrificado dándolo todo. Querían impresionar a los demás, que les adularan, que pensaran que eran muy espirituales y generosos, cuando en realidad lo que estaban haciendo era engañar y mentir, en primer lugar, al Espíritu Santo y luego a los creyentes: "Y dijo Pedro: Ananías, ¿por qué llenó Satanás tu corazón para que mintieses al Espíritu Santo, y sustrajeses del precio de la heredad?" (v.3).

Vivir una pentecostalidad genuina requiere santidad, verdad y honestidad. La solidaridad para con los pobres es una obra espiritual, se hace por amor y no por vanagloria. No podemos abrirles paso a los falsos espíritus.

A veces nos damos culto a nosotros mismos porque creemos que somos lo más grande y otras veces damos culto a lo que nos satisface, a las ambiciones, a la ira, al enojo, pero tenemos que darle culto a Dios. Ananías y Safira dispuestos para la mentira se sintieron aparentemente movidos por la generosidad de los demás discípulos y poniéndose de acuerdo vendieron su heredad, pero actuando con hipocresía y mentiras sirvieron a su propia codicia y ambición.

El amor al dinero o a las posesiones materiales no se condice con la solidaridad. En Dios no cabe la mentira ni el engaño. Tal vez pensaron que podían dar, pero cuando vieron todo el dinero que habían adquirido pensaron y ejecutaron un plan fraudulento. El engaño es causa de muerte espiritual. Pedro los acusó de mentir al Espíritu Santo. Ananías no pudo defenderse, cayó y expiró. No le dio tiempo de nada, se les terminó el tiempo. Ananías había visto el poder y la bondad de Dios, sin embargo, lo olvidó como hizo el pueblo de Israel. Era grande la afrenta de este hombre al Espíritu Santo y se le dio el castigo justo.

8. La comunidad de bienes

La vida espiritual de la primera comunidad cristiana se expresa en un relacionamiento con el pueblo, porque "*perseverando unánimes cada día en el templo, y partiendo el pan en las casas, comían juntos con alegría y sencillez de corazón, alabando a Dios, y teniendo favor con todo el pueblo*" (Hechos 2: 46-47). En otras palabras, esa vida litúrgica tenía consecuencias éticas, porque llevaban una vida digna en una *comunidad de bienes* a la que J. Sobrino llama la "praxis eficaz del amor"[61] donde no había pobres entre ellos (Hechos 4:34-35), "*Todos los que habían creído estaban juntos, y tenían en común todas las cosas; y vendían sus propiedades y sus bienes, y lo repartían a todos según la necesidad de cada uno*" (Hechos 2:44-45) Una forma incipiente de socialismo cristiano, donde la solidaridad es su máxima expresión.

Veamos cómo se expresa esa solidaridad de la comunidad, primero de forma mecánica, y luego de forma orgánica.

9. Solidaridad mecánica

Había en Jerusalén gente que tenía propiedades, como Bernabé (hechos 4:36), y otros –la gran mayoría— que no tenía nada. No obstante, la ética que se deriva de Pentecostés los lleva a una moral o práctica de solidaridad, primero solidaridad mecánica, espontánea. Theissen señala que su *ética de renuncia* los llevaba a compartir bajo un ideal de pobreza redentora como se puede deducir de la *Didajé*[62], una obra del siglo II.

> Una tercera característica del carismatismo ambulante del cristianismo primitivo es la crítica frente a la riqueza y la propiedad.

---

[61] Sobrino, Jon. *Jesús en América Latina. Su Significado para la Fe y la Cristología*. Santander: Sal Terrae, 1982: 215

[62] La didajé o Didaché es una obra de la literatura cristiana primitiva que pudo ser compuesta en la segunda mitad del siglo I, acaso antes de la destrucción del Templo de Jerusalén (70 d. C.), por uno o varios autores llamados «didaquistas», a partir de materiales literarios judíos y cristianos preexistentes. Desde que fuera encontrada en 1873 y publicada en 1883, la Didaché ha sido fuente inagotable de estudios y objeto de diversas controversias.

Quien, provisto de un solo vestido, hacía manifestación de pobreza recorriendo los caminos de Palestina y Siria sin dinero, calzado, bastón y alforja (Mt. 10, 10), bien podía criticar la riqueza y la propiedad sin resultar poco digno de fe. Sobre todo, si había regalado todo lo que tenía. Porque esto formaba parte del seguimiento completo. Por eso el joven rico no podía decidirse por Jesús (Mc 10,17ss.). En cambio, Bernabé vendió una parte de sus bienes (Hechos 4,36 s.). El que actuaba de este modo podía defender la opinión de que «*es más fácil para un camello pasar por el ojo de una aguja que, para un rico, entrar en el Reino de Dios*» (Mc 10, 25), y podía exhortar a almacenar riquezas más en el cielo que en la tierra (Mt 6, 19); podía advertir que no- se puede servir al mismo tiempo a Dios y a Mammón (Lc 16, 8) y amenazar con que el fin próximo del mundo iba a transformar la situación terrestre: «*¡Ay de vosotros, los ricos, porque ya recibís vuestro consuelo! ¡Ay de vosotros, los que ahora estáis saciados, porque tendréis hambre! ¡Ay de los que reís ahora, porque tendréis luto y lloraréis!*» (Lc 6, 24 s.). Con fantasías rebosantes de agresividad, se imaginaban el horroroso final de los ricos y la felicidad de los pobres en el más allá (Lc. 16, 19-31) Es cierto que los desafortunados siempre se han consolado de esta manera. Pero aquí había algo más. La pobreza no era en este caso un destino fatal, sino una renuncia, un ideal. Porque al carismático ambulante no le era lícito proveerse más que de la ración diaria estrictamente necesaria para cada día. Así lo exigía la «Doctrina del Evangelio» (Didajé 11,3 ss)[63].

10. Solidaridad orgánica

El famoso sociólogo francés Emil Durkheim consideró que hay tres tipos de solidaridad: la solidaridad de la comunidad, la solidaridad mecánica y la solidaridad orgánica[64]. La primera es esa capacidad de entregarse a otros individuos pensando en estos como semejantes y compartir con

---

[63] Theissen, *op. cit:* 17-18
[64] Durkheim, Émile. *Escritos Selectos. Introducción y selección de Anthony Giddens*. Buenos Aires: Nueva Visión, 1993

ellos un hogar, alimentos, sentimientos, sin pensar en su situación económica, tomando en cuenta también que los bienes no son solo lo materiales

La segunda es aquella que se presenta en comunidades rurales, la familia y grupos de mejores amigos, donde las relaciones y la comunicación son "cara a cara". La tercera es aquella que se da en las sociedades industriales como consecuencia de la división del trabajo en las empresas, lo cual hace que las personas sean cada vez más diferentes entre sí y el sentido de pertenencia a un grupo que predomina en las comunidades pequeñas o en la familia puede diluirse.

Esos tres tipos de solidaridad durkheimiana las podemos ver en la primitiva comunidad cristiana. La primera se da entre la comunidad judía y se puede apreciar en la solidaridad de los de la casa de Cornelio (Hechos 10) La segunda la vimos en el compartir de Hechos 2. La tercera la vemos en Hechos 6 cuando los apóstoles piden a la comunidad que organicen el servicio social con hombres llenos del Espíritu Santo.

Organizaron el servicio a las mesas

En aquellos días, como creciera el número de los discípulos, hubo murmuración de los griegos contra los hebreos, de que las viudas de aquéllos eran desatendidas en la distribución diaria. Entonces los doce convocaron a la multitud de los discípulos, y dijeron: No es justo que nosotros dejemos la palabra de Dios, para servir a las mesas. Buscad, pues, hermanos, de entre vosotros a siete varones de buen testimonio, llenos del Espíritu Santo y de sabiduría, a quienes encarguemos de este trabajo. Y nosotros persistiremos en la oración y en el ministerio de la palabra. Agradó la propuesta a toda la multitud; y eligieron a Esteban, varón lleno de fe y del Espíritu Santo, a Felipe, a Próroco, a Nicanor, a Timón, a Parmenas, y a Nicolás prosélito de Antioquía; a los cuales presentaron ante los apóstoles, quienes, orando, les impusieron las manos. Y crecía la palabra del Señor, y el número de los discípulos se multiplicaba grandemente en Jerusalén; también muchos de los sacerdotes obedecían a la fe.
(Hechos 6:1-7)

La iglesia vivía bajo el régimen de una comunidad de bienes. No existió ningún plan para que todos los discípulos tuviesen la misma cantidad de dinero o la misma cantidad de bienes (muebles o inmuebles), sino que simplemente se suplía la necesidad de los miembros, de manera mecánica.

En aquellos días cuando se multiplicó el número de los discípulos se levantó un problema de murmuración de los griegos (helenistas) contra los hebreos no helenizaos (Fil 3:5) y la ayuda social requería de una mínima organización. Este problema tuvo que ser resuelto lo más pronto posible para que la paz de la iglesia no se destruyera. El plan de los apóstoles para remediarlo fue un plan democrático muy juicioso y todos quedaron conformes y contentos. Pronto se acabó la murmuración.

La iglesia verdadera practicaba la solidaridad (11:27-30; Ro. 15:25-27; 1 Cor. 16:1-4, 2 Cor 8 y 9). En realidad, la iglesia de Jerusalén no originó un programa de solidaridad orgánica como medio de evangelizar, sino que simplemente cuidaba de los suyos.

El primer problema en la iglesia fue causado por diferencias culturales. Aunque los hermanos hebreos y griegos tenían mucho en común, había diferencias y conflictos culturales entre ellos. Muchos no abandonan sus diferencias y prejuicios culturales cuando obedecen al evangelio.

El dinero de las propiedades vendidas fue entregado a los apóstoles (4:32-35), pero ignoramos el proceso de la distribución. Los helenistas acusaban a los hebreos de hacer discriminación. Cuando hay problemas de esta clase conviene mejor explicar el problema de manera fraternal e intercultural, respetando las diferencias. Sería muy difícil creer que los apóstoles u otros hermanos hebreos quisieran desatender a las viudas helenistas.

En opinión de algunos intérpretes, por vez primera en los Hechos se nombra a los "discípulos" en contraposición a los "apóstoles". En los evangelios se llama "discípulos" a cuantos siguen a Jesús (Mt 28. 19). Los "apóstoles" proponen a los "discípulos" que elijan a siete varones para que se encarguen de servir a los pobres. Al parecer, se tiene en cuenta la queja de los helenistas, y la comunidad elige precisamente a siete hombres que llevan nombres de origen griego. La comunidad elige, pero los Apóstoles sólo imponen las manos.

La "imposición de manos" es un rito ya conocido en el A.T. (Gn 48.14; Nm 8. 10s). Aquí aparece como un símbolo sagrado y jurídico (Hechos 8. 17; 13. 3; 14. 23; 28. 8; 1 Tm 4. 14; 5. 22; 2 Tm 1. 6; Hb 6. 2). No es fácil ver en otros casos si tiene o no carácter sacramental, pero aquí es muy probable. Es dudoso que se trate de la ordenación de unos "diáconos" en el sentido actual, y parece más bien que debe pensarse en aquellos "presbíteros" que, más tarde, hallaremos en este mismo libro unidos a los Apóstoles (11.30; 14. 23; 15. 2; etc.).

F. Casal[65] llama la atención sobre la relación *dialéctica* entre comunidad y ministerios que coloca en un mismo plano de servicio a clérigos y laicos. Dice:

> Otro aspecto que llama la atención de ese suceso (Hechos 6:1-7) es lo que llamaríamos la *dialéctica entre comunidad y ministerios*. Estos se ven como una función al servicio de la comunidad, que los crea, institucionaliza y les da la fisonomía que conviene. Una lección que para evitar esclerosis paralizantes no debiera haber olvidado nunca la pastoral de los ministerios y que hoy urge aprender y poner en práctica como nunca.

El evento de Pentecostés tuvo sus réplicas en Samaria, Jope (actual Jaffa), Éfeso y Corinto. Se trata de la obra misionera impulsada por el Espíritu Santo en distintas regiones, desde Jerusalén hasta lo último de la tierra. De la misma forma como hay un pentecostés originario en Judea, se dio también un *pentecostés samaritano*.

EL NUEVO PENTECOSTES PARA LA GENTILIDAD

1. El Espíritu Santo en Samaria (contra la simonía y la discriminación)

> *Cuando los apóstoles que estaban en Jerusalén oyeron que Samaria había recibido la palabra de Dios, enviaron allá a Pedro y a Juan; los cuales, habiendo venido, oraron por ellos para que recibiesen el Espíritu Santo; porque aún no había descendido*

---

[65] F. Casal *La Biblia Día a Día: Comentario exegético a las lecturas de la Liturgia de las Horas*. Madrid: Ediciones Cristiandad 1981:838s.

> *sobre ninguno de ellos, sino que solamente habían sido bautizados en el nombre de Jesús. Entonces les imponían las manos, y recibían el Espíritu Santo.* (Hechos 8:14-17)

Pedro y Juan habían llegado hasta Samaria, donde había un grupo de cristianos bautizados en agua en el nombre de Jesús, pero que no habían sido bautizados con el Espíritu Santo. Por este motivo Pedro y Juan impusieron sus manos sobre ellos y dice que recibieron el Espíritu Santo (v.17) Este es el único pasaje en Hechos donde no se menciona que los creyentes hayan hablado en nuevas lenguas y es de mucha discusión. Sin embargo, muchos grupos pentecostales modernos, creen que, sí lo hicieron, pues Simón el mago, había querido comprar el don del Espíritu Santo por haber visto un gran prodigio, que muchos teólogos suponen, fue el don de lenguas manifestado en los samaritanos. Roger Stronstad, destacado biblista, ve en este pentecostés samaritano el impulso del Espíritu para que ellos también, como los judíos, realicen la tarea misionera:

> El don del Espíritu a los samaritanos tiene las mismas dos funciones que el derramamiento del Espíritu sobre los discípulos el día de Pentecostés. En primer lugar, la imposición de manos por los apóstoles les da a los samaritanos la misma prueba concreta a la realidad del Espíritu que las señales de viento, fuego y hablar en lenguas les dieron a los discípulos. La recepción del Espíritu es más que una afirmación de fe y se le confirma personalmente a cada uno mediante la imposición de manos. En segundo lugar, el don del Espíritu capacita a los samaritanos para el discipulado. Aunque Jesús había comisionado a los discípulos antes de Pentecostés y los había capacitado el día de Pentecostés, la tarea misionera no ha de ser la prerrogativa exclusiva de ellos. El don del Espíritu a los creyentes en Samaria demuestra que todos, aun un grupo despreciado como los samaritanos, deben participar en la obra misionera. Para esa responsabilidad común reciben el mismo equipo: el don vocacional del Espíritu.[66]

---

[66] Roger Stronstad, *La Teología Carismática de Lucas*. Miami, Florida: Editorial Vida, 1994: 58

El mismo "Espíritu Santo" en el caso de Hechos 2, ahora se da a los samaritanos". Fueron Pedro y Juan quienes se percataron de la ausencia de la manifestación especial del Espíritu que ellos habían experimentado en Pentecostés. Esto no quiere decir que las señales milagrosas que acompañaron a la predicación de Felipe no fuesen verdaderas del Espíritu (v. 13). ¡Pedro y Juan querían un Pentecostés samaritano! Creemos que se dio. ¿Pero había alguna intención del cristianismo jerosolimitano por unificar a los samaritanos bajo su comprensión judaica? Las regiones de Samaria y galilea estaban consideradas como heréticas por las comunidades cristianas de Jerusalén. En otras palabras la ortodoxia jersolimitana buscaba incorporar a los heterodoxos samaritanos, en términos de un *consensus fidei*[67]

La lucha simbólica o el "babel" detrás de este Pentecostés está representado por la ambición del Simón el mago de obtener poder por medio del dinero. Simón el Mago, llamado también Simón de Gitta fue un líder religioso samaritano, inicialmente gnóstico (posteriormente modificó sus doctrinas), mencionado en la literatura cristiana primitiva. Adicionalmente a Hechos 8:9-24 se encuentra referencias a Simón el Mago en las obras patrísticas de Justino Mártir, Ireneo de Lyon e Hipólito, en los Hechos apócrifos de Pedro y en la llamada "literatura clementina". No está claro si todas estas fuentes se refieren a un solo personaje o a varios personajes distintos.

En el texto cristiano apócrifo de los *Hechos de Pedro* se narra una de las leyendas más conocidas acerca de Simón el Mago. Cuando exhibía sus poderes mágicos en Roma, volando ante el emperador romano Nerón en el foro Romano, para probar su condición divina, los apóstoles Pedro y Pablo rogaron a Dios que detuviese su vuelo: Simón paró en seco y cayó a tierra, donde fue apedreado.

Durante la Reforma Protestante, en la edad media, se llamó **simonía** – por causa de Simón el mago--a la pretensión de la comprar o vender lo espiritual por medio de bienes materiales. Esto incluía cargos eclesiásticos, sacramentos, reliquias, promesas de oración, la gracia, la jurisdicción eclesiástica, la excomunión, etc. El papa Gregorio VII (1020-1085),

---

[67] Hugo Zoprrila C. *La Fiesta de Liberación de los oprimidos. Relectura de Jn. 7:1-10.21.* San José, Costa Rica: SEBILA, 1981: 101-110.

antes monje cluniacense Hildebrando de Soana, acabó con la venta de cargos eclesiásticos durante la llamada querella de las investiduras.

No obstante, de tiempo en tiempo la simonía amenaza con volver a la iglesia en formas muy variadas. Solo por el poder del Espíritu Santo, seremos capaces de discernir y expulsar de nuestros territorios. La pentecostalidad echa fuera este demonio de corrupción.

2. Camino a Damasco: Saulo de Tarso (Hechos 9:17-18)

Es interesante notar que, en la narrativa lucana del libro de los Hechos, destacan personajes. Primero Pedro, luego Felipe, Esteban, Bernabé y Pablo que ocupa casi las dos terceras partes de Hechos de los apóstoles. Cada uno de ellos fue lleno del Espíritu Santo e hicieron portentos y milagros.

Ananías es un laico desconocido en Damasco, pero llegó a ser el vocero y agente de Dios para que Pablo sea lleno del Espíritu Santo (v. 17). Además, oró por la sanidad física a Pablo (v.18) y luego lo bautizó (v.18). Aparentemente, Ananías también bautizó a Pablo (Cf. 8:36, 38). El bautismo neo testamentario era un acto de obediencia al ejemplo de Jesús (Mateo 3:13-17; Marcos 1:9-11; Lucas 3:21-22) y a su mandato (Mateo 28:19).

De esta manera podríamos decir que los ecos del primer pentecostés (Hechos 2) o del segundo si consideramos (Hechos 4:23-31) como su repercusión o confirmación, llegan hasta Saulo. Una vez que Saulo se convierte a Jesús a quien perseguía, se volverá su embajador ante reyes. Dios le ordena a Ananías buscarlo en Damasco "porque instrumento escogido me es éste, para llevar mi nombre en presencia de los gentiles, y de reyes, y de los hijos de Israel; porque yo le mostraré cuánto le es necesario padecer por mi nombre" (9:15-16)

3. El Espíritu Santo en Jaffa (introduce a los gentiles)

Mientras aún hablaba Pedro estas palabras, el Espíritu Santo cayó sobre todos los que oían el discurso. Y los fieles de la circuncisión que habían venido con Pedro se quedaron atónitos de

> *que también sobre los gentiles se derramase el don del Espíritu Santo. Porque los oían que hablaban en lenguas, y que magnificaban a Dios* (Hechos 10:44-46)

La venida del Espíritu Santo fue realizada también sobre los gentiles. En una visión que tuvo el apóstol Pedro en la azotea de una casa de Jope (actual Jaffa). Dios le reveló al apóstol que debía amar a sus semejantes a pesar de que no sean judíos, pues ante Dios no hay acepción de personas. Cornelio, un centurión de la cohorte Itálica, movido por el Espíritu envió por él para que fuera a Cesarea donde había una iglesia en su casa. Pedro aceptó ir a Cesarea por mandato de Dios, y llegó a casa de Cornelio. Cuando Pedro comenzó su discurso, el Espíritu Santo cayó sobre los presentes y empezaron a hablar en lenguas, magnificando a Dios.

El contrapoder a este pentecostés en Jope, es la discriminación por causas étnico religiosas. La pretensión judía de ser la detentora de la salvación llevó a los judíos a creer que solo ellos serían salvos y a los gentiles les llamaron perros despectivamente. En apocalipsis se lee: "*Mas los perros estarán fuera,* y los hechiceros, los fornicarios, los homicidas, los idólatras, y todo aquel que ama y hace mentira". ¿Quiénes son los perros aquí?

Desde tiempos remotos en Egipto y Mesopotamia, el perro era un animal doméstico conocido y llegó a ser un objeto de culto. En los tiempos bíblicos se le consideraba un animal vagabundo que se alimentaba de desperdicios y cadáveres (Éx. 11:7; 22:31; Sal. 59:14, 15). No obstante se le usaba para defender los rebaños, cuidar las casas (Job 30:1; Is. 56:10)[68] y resultaba ser útil para la eliminación de residuos, pero por su misma naturaleza, era sucio y potencialmente transmisor de enfermedades, por lo tanto, no podía tocársele sin quedar contaminado.

Tanto en el Antiguo Testamento (AT) como en el Nuevo Testamento (NT) los perros eran, sin duda alguna, animales semisalvajes que deambulaban fuera de los muros de las ciudades a la espera de que les arrojasen basura o animales muertos. El desprecio y la repugnancia con que se les consideraba en el AT es algo que para la mente occidental es difícil de comprender. Aún hoy en día en muchas partes del oriente el perro sigue siendo básicamente un animal que se alimenta de carroña y desperdicios.

---

[68] Wilton M. Nelson, "perro" en *Nuevo Diccionario Ilustrado de la Biblia*. Nashville, Tennessee: Caribe, 2000: 1088

El término "perro" se usa en la Biblia como una figura casi siempre de connotación peyorativa. Representa la miseria y la ruina (1 R. 14:11; 16:4; 21:19ss), el hombre despreciable (1 Sam. 17:43), la humildad excesiva e insignificante (2 R 8:13). La expresión "perro muerto" y "cabeza de perro" indican un objeto indigno (1 Sam. 24:14; 2 Sam. 3:8; 9:8; 16:9). El salmista tilda de perros a sus enemigos (22:16, 20) e Isaías a los dirigentes religiosos irresponsables (56:10, 11). Para los judíos los gentiles eran perros (Mt. 15:26; Mr. 7:27), pero para Pablo los perros son los judaizantes o quizás los judeocristianos gnósticos (Fil 3:2). Jesús considera perros a los que no saben distinguir entre lo santo y lo impuro (Mt. 7:6)[69]. Los "perros" que estarán excluidos de la nueva Jerusalén en Ap. 22.15 son personas de vida impura, cita que probablemente sea eco de Deuteronomio 23:18, donde "perro" parecería ser un término técnico para hacer referencia a los prostitutos vinculados a los templos o el símbolo de la prostitución religiosa[70].

No obstante, el desprecio a los gentiles, considerados perros o inmundos, el *pentecostés samaritano* cambió la mentalidad de Pedro al punto de recibir a los samaritanos como hermanos en la común fe, pese a que se odiaban desde hacía siglos.

La visión del lienzo con animales inmundos, donde Dios le dijo "mata y come", fue determinante para que el apóstol Pedro fuera transformado, y reconozca: *"En verdad comprendo que Dios no hace acepción de personas, sino que en toda nación se agrada del que le teme y hace justicia"* (Hechos 10.34-35) En otras palabras, una visión con significado puede transformar una vida y promover relaciones de hermandad allí donde no lo hay.

La pentecostalidad hace posible la reconciliación entre los pueblos. La pentecostalidad provoca la interculturalidad y hace que las diferencias sociales no sean un problema para construir una comunidad carismática, sino su enriquecimiento[71].

---

[69] Ibid. Cf. También Douglas, J. D., *Nuevo Diccionario Bíblico Certeza*. Barcelona: Certeza, 2000.

[70] Francis D. Nichol (ed). *Comentario bíblico adventista*, 7 vols. Boise, Idaho: Publicaciones Interamericanas, tomo 1, 1978-1990: 1048

[71] A una conclusión más o menos parecida llega Murray W. Dempster en su estudio sobre la glosolalia en la Teología de Lucas-Hechos. Murray W. Dempster, *"The Church's Moral Witness: A Study of Glossolalia in Like's Theology of Acts"*. Paraclete: *A Journal of Pentecostal Studies* 23 (1989): 5

4. El Espíritu Santo en Éfeso (contra el comercio religioso)

Aconteció que entre tanto que Apolos estaba en Corinto, Pablo, después de recorrer las regiones superiores, vino a Éfeso, y hallando a ciertos discípulos, les dijo: ¿Recibisteis el Espíritu Santo cuando creísteis? Y ellos le dijeron: Ni siquiera hemos oído si hay Espíritu Santo. Entonces dijo: ¿En qué, pues, fuisteis bautizados? Ellos dijeron: En el bautismo de Juan. Dijo Pablo: Juan bautizó con bautismo de arrepentimiento, diciendo al pueblo que creyesen en aquel que vendría después de él, esto es, en Jesús el Cristo. Cuando oyeron esto, fueron bautizados en el nombre del Señor Jesús. Y habiéndoles impuesto Pablo las manos, vino sobre ellos el Espíritu Santo; y hablaban en lenguas, y profetizaban (Hechos 19: 1-6)

Cuando el apóstol Pablo llegó a Éfeso, se encontró con una situación muy comprometedora. Los cristianos de esa iglesia habían sido bautizados por el bautismo de Juan y ni siquiera sabían que existía el Espíritu Santo. Entonces Pablo los bautizó en el nombre de Jesús y habiéndoles impuesto las manos, vino sobre ellos el Espíritu Santo, y hablaban en lenguas y profetizaban. Se trataba ahora de un nuevo Pentecostés en Éfeso. El contexto del pasaje es muy esclarecedor, pues la ciudad de Éfeso estaba azotada por la magia, la superstición, la idolatría, el sincretismo además del negocio con la religiosidad de la gente.

Éfeso

Éfeso fue en la antigüedad una localidad del Asia Menor, en la actual Turquía. Fue una de las doce ciudades jónicas a orillas del mar Egeo, situado entre el extremo norte de Panayr Dağ (el antiguo monte Pion) y la desembocadura del río Caístro y tenía un puerto llamado Panormo[72]

Para el Nuevo testamento Éfeso es una ciudad importante. San Pablo permaneció más de dos años en Éfeso a partir del año 54. En aquella época debía existir una importante comunidad judía en Éfeso que contaba con una sinagoga (Hechos 19:1-35). Más tarde, también en Éfeso, hacia el

---

[72] "Éfeso" en: https://es.wikipedia.org/wiki/Efeso

año 57 el apóstol sufriría cautiverio. Algunos opinan que esto debió haberse producido más tarde, aunque no después del 63. Se cree que en esa época escribió su Epístola a los filipenses, además de la epístola a los efesios. Juan el Apóstol se trasladó a Éfeso hacia el año 62.

Con la persecución del emperador Domiciano, Juan fue desterrado a la isla de Patmos y sólo pudo volver a Éfeso cuando murió Domiciano, donde siguió dirigiendo la iglesia y donde falleció pocos años después a edad muy avanzada[73]. En el Apocalipsis, la iglesia de Éfeso es una de las siete iglesias a las que se dirigen las «cartas de Jesús» (Ap. 2: 1-7) Ignacio de Antioquía escribió también una carta a los efesios en el siglo II.

Diana

De acuerdo con Wilton M. Nelson[74], *Diana* es el nombre latino de la diosa más célebre de Asia Menor, llamada *Artemisa* por los griegos. En la mitología clásica griega Artemisa era una hermosa cazadora virgen, una deidad lunar a la que se consideraba protectora de las jóvenes casaderas y ayudadora de las mujeres en tiempo de parto. En sus orígenes asiáticos había sido diosa de la naturaleza silvestre y de la fecundidad, con rasgos a veces feroces. Gracias al **sincretismo** de la época, la Diana de los romanos era una fusión de varias diosas primitivas.

Diana de los efesios (Hechos 19.23–41) se parecía a Astarot o Asera la hembra de Baal del AT. Era la diosa madre, símbolo de fertilidad y dadora de los alimentos. Daba la vida y la quitaba. Se creía que la imagen original cayó del cielo (Hechos 19:35), lo que tal vez indica que el ídolo se formó con material de un meteorito. Por lo general, a Diana la representaban de la cintura a los pies por un trozo cónico de madera, con busto de mujer cubierto con muchos pechos, la cabeza coronada con torrecillas y cada una de sus manos apoyada en un báculo.

El templo de Diana tenía ciento treinta y tres metros de largo y setenta y cuatro de ancho. Lo sostenían ciento veintisiete columnas jónicas hechas de mármol blanco, cada una con dieciocho metros y medio de altura. Se reconstruyó en tiempo de Alejandro Magno con la ayuda de todas las ciudades griegas del Asia. Era una de las siete maravillas del mundo y

---

[73] Eusebio de Cesarea, *Historia eclesiástica* Buenos Aires: Editorial Nova, 1950: III,1; III,17-18; III,23.
[74] Nelson, *op. cit*: 350

orgullo de los efesios (Hechos 19.27–34). Si Pablo estuvo en Éfeso cuando escribió 1 Corintios, posiblemente pensó en este templo cuando escribió las palabras de 3: 9–17 (Efesios 2:19–22).

Los templecillos de Diana hechos por Demetrio y otros plateros se vendían como fetiches o recuerdos, y representaban un negocio de grandes ganancias (Hechos 19.24). Algunas copias hechas de terracota o mármol se conservan hasta hoy. En el mes de Artemisión (abril-mayo), peregrinos de toda Asia Menor acudían a las fiestas de Diana

El "babel" de Éfeso estaba representado por el culto a Diana o Artemisa[75]. Era un culto a la fertilidad, como el que se le daba a Astarot diosa hembra de Baal. Probablemente los efesios la veneraban con ritos impuros y prácticas misteriosas y mágicas[76]. El Espíritu Santo operó entre los creyentes una transformación y Dios acompañó con poder el ministerio de Pablo de tal manera que tanto judíos como gentiles creyeron en Dios. Durante los años que permaneció *"hacía Dios milagros extraordinarios por mano de Pablo, de tal manera que aún se llevaban a los enfermos los paños o delantales de su cuerpo, y las enfermedades se iban de ellos, y los espíritus malos salían"* (Hechos 19: 11-12). Había sanidad y liberación.

Es interesante notar que cuando se dan estas manifestaciones extraordinarias, también aparecen los imitadores. Lucas cuenta que "algunos de los judíos, exorcistas ambulantes, intentaron invocar el nombre del Señor Jesús sobre los que tenían espíritus malos, diciendo: Os conjuro por Jesús, el que predica Pablo. Había siete hijos de un tal Esceva, judío, jefe de los sacerdotes, que hacían esto. Pero respondiendo el espíritu malo, dijo: A Jesús conozco, y sé quién es Pablo; pero vosotros, ¿quiénes sois? Y el hombre en quien estaba el espíritu malo, saltando sobre ellos y dominándolos, pudo más que ellos, de tal manera que huyeron de aquella casa, desnudos y heridos. Y esto fue notorio a todos los que habitaban en Éfeso, así judíos como griegos; y tuvieron temor todos ellos, y era magnificado el nombre del Señor Jesús. (Hechos 19:13-17)

---

[75] W Stegemann, Ekkehard y Stegemann, Wolfgang. *Historia social del cristianismo primitivo. Los inicios en el judaísmo y las comunidades cristianas en el mundo mediterráneo*. Navarra: Ed. Verbo divino, 2001: 444. A Artemisa, hermana de Apolo, se le rendía en Éfeso un culto en cierto modo pre helenístico, representando más la fertilidad que la virginidad que significaba para los griegos.
[76] Merrill F. Unger & William White (eds.), *Diccionario Expositivo de palabras del Antiguo Testamento*. Nashville: Thomas Nelson, Inc. 1984:

La pentecostalidad libera de toda idolatría y de todo sincretismo deshumanizante. Es un poder mayor que cualquier poder mágico. Ayuda a la gente y a la ciudad a su crecimiento económico. El texto dice que "muchos de los que habían creído venían, confesando y dando cuenta de sus hechos. Asimismo, muchos de los que habían practicado la magia trajeron los libros y los quemaron delante de todos; y hecha la cuenta de su precio, hallaron que era cincuenta mil piezas de plata. Así crecía y prevalecía poderosamente la palabra del Señor". (Hechos 19: 18-20). La verdad los hizo libres. Toda una revolución a partir de la pentecostalidad.

5. El Espíritu Santo en Corinto (sobrepuja a la unidad en la fe)

La epístola de Pablo a los corintios refleja tanto los problemas internos de la iglesia como la obra poderosa del Espíritu Santo a través de dones, ministerios y operaciones del Espíritu. A pesar de las divisiones internas que los llevó a formar partidos, facciones o divisiones, el apóstol los exhorta a mantener la unidad, siendo todos de un mismo parecer (1 Cor 1.10), ya que todos forman parte del cuerpo de Cristo.

Según Hechos 18.1–3 Pablo se presentó en la ciudad de Corinto como miembro de la comunidad judía, donde conoció a Aquila y Priscila, pareja que ejercía su mismo oficio de hacer tiendas. Pablo consiguió con ellos techo y trabajo. Hechos 18.3–18 relata que un sector de la sinagoga se opuso violentamente al mensaje de Pablo, lo expulsó de su comunidad e intentó que las autoridades romanas lo condenaran. En cambio, otro grupo, compuesto de judíos y gentiles convertidos al judaísmo, se inclinó por el evangelio y con estos se formó la iglesia.

En 1 Corintios, Pablo responde preocupado a noticias que ha recibido acerca de la iglesia en Corinto. Estas noticias provienen de dos fuentes y reflejan dos perspectivas distintas. Algunas personas se han comunicado con él verbalmente (1.11; 5.1; 11.18), y el cuadro que le presentan es de mucha tensión en el interior de la iglesia: grupos rivales, conductas escandalosas y discriminación contra los más pobres. Por el carácter de los asuntos que denuncian, parece que estas personas pertenecen al estrato social de menos prestigio en la iglesia, el cual era el sector más grande (1.26–28). Por otro lado, Pablo responde también a una carta que otro grupo le ha escrito (7.1). Tal vez son personas de nivel más acomodado y de más liderazgo en la iglesia. Este grupo ha levantado preguntas sobre diversos temas: el matrimonio y el ascetismo, el consumo de carne sacrificada en templos paganos, los dones espirituales y su uso en el culto y otros. Para iniciar su comentario sobre cada uno de estos asuntos, Pablo cita algo de la opinión que este grupo le ha transmitido en su carta (7.1; 8.1; 12.1).

Corinto, ciudad portuaria, era conocida como la ciudad de la fornicación y la prostitución. Los griegos acuñaron el término *corinthiazethai* (literalmente: «vivir a lo corintio» o "corintiar") para describir la inmoralidad de la ciudad. Corinto tenía más de una docena de templos. El antiguo templo dedicado a Afrodita, la diosa del amor, era famoso por su inmoralidad. Antes de que Corinto fuese destruida por los romanos (en 146 a.C.), Estrabón ya había escrito sobre el templo de Afrodita. Y aunque muchos eruditos han puesto en duda la exactitud de sus palabras, Estrabón afirmó que en dicho templo había miles de prostitutas. Como Corinto tenía dos puertos, es posible suponer que alojaba una multitud de marineros, comerciantes y soldados.

Esto hacía difícil que la ciudad fuese conocida por tener una moral respetable. El que Pablo tenga que exhortar explícitamente a los corintios a que huyan de la inmoralidad sexual (5:1; 6:9, 15–20; 10:18) es una indicación precisa de que la **promiscuidad** era algo bastante común en la ciudad[77]. Corinto daba **libertad para que diferentes grupos religiosos** practicaran su fe. No sólo estaba el culto a Afrodita, también se adoraba a Asclepio, a Apolos y a Poseidón. También había altares y templos para las deidades griegas como Atenas, Hera y Hermes. Otros altares estaban dedicados a los dioses de Egipto, Isis y Serapis. Los judíos tenían sinagogas y los cristianos representaban otra manera de practicar una religión. Había tolerancia religiosa en un ambiente de liviandad sexual y la búsqueda de la sabiduría griega era una constante tanto en Éfeso como en Corinto.

En un contexto de prostitución, marginalidad, discriminación, de grupos rivales, conductas escandalosas, discriminación contra los más pobres, ascetismo, el consumo de carne sacrificada en templos paganos, mal uso

---

[77] Cf. Gordon D. Fee, *Primera epístola a los corintios*, Buenos Aires-Grand Rapids: Nueva Creación, 1994; Irene Foulkes, *Problemas pastorales en Corinto. Comentario exegético pastoral a 1 Corintios*, San José, SEBILA/DEI, 1996: 432; Varios, «Pablo de Tarso, Militante de la fe», *Revista de Interpretación Bíblica Latinoamericana* (RIBLA), #20, 1995.

de los dones espirituales, no es de extrañar que la iglesia luchara por escapar a esos influjos culturales. Se necesitaba del espíritu de Dios para vencer tales obstáculos y la manifiestan los dones, ministerios y operaciones espirituales (1 Cor 12) tenía que contribuir a la unidad, al amor y al conocimiento también. No era el mejor ambiente social, humanamente hablando, pero la exhortación paulina conduce a la unidad por el Espíritu.

> *No quiero, hermanos, que ignoréis acerca de los dones espirituales. Sabéis que cuando erais gentiles, se os extraviaba llevándoos, como se os llevaba, a los ídolos mudos. Por tanto, os hago saber que nadie que hable por el Espíritu de Dios llama anatema a Jesús; y nadie puede llamar a Jesús Señor, sino por el Espíritu Santo. Ahora bien, hay diversidad de dones, pero el Espíritu es el mismo. Y hay diversidad de ministerios, pero el Señor es el mismo. Y hay diversidad de operaciones, pero Dios, que hace todas las cosas en todos, es el mismo. Pero a cada uno le es dada la manifestación del Espíritu para provecho. Porque a éste es dada por el Espíritu palabra de sabiduría; a otro, palabra de ciencia según el mismo Espíritu; a otro, fe por el mismo Espíritu; y a otro, dones de sanidades por el mismo Espíritu. A otro, el hacer milagros; a otro, profecía; a otro, discernimiento de espíritus; a otro, diversos géneros de lenguas; y a otro, interpretación de lenguas. Pero todas estas cosas las hacen uno y el mismo Espíritu, repartiendo a cada uno en particular como él quiere. Porque, así como el cuerpo es uno, y tiene muchos miembros, pero todos los miembros del cuerpo, siendo muchos, son un solo cuerpo, así también Cristo. Porque por un solo Espíritu fuimos todos bautizados en un cuerpo, sean judíos o griegos, sean esclavos o libres; y a todos se nos dio a beber de un mismo Espíritu*
> (1 Cor 12.1-13, resaltado nuestro)

La pentecostalidad que se vive en Corinto sobrepuja los ánimos hacia la unidad en la fe y al amor (1 Cor 13) El amor está por encima de todos los dones espirituales. Ya que "Si yo hablase lenguas humanas y angélicas, y no tengo amor, vengo a ser como metal que resuena, o címbalo que retiñe" (13:1). No obstante, la búsqueda o preeminencia del amor no debe ser un pretexto para no practicar los dones espirituales o para considerarlos de menor importancia. El apóstol Pablo sabiamente recomienda el balance perfecto:

> *Seguid el amor; y procurad los dones espirituales, pero sobre todo que profeticéis. Porque el que habla en lenguas no habla a los hombres, sino a Dios; pues nadie le entiende, aunque por el Espíritu habla misterios. Pero el que profetiza habla a los hombres para edificación, exhortación y consolación.* (1 Cor 14:1-3)

La Pentecostalidad nos unifica en amor y por el espíritu profético la iglesia es edificada, exhortada y consolada. Si el Espíritu que otorga dones, ministerios y operaciones es uno y el mismo Dios, entonces su pueblo debe ser uno como un cuerpo santificado.

6. El Espíritu Santo hasta lo último de la Tierra (armoniza la creación)

Pentecostés no terminó en el primer siglo. Muchas manifestaciones pentecostales se dieron en la historia del cristianismo mundial, tras la muerte de los primeros apóstoles. El reconocido historiador del cristianismo, Pablo Deiros, afirma:

> A partir de Pentecostés, la historia del cristianismo registra múltiples instancias de manifestación es del Espíritu Santo. El testimonio de estas manifestaciones es bastante abundante. No obstante, la comprensión de cada una de ellas, como evidencias de la operación del Espíritu, no siempre es clara. Por cierto, no todas las manifestaciones de carácter carismático que se dieron ocurrieron dentro de un contexto regido por una fe católica u ortodoxa. Algunas estuvieron asociadas a herejías que la cristiandad católica (en el sentido del cristianismo histórico, ortodoxo y universal) rechazó firmemente. Pero en otros casos, las expresiones pentecostales fueron conforme a las pautas bíblicas y en el marco de la sana doctrina neo testamentaria[78]

Pentecostés no ha cesado. Pentecostés está activo y cada cierto tiempo como un volcán emerge desde dentro de la iglesia o algún lugar de la creación y su erupción conmueven los cimientos de la tierra. El fuego del Espíritu surge por todos lados. Brota sin que los hombres podamos

---

[78] Pablo Deiros, *La Acción del espíritu Santo en la Historia: Las lluvias tempranas (años 100-550)* EE.UU: Ed. Caribe, 1998: 29-30

impedirlo. No hay una única línea de continuidad entre una y otra irrupción, pero su naturaleza es la misma. El mismo Espíritu del Resucitado que movió a la iglesia del siglo I es el que hoy mueve a la iglesia del siglo XXI[79]. ¿Por qué no podría serlo? Dios «es el mismo ayer, y hoy, y por los siglos» (Hebreos 13.8)

Desde lo profundo de la tierra, el Espíritu gime con dolores de parto esperando la libertad gloriosa de los hijos de Dios. E apóstol San Pablo dice respecto de los que han sido liberados de la esclavitud y tienen las primicias del Espíritu:

> Tengo por cierto que las aflicciones del tiempo presente no son comparables con la gloria venidera que en nosotros ha de manifestarse. Porque *el anhelo ardiente de la creación es el aguardar la manifestación de los hijos de Dios*. Porque la creación fue sujetada a vanidad, no por su propia voluntad, sino por causa del que la sujetó en esperanza; porque también la creación misma será libertada de la esclavitud de corrupción, a la libertad gloriosa de los hijos de Dios. Porque sabemos que *toda la creación gime a una, y a una está con dolores de parto hasta ahora; y no sólo ella, sino que también nosotros mismos, que tenemos las primicias del Espíritu, nosotros también gemimos dentro de nosotros mismos, esperando la adopción, la redención de nuestro cuerpo*. Porque en esperanza fuimos salvos; pero la esperanza que se ve, no es esperanza; porque lo que alguno ve, ¿a qué esperarlo? (Romanos 8: 18-24, *subrayado mío*)

En tal sentido se puede decir que la pentecostalidad no sólo se vive en función de la iglesia, sino que abre a la creación misma. El Espíritu se mueve en el mundo y no se queda en la iglesia. El grito de los cristianos reunidos en Camberra, Australia, decía: *Ven Espíritu Santo renueva toda la Creación*[80] El Espíritu de Dios es Universal, aun cuando se puede ma-

---

[79] Las "herejías" que la iglesia condenó, son cristianismos derrotados, pero no necesariamente equivocados. Véase un novedoso estudio de estas en: Antonio Piñero, Los Cristianismos Derrotados. ¿Cuál fue el pensamiento de los primeros cristianos heréticos y heterodoxos? Madrid: Ed. EDAF, 2007. In toto.
[80] Séptima Asamblea de WCC realizada en Canberra, Australia (febrero de 1991) *Ven, Espíritu Santo, renueva toda la creación*. Seis estudios bíblicos sobre el tema de la Séptima Asamblea del Consejo Mundial de Iglesias. Bs. As.: Ed. La Aurora, 1990. Fue la

nifestar localmente. Cubre la tierra y la sostiene. El Espíritu creador sostiene a las criaturas y lo llena todo[81]. Los libra del mal para no ser aniquilados del mundo ni engañados por el anticristo (2 Tes. 2:6-7)[82] o por los anticristos como decía Juan, los cuales ya están en el mundo (1 Juan 2:18-22). Dios tiene el control de todo. Es el que nos resucitará hoy como a Lázaro o en el día postrero.

El Espíritu Santo manifestado como una pentecostalidad universal armoniza la creación a fin de que todas las criaturas podamos mirar cara a cara al creador. Juan dice *"Tenéis la unción del Santo"*[83] (1 Juan 2:20) y ese es Cristo resucitado presente en la iglesia y en el mundo entero por medio de la pentecostalidad.

---

primera vez que un tema invocó explícitamente al Espíritu Santo, y lo hizo en el contexto del universo físico. Las secciones se organizaron bajo cuatro subtemas: "Dador de vida, ¡sostiene tu creación!"; "Espíritu de verdad, ¡libéranos!"; "Espíritu de unidad, ¡reconcilia a tu pueblo!"; y "Espíritu Santo, ¡transfórmanos y santifícanos!".

[81] Cf. Amos Yong, *The Spiritu of Creation. Modern Sciencie and Divine Action in the Pentecostal-Charismatic Imagitation.* Gran Rapids, Michigan: William B. Eerdmans Publishing Co., 2011.

[82] Una exégesis de este pasaje puede verse en: C. René Padilla, "Cristo y el Anticristo en la proclamación del Evangelio" en Id. *Misión Integral: Ensayos sobre el Reino y la Iglesia.* Bs. As-Grand Rapids: Nueva Creación-B. Eerdmans Publishing Co. 1986: 106-122; Cf. Otra exégesis en http://www.biblestudytools.com/commentaries/utley/2-tesalonicenses/2-tesalonicenses2.html (consultado el 12.12.15);

[83] Una relectura post pentecostal del pasaje la hace mi gran amigo y compañero pentecostal Samuel Arboleda Pariona, La Unción del Santo.

SEGUNDA PARTE:
LA PENTECOSTALIDAD

Esta parte incluye:

El Proto pentecostalismo; El suceso teologal de Pentecostés; La hermenéutica del Espíritu; La Teología del Pentecostés a la luz de Hechos 2; y Hacia una Teología de la Pentecostalidad

Destaca los aspectos teológicos claves para la construcción de una teología de la pentecostalidad, así como su estructura. Pariendo de una situación socio cultural histórica (el suceso mesiánico), la comunidad cristiana en respuesta a la pregunta de la sociedad por el significado del evento post pascual (la manifestación de mesías resucitado) relee el acontecimiento pentecostal en clave profética (interpretación petrina de Joel), y deriva de allí una ética social y unas praxis consecuentes.

LA PENTECOSTALIDAD:
COMO HERMENÉUTICA DEL ESPÍRITU

Esta segunda parte, muestra la Hermenéutica del Espíritu. Examina el suceso teologal a partir de las dos preguntas centrales del relato. La primera pregunta es por el *significado* del evento ("¿Qué significa esto?" – Hechos 2:12) y la segunda pregunta es por la *conducta* (ético-moral) *consecuente* ("Y ahora, ¿qué haremos?" – Hechos 2:37) Mostraremos cómo el apóstol Pedro, lleno del Espíritu Santo, reinterpreta el acontecimiento en términos espirituales. Pedro se erige como el primer teólogo del acontecimiento pos pascual y por eso teólogo de la Pentecostalidad.

Examinando su mensaje explicativo a los judíos, observaremos los ejes centrales de su teología. La teología petrina de la Pentecostalidad, toma como punto de partida el contexto social e histórico de la fiesta (la praxis judeo cristiana de la cosecha), relee el suceso pentecostal como un acontecimiento cristológico, pneumatológico (o del Espíritu), soteriológico (salvífico), escatológico (relativo al fin de los tiempos) y por ello mismo de transformación social, cultural y política.

De una lectura exegética y teológica de la narrativa lucana, nos aproximamos a una teología contemporánea de la Pentecostalidad de modo tal que sirva como base para interpretar hoy los movimientos del Espíritu, bajo el mismo esquema.

EL PROTO PENTECOSTÉS

¿Hubo un proto pentecostalismo antes de Pentecostés como hubo tal vez un proto catolicismo? Coetáneo al catolicismo primitivo, tuvo lugar lo que llamaremos el "pentecostalismo primitivo" (primigenio) que fue, después, concomitante a él bajo la forma de una pentecostalidad.

Las ciencias de la religión, o más exactamente la historia y fenomenología de las religiones se han encargado de demostrar la preexistencia del fenómeno de la glosolalia en muchas culturas del mundo, anteriores y posteriores al Pentecostés cristiano. Como fenómeno humano, es muy posible que así sea. Pero la glosolalia es solo un aspecto de la pentecostalidad.

Lo más importante del sentido de Pentecostés no es el hablar en lenguas como tal, sino testificar de la presencia del resucitado --primicia de los que durmieron--que produce en ellos un gozo tal a la hora de dar testimonio o contar "las maravillas de Dios" Pero aquí no queremos discutir ese hecho.

Cuando hablamos de un proto pentecostalismo nos referimos a la experiencia pre pascual con el Espíritu en la vida de Jesús y de los discípulos. Antes de Pentecostés Jesús se presentó en la casa donde estaban reunidos los discípulos y les impartió el espíritu Santo.

> Cuando llegó la noche de aquel mismo día, el primero de la semana, estando las puertas cerradas en el lugar donde los discípulos estaban reunidos por miedo de los judíos, vino Jesús, y puesto en medio, les dijo: Paz a vosotros. Y cuando les hubo dicho esto, les mostró las manos y el costado. Y los discípulos se regocijaron viendo al Señor. Entonces *Jesús les dijo otra vez: Paz a vosotros. Como me envió el Padre, así también yo os envío. Y habiendo dicho esto, sopló, y les dijo: Recibid el Espíritu Santo.* A quienes remitiereis los pecados, les son remitidos; y a quienes se los retuviereis, les son retenidos (Juan 20:19-23)

¿Es este un pequeño pentecostés? La opinión de Alvin Padilla, Profesor de Nuevo Testamento y Decano Académico del Recinto Urbano, Seminario Teológico Gordon-Conwell, Boston, Mass., me parece esclarecedora:

> Jesús sopla y notifica a los congregados que reciben el don Espíritu Santo como comunidad de fe. Muchos comentaristas opinan que esta escena contradice el bautismo del Espíritu Santo (Hechos 2). Pero hemos de considerar que en Hechos la manifestación del Espíritu Santo en la vida de los creyentes en numerosas ocasiones y en diferentes circunstancias. Aquí en Juan encontramos que Jesús envía al Espíritu para que permanezca con los discípulos de ahora en adelante. Es la presencia del Espíritu que da

vida a la Iglesia, que convence al mundo del pecado y dirige a la humanidad hacia la reconciliación. En particular, los discípulos son empoderados para perdonar y retener los pecados. Esto es, el poder para declarar el mensaje de salvación para aquellos que creen y advertir a aquellos que permanecen en su incredulidad. [84]

El Dr. Néstor Míguez, Profesor del desaparecido Instituto Superior Evangélico de Estudios Teológicos (ISEDET), comentando el pasaje, habla de un *"pentecostés joanino"*, señala:

> El segundo saludo de Jesús (20:21-23) introduce tres temas: el envío, el poder del Espíritu y el perdón de los pecados. Los tres concretan en los discípulos las promesas de Jesús. En primer lugar, él había recibido de Dios una misión que ahora ellos deberán hacer propia (15:16; 17:18). La noticia y presencia del Resucitado modifica el lugar de la comunidad. Él ahora estará presente en ellos (14:23; 17:21) para que cumplan con su misión. Por el envío, la comunidad de fe pasa a ser Jesús mismo en el mundo (1 Jn 4:17). Si las heridas eran la marca de identidad del crucificado, la misión será ahora la marca de identidad de los y las discípulos/as de Jesús. Pero para cumplir esta misión es necesaria una "capacidad", que Jesús ahora les confiere: El Espíritu Santo, el *Pentecostés joanino* ocurre la misma tarde del domingo de Resurrección. También en esto se cumple la promesa de Jesús durante la Pascua (14:16-17, 26; 16:13-15). El poder del Espíritu, el mismo que ha guiado a Jesús (1:32-34) y que le acompañara hasta su muerte en la cruz (19:30) pasa a los discípulos para fortalecerlos y guiarlos en la misión. Así como Dios en la creación sopló su aliento para que el ser humano tuviera vida (Gn 2:7), Jesús sopla sobre sus discípulos el Espíritu de esta nueva creación para darle vida a esta comunidad. El Espíritu les permitirá realizar la tarea del perdón que Jesús mismo encarnó (Jn 1:29). El llamado a la fe que la comunidad creyente debe realizar no puede ser eficaz si no está acompañado por la capacidad de liberar del dolor cotidiano y de las estructuras internalizadas del poder opresor[85].

---

[84] Alvin Padilla "*Comentario del San Juan 20:19-23*" en: https://www.workingpreacher.org/preaching.aspx? commentary_id=971.
[85] Néstor Míguez "Juan 20:19-23" (Selah) en: http://www.webselah.com/juan-20-19-23.

Como se aprecia, se trata de un *proto pentecostés* en el que los discípulos experimentaron la presencia del resucitado empoderándolos y capacitándolos para la misión. Luego vendría el Pentecostés universal para la comunidad más amplia. Se trata aquí de una pentecostalidad inmediatamente post pascual ("Cuando llegó la noche de aquel mismo día, el primero de la semana") anterior al Pentecostés de Hechos 2.

En otro sentido, podemos hablar también de la experiencia del Sinaí, la manifestación gloriosa del Padre en el Antiguo Testamento, como un proto Pentecostés en la medida que lo prefigura o anticipa.

1. La Pentecostalidad pre y post Pentecostés

En virtud de lo examinado, sostenemos la tesis de que en el fondo de toda iglesia profesamente cristiana hay una pentecostalidad latente o manifiesta. Y esto es así, por las siguientes razones:

En primer lugar, hay que decir que el acontecimiento de Pentecostés es un proto-fenómeno del cristianismo históricamente constituido. a) *Es anterior en su calidad de Promesa* y en el sentido de que lo funda y lo permea en aquello que le es fundamental: ser y dar testimonio de la presencia del Jesús Resucitado, hecho Señor y Cristo. b) Es el acontecimiento cristológico que *da comienzo escatológico a la Iglesia, en virtud del Reino prometido*. c) La pentecostalidad *no es por lo tanto un epifenómeno* del cristianismo, como podría sugerir la presencia actual de los pentecostalismos o las experiencias pentecostales posteriores al hecho crístico post pascual o post pentecostal.

En segundo lugar, el acontecimiento Pentecostal, en lo que tiene de primordial y fundante, es el "lugar simbólico" de remisión al que está referido toda la mediación histórica de la iglesia universal de Jesucristo, vale decir toda iglesia cristiana.

Pentecostés es el "lugar de referencia" (locus) no en el sentido normativo como si la vida de los primeros cristianos (iglesia primitiva) se constituyera en "modelo" de los siguientes. Lo es más bien en su calidad de ejemplo de la voluntad comunitaria de auto-entenderse, de auto-crearse, a partir del acontecimiento Pentecostal en tanto acontecimiento crístico, que es lo mismo decir: "en virtud de la pentecostalidad"

En tercer lugar, la referencia contemporánea a la iglesia primitiva como experiencia fundadora tiene vigencia aún hoy por su carácter de *arquetipo* para nosotros, porque lo es desde nosotros. Desde este punto de vista, es lícito buscar y hallar una *pentecostalidad* latente o manifiesta en toda "catolicidad". En otras palabras, "allí donde exista una comunidad religiosa informada por la "catolicidad", allí habrá también una pentecostalidad latente o manifiesta.

Es posible replicar, sin embargo, que el *"pentecostalismo primitivo"* no sea coetáneo al *"catolicismo primitivo"*.[86] Esta hipótesis tendría en cuenta sólo un aspecto del problema: Que en esencia, tal como se puede derivar de los sinópticos, ya hay un catolicismo primitivo en la experiencia de Jesús y sus discípulos, más no se ve claramente la *"pentecostalidad"*.

Pero la argumentación no tendría en cuenta el hecho de que:

> Sólo desde Pentecostés es posible identificar, incluso, la experiencia de Jesús y sus discípulos. De suerte que, el catolicismo primitivo, después de Pentecostés ya no es el mismo, o simplemente ya no existiría sin él. Uno no puede referirse al otro como si Pentecostés no hubiera existido. Pentecostés es históricamente posterior, pero teológica y epistemológicamente es anterior[87].

En cuarto lugar, si lo anteriormente dicho es correcto, debemos concluir que catolicidad y pentecostalidad quedan así consubstanciadas y mutuamente informadas. La catolicidad, ¿es catolicidad en virtud de la iglesia, o la iglesia es iglesia en virtud de la catolicidad? Teológicamente debemos afirmar que la catolicidad es anterior al cristianismo como la pentecostalidad es anterior al pentecostalismo. La pentecostalidad es la universalidad del Espíritu de Cristo que hace posible la Iglesia como una Comunidad Pentecostal.

La conciencia, el sentido y la experiencia de misión universal de la comunidad Jerosolimitana tuvo lugar sólo a partir del acontecimiento Pentecostal, como actualización del hecho de Cristo. De ahí en adelante, cada comunidad Pentecostal se entenderá a sí misma como expresión histórica

---

[86] Theisen, Gerd La Religión de los primeros cristianos. Una teoría del cristianismo primitivo. Salamanca: Ediciones Sígueme, 2002
[87] Lo he señalado así en mi libro *De la Reforma Protestante a la Pentecostalidad de la Iglesia*. Quito, Ecuador: CLAI, 1997:

de la pentecostalidad y como determinada por ella. En ese sentido, el suceso teologal produce el hecho social.

2. La universalidad del carisma pentecostal

La pentecostalidad es el carisma que hace posible la institución eclesial. Podemos interpretar la historia de la iglesia como la historia del conflicto entre el carisma y la institución: la historia del predominio (manifestación) de uno contra la represión (o latencia) del otro.

Después de los tres primeros siglos de predominancia de lo carismático al interior de la institución eclesial, la pentecostalidad apareció como contenida y normada (rutinizada, diría Weber) por la Iglesia institucional en la lucha por la institucionalizar y regular la vida de las comunidades cristianas.

La historia posterior de la iglesia cristiana fue testigo de las diferentes formas en que la pentecostalidad se manifestó. Unas veces como opuesta a la iglesia institucional, otras como subterránea a ella. Unas veces como secta o herejía a combatir otras veces como herejía combatiente que se erige como por sobre la institución.

Por esta razón una historiografía de la pentecostalidad debería considerar períodos intermitentes que marcas a veces su latencia y otras veces su manifestación. ¿Es posible una historia de la pentecostalidad?

El signo concreto de su presencia, manifestación, o de su ausencia o latencia puede tomar dos formas históricas: Una que conocemos como "avivamiento" (revival) de la Iglesia con manifestaciones de Reformas moderadas o radicales; y otra que reconocemos como "esclerosamiento" de la misma y sus consecuente constantinización. Lo hemos visto en la lucha por las reformas de la Iglesia en la Edad Media y en otras épocas de la historia universal.

La pentecostalidad vive así una especie de movimiento cíclico de evolución-involución, latencia-manifestación, avivamiento-esclerosamiento, represión-liberación del carisma.

No obstante, el principio pentecostalidad por provenir del eterno Espíritu de Dios es de alcance universal. Aun cuando los seres humanos o la iglesia intenten limitarlo, o cesarlo (como los cesacionistas y dispensacionalistas intentaron hacerlo, o tergiversarlo como lo han hecho algunos teólogos con mentalidad poco científica), la pentecostalidad irrumpirá en el momento propicio (Kairós) que Dios quiera en favor de sus criaturas.

La universalidad de la pentecostalidad está signada por la narrativa lucana: "..."*derramaré mi Espíritu sobre todo el género humano* (la Humanidad)" (Hechos 2:17) Fíjese en el elemento universal (v. 39): *"Porque para vosotros es la promesa, y para vuestros hijos, y para todos los que están lejos; para cuantos el Señor nuestro Dios llamare"* Todas las barreras tradicionales se caen en Cristo (véase 1ra. de Corintios 12:13; Gálatas 3:28; Colosenses 3:11; Efesios 3:6). YHWH comparte su Espíritu con todos los seres humanos (Génesis 1:26-27). Hechos de los apóstoles (textualmente "toda carne"), lo confirma.

EL SUCESO TEOLOGAL Y SUS INTERPRETACIONES

El texto lucano que relata el acontecimiento pentecostal se mueve, como los escritos vétero testamentarios en círculos concéntricos[88], en particular el estilo de la septuaginta (LXX)[89].

Luego del suceso teologal o epifanía *crística*, el relato lucano divide el discurso centrado en dos preguntas. La primera pregunta es por el *significado* del evento ("¿Qué significa esto?" – Hechos 2:12) y la segunda pregunta es por la *conducta* (ético-moral) *consecuente* ("Y ahora, ¿qué haremos?" – Hechos 2:37)

---

[88] Mínguez, Dionisio. *Pentecostés. Ensayo de Semiótica Narrativa en Hechos 2* (Analecta Bíblica, 75, tesis doctoral). Roma: Biblical Institute Press, 1976.
[89] En su libro *Luke: Historian and Theologian* (Lucas, Historiador y teólogo), I. Howard Marshall, (citado por Stronstad, Op.cit: p.8-9) mostrando la independencia de Lucas como historiador y teólogo respecto de Pablo, escribe: "Es evidente que los escritos de Lucas están en deuda con la tradición del Antiguo Testamento. En vez de modelarse sobre el historiógrafo helenístico, su estilo de escribir, que con frecuencia recuerda La Septuaginta, exige que también se le compare con historiadores judíos. Su imitación de la Septuaginta muestra que intencionadamente quiere formar parte de esa tradición. De esa manera Hengel afirma, con razón, que Lucas, al igual que los otros evangelistas, "sí tenía un interés teológico que fue al mismo tiempo histórico".

1. **La pregunta por el significado ("¿Qué significa esto?")**

Apenas sucedido la manifestación del Espíritu Santo con señales maravillosas, los concurrentes a la fiesta, atónitos y maravillados, querían entender de qué se trataba. Los balbuceos y actitudes de gozo de los pentecostales, les llevaron a pensar que se trataba de una borrachera "Están llenos de mosto" (Hechos 2.13). Pero no era lógico que así fuera por la hora en que sucedió. El texto dice "*éstos no están ebrios, como vosotros suponéis, puesto que es la hora tercera del día*" (Hechos 2:15). Eran las nueve de la mañana (tercera hora) u hora del sacrificio matutino en el Templo. Se había convertido en un tiempo especial de oración para los judíos. La "tercera hora" es un indicador temporal judío. Los autores del Nuevo Testamento utilizan los indicadores temporales tanto judíos como romanos. Pedro apela a la lógica cultural para aclarar que no se trata de un exabrupto humano, sino una obra de Dios.

Lo que queda claro es que requieren siempre de una interpretación desde adentro, que dé razón de su naturaleza. O tal vez una actitud más humilde y preguntar "¿Qué significa esto?"

2. **La pregunta por la praxis consecuente – ética y moral**

La pregunta por el significado, finalmente se agota, una vez que ha sido puesta en un lenguaje comprensible para los interlocutores. Le sucede la praxis. Eso es lo que hizo el apóstol Pedro para sus contemporáneos. Podríamos decir nosotros que la pentecostalidad ayer y hoy sorprende a la gente cuando llega, pero luego de ser explicada, exige de la gente una decisión ética que lleva a una praxis consecuente. Y esto es así porque el poderoso mensaje de Cristo, el Señor, predicado en la dimensión del Espíritu convoca el arrepentimiento, invita a ser parte de la comunidad mediante el bautismo en Jesús y provoca la conversión.   El texto dice:

> Al oír esto, se compungieron de corazón, y dijeron a Pedro y a los otros apóstoles: ***Varones hermanos, ¿qué haremos?*** Pedro les dijo: Arrepentíos, y bautícese cada uno de vosotros en el nombre de Jesucristo para perdón de los pecados; y recibiréis el don del Espíritu Santo. Porque para vosotros es la promesa, y para vuestros hijos, y para todos los que están lejos; para cuantos el

Señor nuestro Dios llamare. Y con otras muchas palabras testificaba y les exhortaba, diciendo: Sed salvos de esta perversa generación. Así que, los que *recibieron* su palabra *fueron bautizados*; y *se añadieron* aquel día como tres mil personas. Y *perseveraban* en la doctrina de los apóstoles, en la comunión unos con otros, en el partimiento del pan y en las oraciones. (Hechos 2: 37-42)

Las experiencias actuales de la pentecostalidad no son únicamente un símbolo de las manifestaciones *extraordinarias* de Dios en las iglesias. Son también un llamado de atención y una invitación a creer en Jesús Resucitado. Dios *plenifica* la historia con su Espíritu. Los milagros y señales que acompañan estas manifestaciones, cumplen la misma función que cumplieron en la época de Jesús y en el resto de la historia cristiana. En la teología del Nuevo Testamento los milagros están ligados al tema de la conversión, que introduce en el reino. Por medio del milagro Cristo recrea, re-construye al hombre y lo eleva a una plenitud de vida inesperada. Esta realización es la primicia de la nueva creación. Por los milagros de Jesús, el futuro invade el presente. Con Jesús el **reino** de Dios invade nuestro mundo (Mt 12,28). La salvación se convierte en un "hoy" que resuena y opera.

Esta relación Espíritu de Poder y Reino de Dios tan cara a la teología lucana, es sumamente importante. Se aprecia claramente en el programa mesiánico de Jesús (Lc 4). Inmediatamente que Jesús es bautizado por Juan, es impulsado por el Espíritu a pelear su batalla por el sacrificio de la cruz en favor de nuestra salvación y entonces da cumplimiento a la profecía de Isaías ("El espíritu del Señor está sobre mí para...").

En el bautismo le es transferido a Jesús el encargo de bautizar con Espíritu Santo y Fuego (Lucas 3.16). Juan el bautista, le pasa la posta a Jesús en el Jordán (la doble porción de su Espíritu), de la misma manera como lo hizo Elías en el Jordán con Eliseo. Esta transferencia del Espíritu la hizo Jesús con sus discípulos, cuando les dijo: "Paz a vosotros; como el Padre me ha enviado, así también yo os envío. Después de decir esto, sopló sobre ellos y les dijo: Recibid el Espíritu Santo. A quienes perdonéis los pecados, éstos les son perdonados; a quienes retengáis los pecados, éstos les son retenidos (Juan 20:21-23)[90]

---

[90] Douglas Ptersen hace referencia a esta transferencia de Espíritu citando a Roger Stronstad, La Teología Carismática de Lucas. Florida: Ed. Vida, 1994 y Murray Dempster,

Después de la resurrección, cuando la Iglesia se vuelve hacia Jesús, es para recordar el pasado que estableció el reino e inauguró el mundo nuevo aguardando su pleno cumplimiento. De momento se nos dan unos signos que vienen de la tierra prometida, de forma intermitente, como una luz interestelar, que nos deja vislumbrar dimensiones inauditas[91].

René Latourelle, ha puesto de manifiesto los valores significativos del milagro que son aplicables a las manifestaciones extraordinarias que expresan la pentecostalidad:

> Los milagros son signos del poder de Dios. Los milagros de Cristo son manifestaciones de su amor, activo y compasivo, que se inclina sobre toda miseria. Signos de la llegada del reino mesiánico. Signos de una misión divina. Signos de la gloria de Cristo. Revelación del misterio trinitario. Símbolos de la economía sacramental. Finalmente, el milagro es el signo pre figurativo de las transformaciones que han de realizarse al final de los tiempos. Porque la redención tiene que renovar todo lo que ha sido afectado por el pecado. El milagro es en primer lugar el signo de la liberación y de la glorificación de los cuerpos. El cuerpo de Cristo resucitado y glorificado es la anticipación visible del destino final del hombre llamado a la comunión de vida con Dios y el testimonio de que esta glorificación actúa ya secretamente en el mundo para transformarlo. Los cuerpos liberados, sanados, agilizados, vivificados, resucitados revelan ya el triunfo final del Espíritu que vivificará nuestros cuerpos mortales para revestirlos de la incorruptibilidad. El universo material está también a la espera de esta transformación. Metido en el mismo surco que el hombre, tiene que participar de su glorificación, lo mismo que participó de su pecado[92].

"Evangelism, Social Concern, and the Kimgdom of God" En *Called and Empowered: Global Mission in Pentecostal Perspective*, ed, Murray W. Dempster, Byron D. Klaus and Douglas Petersen. Peabody Ma: Hendrikson Publishers, 1991: 23: Douglas Ptersen, *No con Ejército ni con Fuerza*. Miami, Florida: Ed. Vida, 1996: 226-227.

[91] Cf la función del milagro en: R. Latourelle, *A Jesús el Cristo por los evangelios*, Salamanca 1982; ID, *Milagro, en Nuevo diccionario de teología* I, Madrid 1982,1065-1079; Id, *Milagros de Jesús y teología del milagro*, Salamanca 1990; Id, Miracle, en *Dictionnaire de Spirttualité* 10, fasc. 68-69, col. 1274-1286; Léon-Dufour X. (ed.), *Los milagros de Jesús*, Madrid 1979.

[92] R. Latourelle "Milagro" en http://www.mercaba.org/DicTF/TF_milagro.htm

Es esa capacidad o empoderamiento del espíritu, con señales y milagros, lo que hace posible llevar a cabo la misión que Jesús transfirió a sus discípulos después de la resurrección, o mejor, en el poder de la resurrección. La Pentecostalidad hecha misión extiende el Reino de Dios en la Tierra.

HERMENÉUTICA DEL ESPÍRITU

La hermenéutica del Espíritu, a partir de la pentecostalidad, invita al intérprete a una comprensión de la realidad en el marco de las manifestaciones extraordinarias de Dios, así como a una relectura de tal acontecimiento a la luz de las Escrituras, incluyendo su propia con genialidad o experiencia. Vale decir que, la exégesis pentecostal de las Escrituras se obliga a conectar la realidad presente con el movimiento del Espíritu en una perspectiva tanto apocalíptica como escatológica. No se trata sólo de una *inteligencia de fe*, (una experiencia noética) sino de una experiencia vital que da sentido a la realidad histórica a la luz de las Escrituras, especialmente proféticas. Una actualización vital, experiencial, de los acontecimientos en clave profética.

La hermenéutica pentecostal supone casi siempre cuatro momentos.
   a) La realidad histórica leída en clave socio-religiosa;
   b) La experiencia religiosa que ve en el acontecimiento una acción divina o la mano de Dios;
   c) El eje profético invocado para comprender el acontecimiento y su significado;
   d) La praxis consecuente resultado de esa hermenéutica.

El Dr. Kenneth J. Archer, profesor de Teología en el Seminario Teológico de la Iglesias de Dios, Clevelad, USA, ha caracterizado magistralmente esa relación dialéctica de la Hermenéutica Pentecostal que combina dinámicamente tres ejes: **"Espíritu, Escritura y Comunidad"**. Es, dice Archer una "negociación por el significado" [93].

---

[93] Kenneth J. Archer, *A Pentecostal Hermeneutic: Spirit, Scripture and Community*. Cleveland, Tennessee USA: CPT Press, 2009. Cf. Especialmente el cap. 6: A contemporary Pentecostal Hermeneutical Strategy: 212-260.

En lo que sigue intentaré señalar algunos lineamientos bíblicos de esa *Hermenéutica del Espíritu* (HDE)[94]: el discernimiento del Mesías como su objeto material, el espíritu de error como su aporía o y la unción del Espíritu Santo como método y condición.

1. El Reconocimiento del Mesías, Objeto Material de la HDE

Cuando en la Biblia se habla de **discernimiento** por lo general se refiere al **reconocimiento** del Mesías. Se trata de una **revelación**, es decir un *desvelamiento*, [acto de correr el velo] para **reconocer** entre nosotros al ungido de Dios (Mt. 16: 17).

Así, en el pequeño apocalipsis de Mc. 13 [95] se advierte que el retorno del Mesías y el discernimiento de quiénes son los Falsos Mesías, sólo puede ser reconocido por una HDE. En Mat. 16.13-17ss, Pedro (y el círculo de los discípulos incluido) por la Revelación de Dios identifica a Jesús como el Mesías. Según Mat. 4, Satanás hace uso de una *cuasi* HDE con perversas intenciones: hacer que Jesús incumpla su misión tras someterse a los poderes de este mundo y negarse al sacrificio de la cruz. Marcos 13.32-37 invita a "velar y orar" para *reconocer* el tiempo de su venida, aduciendo que tal *reconocimiento* sólo será posible mediante una HDE.

En el Getsemaní Jesús, por el Espíritu, entiende que debe someter su voluntad a la del Padre (Marc. 14.38). En el clásico pasaje de la *unción* para la misión o programa mesiánico (Lucas 4.18), Jesús exclama: "*el Espíritu del Señor está sobre mí por cuanto me ha ungido para predicar las buenas nuevas a los pobres...* Culmina diciendo: "*Hoy se ha cumplido esta Escritura delante de vosotros*" *(4. 21).* Esa es precisamente una HDE porque se juntan estos tres elementos: Realidad, profecía, cumplimiento vital en Jesús. En este pasaje es claro que se dio una *actualización concreta* y *vital* del sentido de la Escritura para *revelar* al Mesías.

---

[94] He trabajado el tema anteriormente en mi artículo: Bernardo Campos "*La Hermenéutica del Espíritu como instrumental analítico para la comprensión de la Realidad*", presentado al Círculo Ecuménico de Lectura Popular de la Biblia de Lima, en Enero 19, 2005. Por razones pedagógicas transcribo aquí la parte medular, a riesgo de repetirme.
[95] Sigmund Mowinckel, *El que ha de venir: Mesianismo y Mesías*. Madrid: FAX, 1975:180

Fue mediante HDE que Juan el Bautista (y sus discípulos) pudieron ver en Jesús no a su primo, sino al *"Cordero de Dios que quita el pecado del mundo"*. Luego los discípulos Andrés, el "otro discípulo (¿juan?), Simón (Pedro) Felipe y Natanael, cada uno a su tiempo después de encontrarse cara a cara con el "hijo del carpintero", pudieron, por el Espíritu, encontrar al mesías, el cordero pascual, el Hijo de Dios, el Rabí, el Rey de Israel (Juan 1: 29-34, 35-42, 43-51: tres días de revelación.

En Lucas 19.41-44 cuando Jesús lamenta: ¡Jerusalén, Jerusalén que matas a los profetas...! declara proféticamente la destrucción de Jerusalén ***"por cuanto no conocisteis el tiempo de tu visitación"***. ¿Cómo habría sido posible reconocer humanamente en el hijo del carpintero José al Mesías venidero, a no ser por una HDE? Los judíos no comprendieron ni pudieron percibir *el tiempo de su visitación* precisamente porque no tuvieron la experiencia de una HDE.

A los **caminantes de Emaús** les son abiertos sus ojos únicamente después que Jesús les mostró el sentido de Las Escrituras. A partir de entonces *reconocen* a Jesús como el Cristo Resucitado (Lucas 24). Ya no más como un forastero, sino aquel que está cercano a ellos. Como alguien con quien es posible compartir el pan de cada día.

El *Paracletos* que habla de Cristo (Juan 14) es el agente de una HDE. Según Juan 20 el apóstol Juan entró la primera vez al sepulcro y no vio nada; luego otra vez entró al sepulcro, y recién entonces pudo entender en una dimensión más profunda la ausencia del cuerpo de Jesús. Porque hasta entonces los discípulos no habían entendido el significado la resurrección (v.9).

La estructura del discurso allí parece sugerir semióticamente que es necesaria una experiencia nueva para comprender aquello que estaba allí siempre, pero no se entendía. Es la experiencia de María magdalena con el resucitado que «no se puede buscar entre los muertos al que vive». Queda claro en este texto que los discípulos de Jesús sólo pudieron comprender el sentido de la resurrección, sino hasta **después de** la resurrección, tras una unción del Espíritu que es post-pascual (v.22).

En las **mujeres que siguen a Jesús** por el camino, se manifiesta una HDE, porque son ellas las que primero ven al resucitado (Juan 20.1, 14) y como la samaritana –después de hablar con Jesús, la fuente de agua viva— pueden reconocer en él al Cristo, el Mesías al cual hay que adorar «en espíritu y en verdad» (Juan 4.26) y del cual podemos testificar.

Finalmente, observamos que el «espíritu mesiánico» estuvo presente en los profetas de la antigüedad, inquiriendo el tiempo de su *manifestación* (1 Pe 1.10-12). Una HDE inquiere por el Espíritu la manifestación oportuna (Kairós) de Cristo en la historia (cronos) de los hombres.

En todos los casos mencionados, fue la unción mesiánica, el espíritu de Cristo en los intérpretes, lo que les permitió reconocer a Jesús como el Mesías.

2. Las Aporías de una HDE: El «espíritu de error»

La manifestación del Espíritu de Dios tiene como antípoda la manifestación del espíritu de error, precisamente por la fragilidad de la vida humana. 1 Juan 2, 4 muestra que es necesario un «*discernimiento de espíritus*» (esto es una HDE) para *reconocer* al Anticristo Cf. 1 Cor 12, 14.

El apóstol Pablo se refiere a una HDE cuando señala que los cristianos no estamos en tinieblas para que el día de la venida de Cristo (el Mesías) nos sorprenda como ladrón (1 Tes 5.1-7). Dice, además:

> *"no os conturbéis ni por espíritu ni por palabra, nadie os engañe, cuando se manifieste el hombre de pecado, el hijo de perdición, el inicuo, el misterio de la iniquidad (2 Tes 2.2).*

También advierte que seremos librados del engaño de las falsas doctrinas o doctrinas del error (1 Tim 4.1-3). En efecto, según San Pablo «habrá tiempo cuando no sufrirán la sana doctrina» (2 Tim 4.3-5), y para entonces requeriremos de una HDE.

Según el apóstol Pedro debemos estar prevenidos sobre la aparición de falsos profetas y falsos maestros. Detectarlos implica el ejercicio de una HDE (2 Pe. 2)

Por su parte el apóstol Juan advierte que ante esta situación tenemos la unción del Espíritu para no ser engañados por el Anticristo (1 Juan 2. 18-29), es decir, que sólo una HDE puede librarnos de ser inducidos a error.

3. La unción como método para experimentar una HDE

Por definición entendemos que todos los cristianos tenemos la *iluminación* del Espíritu para comprender las Sagradas Escrituras y conocer cuál es la voluntad de Dios. En tal sentido, puedo afirmar con tranquilidad, que todos los cristianos estamos capacitados para desarrollar una HDE y reconocer por ella la presencia de Jesús, tanto ahora en la vida presente, como en el encuentro final con él. Permítame ilustrar mi propuesta con Lc 4:18; 24 y Hechos 2: 1-14-39 como tres núcleos de sentido bíblicos para comprender el método de una HDE.

En el caso de Lucas 4:18 la unción del Espíritu sobre Jesús no sólo le permitió comprender el alcance de su misión redentora, sino también experimentar una actualización concreta del sentido de Isaías 61. Se trata aquí de una hermenéutica restauradora de sentido (Ricoeur) que permite redimensionar el sentido escritural desde un contexto nuevo. En otras palabras, permite discernir, por acción del Espíritu de Cristo, un sentido profundo (un *sensus plenior*) y **ver** en la historia un **plus**, allí donde el común de los mortales sólo puede ver tal vez un cambio de época, una trasformación religiosa o una corriente de moda.

La HDE, no es sólo el ***intellectus fidei***, es también, y sobre todo, una *actualización* vital y concreta, una praxis, y una **prolongación** del evento suscitado por el mensaje del texto bíblico que *se hace carne* en la experiencia religiosa cotidiana tras un encuentro **actual** con el resucitado.

En Lucas 24 vemos cómo los caminantes de Emaús aun cuando hablan con Jesús, están como cegados para **no ver** más allá del forastero que camina al lado de ellos. Es tras la comunión personal, el partimiento del pan y la relectura de las sagradas Escrituras, que ellos pudieron **reconocer** que quien anduvo con ellos no fue un simple forastero, sino el Dios cercano que busca tener comunión con sus hijos en la vida cotidiana. En esa ocasión, como en Nehemías 8, tras la reedificación del Templo, los intérpretes gracias a una HDE pudieron abrir su *entendimiento* para comprender el sentido de su experiencia. Y sólo un criterio los guiaba veladamente, el *criterio de su corazón* que «ardía mientras Jesús hablaba con ellos» y le dieron posada.

Finalmente, en Hechos 2:14-39 Lucas nos presenta a Pedro como al primer teólogo del evento de Pentecostés y por ello mismo el primero de los apóstoles en desarrollar una HDE. Luego vendrá Pablo quien aducirá una nueva *revelación* del **misterio** entregado a él, revelación que había sido oculta a través de los siglos hasta su instauración como apóstol de Jesucristo en el «tiempo de los gentiles». En el caso de Pedro, él puede releer el suceso de Pentecostés *in situ* como el cumplimiento de las profecías de Joel. Según el pasaje en cuestión, Joel anunció el terrible *día de Yahvé* con señales telúricas (el sol se oscurecerá y la luna se teñirá de sangre) así como con manifestaciones carismáticas: «*los ancianos soñarán sueños y los jóvenes verán visiones y sobre mis siervos y mis siervas derramaré de mi Espíritu*».

A la luz de estos pasajes, podemos observar que el método de una HDE consiste, pues, en:

- Una confrontación de los acontecimientos actuales con las profecías bíblicas a partir de la experiencia de fe y discernimiento;

- El redescubrimiento de un sentido novedoso **contenido en** ellos (algo así como **un plus**), que sólo puede ser visto con los ojos de la fe o una HDE. Allí donde la gente común sólo vio una simple borrachera (Hechos 2.15-16), el apóstol Pedro, por una HDE, pudo ver *in actu* el cumplimiento de una profecía mesiánica.

- Una extensión del sentido escritural en la vida cotidiana como un cumplimiento permanente y repetitivo

Aquí también la HDE no consistió únicamente en una exclusiva lectura exegética de la Escritura, sino en una experiencial actualización fundante de una nueva práctica religiosa. Exigió de los interpelados una conversión (*metanoia*), un cambio de mentalidad y un cambio de actitud ética, derivando posteriormente (*después de pentecostés*) en una comunidad de bienes y la divulgación del evangelio hasta los confines del hemisferio conocido hasta entonces.

De este modo el evento *post* pascual de la resurrección suscitó no sólo una **pentecostalidad**, sino que trajo como consecuencia inesperada los **pentecostalismos** que siendo historizaciones del cristianismo sólo pueden ser entendidos en su complejidad a la luz de una **Hermenéutica del Espíritu** (HDE) [96].

---

[96] En otra oportunidad podríamos discutir la cientificidad de una HDE y su validez para las ciencias bíblicas. Su fundación como método, sin embargo, deberá sostenerse tras una consulta a la tradición más amplia de la iglesia, la historia de la teología y la moderna ciencia bíblica en correlación con la discusión hermenéutica contemporánea.

4. Pentecostés, hecho Teologal o teofanía

Pentecostés es un suceso teologal en cuanto es la manifestación del Mesías resucitado. La muerte de Jesús en la cruz en manos de los judíos como acusa Pedro ("*a quien vosotros matasteis*") había sido un escándalo en Jerusalén. Habían matado al mesías, el deseado de todas las gentes. El Profeta Hageo lo había anticipado:

> *Y haré temblar a todas las naciones, y vendrá el Deseado de todas las naciones; y llenaré de gloria esta casa, ha dicho Jehová de los ejércitos. Mía es la plata, y mío es el oro, dice Jehová de los ejércitos. La gloria postrera de esta casa será mayor que la primera, ha dicho Jehová de los ejércitos; y daré paz en este lugar, dice Jehová de los ejércitos* (Hageo 2:7-9)

Aparentemente la esperanza mesiánica, como la habían concebido los discípulos, se había esfumado: "*nosotros esperábamos que él era el que había de redimir a Israel*" (Lc 24:21). Pero las varias apariciones de Jesús resucitado y su retorno a la comunidad el día de pentecostés fue a la vez una teofanía y un suceso histórico que transformó al mundo entero. El evento de Pentecostés con sus señales milagrosas causó tanto asombro que provocó en la gente muchas preguntas, una explicación muy humana, y reclamó una explicación coherente.

Así sucede con todo avivamiento, y Pentecostés es mucho más que un avivamiento[97]. Es la partera de la pentecostalidad, la matriz de todos los avivamientos en el mundo. Como es lógico, siendo este un hecho teologal, una teofanía, la mente humana no creyente tiende a tergiversar su sentido, o a decir alguna barbaridad de él, por lo que exige la voz de teólogos que como el apóstol Pedro, partícipes de esa experiencia religiosa, llenos del Espíritu, y desde adentro, lo interpreten a la luz de la Biblia.

---

[97] En este punto coincido con Alfonso Ropero, pues, ciertamente Pentecostés no es un avivamiento entre otros. Cf. Alfonso Ropero y Philip E. Hughes, *Teología Bíblica del Avivamiento: Avívanos de nuevo*. Barcelona: Ed. CLIE, 1999:50-54.

5. La interpretación incrédula de los celebrantes

Por lo general las manifestaciones del Espíritu se prestan a interpretaciones diversas y muchas de ellas son equivocadas. Hasta el sacerdote Elí se equivocó con Ana, según leemos en el libro de Samuel:

> *Ana se levantó después de haber comido y bebido en Silo, y mientras el sacerdote Elí estaba sentado en la silla junto al poste de la puerta del templo del Señor, ella, muy angustiada, oraba al Señor y lloraba amargamente. E hizo voto y dijo: Oh Señor de los ejércitos, si tú te dignas mirar la aflicción de tu sierva, te acuerdas de mí y no te olvidas de tu sierva, sino que das un hijo a tu sierva, yo lo dedicaré al Señor por todos los días de su vida y nunca pasará navaja sobre su cabeza. Y mientras ella continuaba en oración delante del Señor, Elí le estaba observando la boca. Pero Ana hablaba en su corazón, sólo sus labios se movían y su voz no se oía. Elí, pues, pensó que estaba ebria. Entonces Elí le dijo: ¿Hasta cuándo estarás embriagada? Echa de ti tu vino. Pero Ana respondió y dijo: No, señor mío, soy una mujer angustiada en espíritu; no he bebido vino ni licor, sino que he derramado mi alma delante del Señor.* (1 Sam 1: 9-15)

Lucas muestra que cuando el Espíritu Santo se derramó, hubo un estruendo que levantó toda la comunidad reunida en torno a la fiesta y se creó un revuelo alrededor de los discípulos. La gente se acercó, por el viento recio y las lenguas repartidas como de fuego, y quedó atónita. Al verlos cantar, alabar a Dios y comunicar las maravillas de Dios en sus propios idiomas, no sabía a qué atenerse. En consecuencia, algunos se burlaban y aducían que se trataba de una borrachera. Pero un pentecostal que ha vivido la misma experiencia puede dar testimonio que no es como dicen.

El Pastor Pentecostal, Roberto Miranda de la Congregación *León de Judá* de Boston MA, USA, por ejemplo, interpreta vivencialmente el acontecimiento de Pentecostés:

> ¿Ha oído usted hablar de alguna persona que ha sido bautizada en el Espíritu Santo y hay que arrastrarlas como si estuvieran borrachos? Se ríen como locos, no coordinan sus movimientos, parecen *borrachos* en el Espíritu Santo. Esto es algo que se ha dado mucho en los últimos tiempos también. Y sabe que hay gente que

se escandaliza acerca de ellos. Y dicen, no, eso no puede ser de Dios porque Dios es un Dios de orden. Quizás (en Pentecostés) estaban todos glorificando. Dice que profetizaban, yo creo que la Biblia usa eso en términos de que estaban glorificando a Dios exaltadamente. Algunos adoraban al Señor y dirían, tú eres grande, tú eres poderoso. Otros, Cristo Jesús, tú has sido enviado para salvar a la humanidad, ¡gloria a Dios! Si usted ha ido a un culto de esos pentecostales donde esto es un "sal para fuera", todo el mundo está adorando al Señor, alabando al Señor. Dice el corito, *unos cantaban, otros oraban, pero todos alababan al Señor.* Había una fiesta en ese momento. El Espíritu Santo había descendido y estos judíos con su rutina, con su religión muerta, seca, al ver esa exuberancia, pensaron, no, a esta gente se le volaron los fusibles de los sesos, están locos, están ebrios. Están borrachos. Y Pedro dice: no señores. [98]

En toda manifestación gloriosa del Espíritu, posiblemente hay que esperar una interpretación incrédula y otra creyente. Muchas de las interpretaciones de algunos científicos sociales y periodistas respecto de manifestaciones del Espíritu, han sido en el pasado interpretaciones antojadizas por decir lo menos o ideológicas en algún otro caso.

En todas las épocas del cristianismo donde se han dado manifestaciones espirituales, no han faltado interpretaciones descalificadoras o incriminatorias. Hubo una época en la antigüedad cristiana donde se acusó de satanismo a quienes hablaban en lenguas. El *Ritual Romano* (c. 1000, 1614) que contiene secciones sobre exorcismo, enumera entre los síntomas de posesión demoníaca: las predicciones (proféticas), poderes extraños como la xenoglosia (hablar idiomas conocidos sin haberlos estudiado) y la *hetero* glosolalia (hablar lenguas extranjeras) [99].

---

[98] Roberto Miranda "¿Borracho en el Espíritu Santo?" Sermón 4 de julio 2010 en: http://leondejuda.org/node/7496 (consultado el 12.12.15)
[99] Capítulo XII *De Exorcizandis obsessis a daemonio* (Sobre el exorcismo de los poseídos por el Demonio)

6. Pedro, teólogo de la Pentecostalidad

Lucas nos presenta a Pedro como al primer teólogo del evento de Pentecostés y por ello mismo el primero de los apóstoles en desarrollar una Hermenéutica del Espíritu (HDE). Luego vendrá Pablo quien aducirá una nueva *revelación* del **misterio** entregado a él, revelación que había sido oculta a través de los siglos hasta su instauración como apóstol de Jesucristo en el «tiempo de los gentiles».

En el caso de Pedro, él puede releer el *suceso de Pentecostés* **in situ** como el cumplimiento de las profecías de Joel. Según el pasaje en cuestión, Joel anunció el terrible *día de Yahvé* con señales telúricas (el sol se oscurecerá y la luna se teñirá de sangre) así como con manifestaciones carismáticas: «*Los ancianos soñarán sueños y los jóvenes verán visiones y sobre mis siervos y mis siervas derramaré de mi Espíritu*» (Joel 2:28)

Pentecostés es el **acontecimiento** y la HDE es la interpretación de ese acontecimiento con las Escrituras. Mientras el gentío que no conocía a Jesús pensaba con su mente natural que era el producto de una borrachera (Hechos 2.13), Pedro, en el poder del Espíritu, interpreta el suceso como el cumplimiento de la profecía de Joel **in situ**. En ese preciso instante se estaba cumpliendo una profecía y se tenía que discernirlo espiritualmente.

Según el capítulo 2 del libro de los Hechos, la narración de lucana marca dos ejes, como ya hemos visto. El primero es **la pregunta por el significado del suceso**. Atónitos y perplejos, se decían unos a otros: "*¿Qué significa esto?*" (Hechos 2. 12). Esta pregunta da lugar a la hermenéutica teológica de Pedro, explicando su significado a la luz de la profecía de Joel. El segundo, consecuencia de la predicación, es **la pregunta por la ética y acción consecuente:** "¿qué haremos?". Compungidos de corazón, dijeron a Pedro y a los otros apóstoles: "Varones hermanos, ¿qué haremos?". La respuesta fue categórica:

> *Arrepentíos, y bautícese cada uno de vosotros en el nombre de Jesucristo para perdón de los pecados; y recibiréis el don del Espíritu Santo. Porque para vosotros es la promesa, y para vuestros hijos, y para todos los que están lejos; para cuantos el Señor nuestro Dios llamare* (Hechos 2:38-39)

Me queda claro que toda hermenéutica, producto de una exégesis ya asumida, se debe contextualizar y hacerse carne hasta llevar a acciones concretas en la vida cotidiana. Los que preguntaron, recibieron una respuesta y fueron exhortados al arrepentimiento y a la formación de la primera comunidad cristiana, mediante el bautismo.

Cuatro elementos teológicos destacan en el discurso de Pedro, como teología pentecostal: Cristológico, Pneumatológico, Soteriológico y Escatológico

El evento de Pentecostés es en primer lugar *un evento cristológico* porque allí se reconoce a Jesús como Señor y Mesías. Es el Mesías resucitado que se hace presente en la comunidad pentecostal y llegó para quedarse para siempre como su propio cuerpo. Jesús es el centro de la historia. A partir de su presencia en la tierra se divide el tiempo en antes y después de Cristo. Él es el centro de la revelación de Dios como Hijo que nos lleva al Padre.

El evento de Pentecostés es en segundo lugar *un evento pneumatológico*. Todo el libro de los hechos muestra la acción del Espíritu Santo. Es el otro consolador enviado por Jesús. Es el que empodera a los discípulos para la misión universal. El que habla por boca de los discípulos y responde ante los concilios. El que convoca a los misioneros. El que reúne al apóstol Pedro con la gentilidad. El que impulsa a la iglesia a las naciones.

El evento de Pentecostés es en tercer lugar *un evento soteriológico*. La salvación de los judíos está a la puerta y le sigue la de los gentiles. La salvación es en definitiva una salvación universal y el espíritu la sobrepuja. La salvación fruto de la cruz y la resurrección es ahora una realidad y hay que divulgarla por todo el mundo.

El evento de Pentecostés es en cuarto lugar *un evento escatológico*. Está marcado por la llegada del Día de Yahvé, la reunión de su pueblo y su juicio próximo. El anuncio es claro: "*Y daré prodigios arriba en el cielo, y señales abajo en la tierra, Sangre y fuego y vapor de humo; El sol se convertirá en tinieblas, y la luna en sangre, Antes que venga el día del Señor, grande y manifiesto; y todo aquel que invocare el nombre del Señor, será salvo*" (Hechos 2: 19-21) El lenguaje apocalíptico es obvio, aunque ninguno de estos fenómenos naturales haya ocurrido todavía, con excepción de la oscuridad mientras Jesús estaba en la cruz. Habla en lenguaje figurado sobre la llegada del Creador y Juez.

En el Antiguo Testamento sus llegadas pueden ser para bendición o juicio. Toda la Creación se convulsiona ante su proximidad (Isaías 13:6s s; Amós 5:18-20). En las profecías del Antiguo Testamento, obviamente no hay distinción entre la *Encarnación* (primera venida) y la *Parousía* (Segunda Venida). Los judíos estaban sólo esperaban una venida, la de un poderoso Juez Libertador. Ya llegó, pero no conocieron el tiempo de su visitación.

7. Acontecimientos del Espíritu Hoy

¿Qué acontecimientos actuales apuntan al retorno del Mesías? ¿Cómo reconocer su venida, si no es mediante una HDE? ¿Quiénes son los anticristos de nuestra época? ¿Cómo discernir entre Cristo y el Anticristo? ¿Cómo encontrar un sentido espiritual en las realidades naturales?

Creo que Dios --en el poder de su Espíritu-- nos ha dotado de una capacidad espiritual para entender, interpretar, conocer, reconocer, profetizar, descubrir, sentidos profundos en medio de sequedales; encontrar aguas de vida, en pozos naturales. Tenemos la mente de Cristo. Tenemos una *inteligencia espiritual*.

No obstante, la profecía debe salir del círculo de hierro de la *profecía personal* para avanzar hacia una *profecía nacional*, anuncio de transformación social[100] En ese sentido, varios acontecimientos y experiencias espirituales en nuestros días requieren de una interpretación en el Espíritu o una HDE.

En la tercera parte de este librito, intentaremos abordar tres eventos que reclaman desde hace mucho una interpretación, o una hermenéutica del Espíritu. Me refiero al movimiento pentecostal propiamente y más particularmente a algunas de sus manifestaciones. Entre ellas, la guerra espiritual, y la interpretación profética de sueños y visiones.

---

[100] David Mesquiati de Oliveira, "*Profetismo Bíblico e Profetismo Pentecostal: Um Chamado à Transformação social*" en David Mesquiati de Oliveira (Organizador), *Pentecostalismos e Transformação Social*. Brasil: Fonte Editorial-RELEP, 2013: 39-63.

Por razones de espacio, nos referiremos brevemente a cada uno de ellos, considerando que he escrito en otros lugares más ampliamente esos temas[101]. En síntesis lo que propongo para estos casos es una **interpretación vital,** la que supone tanto la *eiségesis*, la *exégesis* de pasajes bíblicos a los que aludan y la *hermenéutica* del espíritu (HDE) para comprender los eventos y acontecimientos. De ese modo se completaría, recién, el *círculo hermenéutico* que permita entender adecuadamente la experiencia religiosa, su organización, su estructura y su mensaje cultural, y discernir en ellas la pentecostalidad.

Toda lectura del motivo bíblico del éxodo hecha desde situaciones de opresión y desde procesos/movimientos de liberación es una exploración de su reserva de sentido, de su fecundidad siempre inédita. Es una relectura, lo que implica redimensionar el hecho arquetípico para que sintonice con sucesos nuevos. Es un acto eisegético. Contra lo que a veces se escucha desde los recintos académicos (que saben mucho sobre la historia de los textos), la eiségesis es el anverso de la exégesis, no su deformación. Toda lectura, aun la que pretende ser neutral o "científica", es eisgética antes de ser exegética[102]

---

[101] Algunos artículos míos sobre estos temas, pueden verse en: https://indepen dent.academia.edu/BernardoCampos. Sobre guerra espiritual: http://www.si gueme.net/estudios-biblicos/29-la-guerra-espiritual-un-desafio-a-la-misiono logia-actual-1/2/3/ Sobre el Pentecostalismo: Bernardo Campos (1997) *De la Reforma Protestante a la Pentecostalidad de la Iglesia*. Quito, Ecuador: CLAI; Bernardo Campos (2002) *Experiencia del Espíritu. Claves para una interpretación del Pentecostalismo.* Quito, Ecuador: Ediciones CLAI. Sobre hermenéutica: Bernardo Campos, *Hermenéutica del acontecimiento Fundante. Un análisis de la tesis de relectura bíblica de José Severino Croatto*. Tesis de Bachillerato: Seminario Evangélico de Lima, 1981; Bernardo Campos, *La Tarea Hermenéutica*. Lima, Perú: CEPS, 1987. Sobre el movimiento neo pentecostal: http://es.slideshare.net/ipermaster/situacion-de-los-pentecostalismos-en-el-peru-2013; Véase También: http://issuu.com/ pentecostalidad/docs/apuntes_sobre_la_ identidad_ pentecostal

[102] José Severino Croatto "La relevancia socio histórica y hermenéutica del éxodo" en *Revista Concilium* 209 (1987): 155-164 (p. 7)

HACIA UNA TEOLOGÍA DE LA PENTECOSTALIDAD (TdP)

1. Pentecostés y la Teología de la Pentecostalidad (TdP)

En la estructura narrativa del relato lucano de Hechos 2 podemos observar tres momentos:

1. El Acontecimiento Cultural y Religioso de Pentecostés
2. La interpretación teológica del suceso teologal por los apóstoles representado en Pedro.
3. La Praxis Socio-cultural y política consecuente de la comunidad del Espíritu.

Estos tres momentos marcan los elementos estructuradores de una TdP. No es este el lugar para mostrar los contenidos de una TdP, que en cierto modo hemos hecho en este libro (Partes 1, 2 y 3), sino de señalar el camino. Este esquema en tres momentos guía el proceso de construcción de la identidad Pentecostal y al mismo tiempo sondea los elementos que sirvan como prolegómeno para la construcción comunitaria de una Teología Pentecostal Hispano Lusitana, a partir de "Lo Pentecostal" como identitario. En pocas palabras, necesitamos imaginar los linderos de la pentecostalidad de camino a la constitución del sujeto pentecostal productor de identidad y al mismo tiempo de teología. En primer lugar, y desde una sociología del cristianismo primitivo, necesitamos leer la fiesta de pentecostés como hecho social y cultural[103]. Se trataría de una mediación socio analítica (C. Boff) en la que recogeríamos el sentido religioso de la fiesta para la comunidad pentecostal de ayer y de hoy.

En segundo lugar, como una mediación hermenéutica, tendremos que elaborar una interpretación bíblico-teológica de lo que entendemos son las bases gnoseológicas de la identidad pentecostal como siendo una expresión pneumática o una historización de la identidad cristiana, una actualización histórica del sentido fundacional del Pentecostés.

En tercer lugar, vendría la síntesis dialéctica o mediación practico-política, en relación con el contexto social contemporáneo. Este tercer momento buscaría el sentido y la significación fundados socialmente por los pentecostales como forma de expresar su "mismidad" en relación opuesta

---

[103] Cf. Entre muchos: Thierry Maertens, *Fiesta en honor de Yahvé*. Madrid 1964; R. De Voux, *Instituciones del Antiguo Testamento*. Barcelona: Ed. Herder, 1964: 610-647;

a sus semejantes, siempre de cara al proyecto del Reino de Dios y de regreso al Padre. Discutiríamos aquí cómo las comunidades pentecostales siendo parte del tejido social más amplio, agregan un sentido nuevo a su "ser-en-el-mundo" y cómo, desde la religión[104] construyen un sentido nuevo de *ciudadanía* en esta tierra[105], inspirados en la utopía de un celeste porvenir[106]

2. La Pentecostalidad como criterio de conocimiento

A partir de lo estudiado en la primera parte de este libro, hablaremos ahora de la pentecostalidad como criterio de conocimiento. Como categoría de conocimiento teológico, el principio pentecostalidad, supone una diversidad de componentes que debemos tener presente a la hora de teorizar. Estos son a mi juicio, el Kairós pentecostal, la praxis pentecostal (que incluye un pathos y un Ethos), la hermenéutica pentecostal, el imperativo pentecostal.

a. El Kairós Pentecostal (Cuando llegó el día)

El Kairós Pentecostal es el tiempo oportuno de la manifestación de la pentecostalidad. El KP es experimentado como realidad sólo por aquellos que participan del Principio Pentecostal y están dispuestos a actuar bajo el Imperativo Pentecostal. EL KP en cuanto acontecimiento es percibido a veces como avivamiento espiritual. Desde la hermenéutica, el KP es vivido como pasible de congenialidad.

Como tiempo de Dios, el KP es ofrecido a su iglesia para su revitalización (Edificación) y puede ser percibido o ignorado, aceptado o rechazado. A lo largo de la historia de la fe cristiana, vale decir a lo largo de estos

---

[104] Carlos Rodrigues Brandão, "Ser católico: dimenções brasileiras um estudo sobre a atribução através da religião", In: *Brasil & EUA: Religião e Identidade Nacional*, Rio de Janeiro: Graal.1988: 2

[105] Hilario Wynarczyk, *Ciudadanos de dos mundos. El Movimiento evangélico en la vida pública argentina 1980-2001*. Bs. As.: UNSAM Edita, 2009.Cf. también Hilario, Wynarczyk *Sal y luz a las naciones. Evangélicos y política en la Argentina (1980-2001)*. Buenos Aires: Instituto Di Tella y Siglo XXI Editora Iberoamericana, 2010.

[106] Antonio Gouvea Mendonça, *O Celeste Porvir. A inserção do Protestantismo no Brasil*. Sao Paulo: Paulinas, 1984

cronos (nuestro tiempo histórico) Dios se ha manifestado oportunamente, es decir en Su tiempo (Kairós). El "Hoy" de Dios puede ser el último día como fue el caso del malhechor en la cruz, o puede llegar cuatro días después de muerto, cuando ya se esfumó toda esperanza humana, como fue el caso de Lázaro. Lamentablemente, nuestra debilidad humana, nuestra incredulidad o nuestros supuestos teóricos, muchas veces han impedido que lo percibamos. "En medio de ustedes está uno que ustedes no conocen". Treinta años con Jesús y no le reconocieron como Dios.

Una vez que Dios se ha manifestado en Espíritu, como en el día de Pentecostés, los que participaron de ella o fueron envueltos en esa presencia e introdujeron una práctica de vida espiritual en la sociedad. Es lo que llamaremos la praxis pentecostal que devendrá luego en una hermenéutica pentecostal.

b. La praxis Pentecostal

Entendemos por praxis "la acción humana eficaz en su relación ético política y de plena densidad histórica" (distinta a la mera "eficiencia" o al mero "rendimiento" técnico) y en su relación dialéctica con una teoría general de la acción eficaz o praxeología. Su correspondiente bíblico es la noción juanina de "verdad" (hacer verdad).

El teólogo brasileño, Rubem Alves solía decir:

> *"Verdad es el nombre dado por la comunidad histórica a aquellos actos históricos que fueron, son y serán eficaces para la liberación del hombre (...) la noción de verdad es identificada en esta formulación con la noción de praxis eficaz"* [107]

La *verdad*, según la Biblia, especialmente en la visión de san Juan, es la revelación del proyecto salvífico de Dios en la historia, una revelación contada por el texto bíblico. No es un principio de razón, sino un acontecimiento de revelación que se "concentra" en Jesucristo. Para la Biblia la verdad es la revelación del proyecto salvífico de Dios, de su intención salvífica, que acontece en la historia; son acontecimientos históricos que

---

[107] Citado por Hugo Assmann, *Opresión-Liberación. Desafío a los cristianos*. Ed. Tierra Nueva, Montevideo 1971:90. Cf.:http://www.mercaba. org/Articulos/v/la_verdad_como_acontecmiento.htm; Edesio Sánchez Cetina, *'emet en el Antiguo Testamento*, Departamento de literatura, Tesis de licenciatura, San José: SBL. 1974.

revelan lo que Dios quiso para nosotros, para nuestra salvación

La praxis Pentecostal es la acción humana que hace presente en la historia concreta de los hombres la presencia de Cristo resucitado como salvación del hombre y como suscitador de su liberación escatológica. Es, se puede decir, la historización de la pentecostalidad, al mismo tiempo que su lógica (razón).

La praxis Pentecostal es por lo tanto, una actividad social y religiosa, activa y lógica que tiene una identidad o un perfil complejo y diverso en razón de que contextualiza en diferentes culturas. Siendo así supone un Pathos y un Ethos (de donde una ética) pentecostales.

c. *El Pathos Pentecostal*

El pathos es «todo lo que se siente o experimenta y por lo tanto un estado del alma de tristeza, pasión, o padecimiento» En la Retórica de Aristóteles (libro 1, 1356a), el pathos es el uso de los sentimientos humanos para afectar el juicio de un jurado. Un uso típico sería intentar transmitir a la audiencia un sentimiento de rechazo hacia el sujeto de un juicio para intentar con eso influir en su sentencia[108]. En este sentido se puede decir que crear en la audiencia un sentimiento de rechazo hacia el sujeto juzgado, al margen del hecho que se está juzgando es, en el sentido etimológico de la palabra, crear un argumento patético.

El pathos remite al sufrimiento humano normal de una persona; el sufrimiento existencial, propio del ser persona en el mundo y contrario al sufrimiento patológico (enfermo) o mórbido. Significa también pasión, desenfreno pasional tal vez no patológico pero sí inducido. Como concepto ético *Pathos* refiere a todo lo recibido por la persona, biológica y culturalmente. Habla de una identidad y un estilo de vida casi pasional, una forma de ser con sus encantos y desencantos y que puede incluso ser o parecer patológico o tóxico.

La praxis pentecostal no es perfecta. Es *patética*, y por eso muy humana en cuanto encarna culturas con sus altibajos, formas de ser negativas y aspiraciones nobles. En gran parte los pentecostalismos son patéticos,

---

[108] Aristóteles, *Retorica*. Madrid: Ed. Gredos, 1999

pues denotan gran angustia o padecimientos morales, capaces de conmover profundamente y agitar los ánimos propios y de terceros con violencia.

El pathos pentecostal está signado por el símbolo de la cruz, como sufrimiento y martirio. Se trata de un sufrimiento que va más allá del sacrificio meramente psíquico para pasar a ser un sufrimiento espiritual, en el sentido que Víctor Frank ha señalado contra el psicologismo [109].

Es casi un sufrimiento vicario, en la medida que sufre por otros y también a causa de otros.

d. El Ethos pentecostal

Por otra parte, la praxis pentecostal incluye también un Ethos pentecostal. Ethos es una palabra griega que significa "costumbre y conducta " y, a partir de ahí, "conducta, carácter, personalidad". Es la raíz de términos como ética y etología. Ethos, según la Real Academia Española [110], es el conjunto de rasgos y modos de comportamiento que conforman el carácter o la identidad de una persona o una comunidad. Hay una (o muchas) ética(s) pentecostal(es) que se desprende del principio pentecostal, de la manera de entender y vivir la pentecostalidad y cuya moral resultante depende de las circunstancias que la rodean. El Ethos pentecostal, a diferencia del pathos, está marcado por el signo de Pentecostés en la alegría del resucitado. Representa la esperanza y la utopía de la nueva vida en Cristo.

Ahora bien, el *ethos*, como producción humana, se produce y reproduce, se transforma y va cambiando en razón de múltiples factores socioculturales y políticos. En el caso del Brasil, por ejemplo, con la implantación de las Asambleas de Dios, se pasó de un Ethos brasileiro (nativo) a un Ethos sueco-nordestino (en el espíritu de las "iglesias libres") con características del autoritarismo brasileiro de aquel entonces [111].

---

[109] Viktor Frank E. *Homo patiens. Intento de una patodicea*. Editorial Plantin, Buenos Aires 1955:95-97
[110] RAE, "Ethos" en: http://dle.rae.es/?id=H3xAc5s
[111] Gedeon Alencar, *Assembleias de Deus. Origem, implantação e Militancia (1911-1946)*. Sao Paulo: Arte editorial, 2010: 107-103. Cf. También Paul Freston, Breve historia da Assembleia de Deus. *Revista Religião e Sociedade*, 16/3, maio/1994. Rio de Janeiro.

El pentecostalismo, como lo ve el antropólogo Pentecostal Miguel Ángel Mansilla en Chile, es fundamentalmente, una *religión mágica* y comporta una (sub) *cultura religiosa*[112]. Por lo tanto, es un sistema de símbolos religiosos sociales y culturalmente producidos y reproducidos, conectado a la historia de grupos, de contextos geográficos y de las biografías de los líderes que las practican[113]. Como sistema cultural de símbolos, implica un *ethos*, pero también una *cosmovisión* que, por lo general, es dualista y se mediatiza en actos sociales inconscientes como sueños, visiones y éxtasis[114].

La cultura pentecostal según Mansilla se caracteriza por dos aspectos centrales: el sacrificio y la utopía (la cruz y la esperanza). El *sacrificio* entendido como una ofrenda a la divinidad, como una sustitución de la maldad humana como afrenta del Diablo y como mediación para la liberación el mal mediante la oración intercesora y la imposición de manos[115]. La *utopía* pentecostal se centra en tres aspectos: la constitución de un hombre nuevo, la proclama de un 'Chile para Cristo' y el milenarismo mesiánico[116]. En capítulo aparte, Mansilla señala como patrimonio cultural intangible del pentecostalismo, al *predicador callejero*, para usar una categoría de la ONU[117].

Siendo así, nos queda todavía por examinar ¿Qué es lo que mueve a los pentecostalismos (y a los carismáticos) a ser como son? Mi respuesta es: el *imperativo pentecostal*, esa condición *sine qua non* que da a los pentecostalismos su razón de ser, y los lleva a vivir su pentecostalidad desde un ideal moral. Pero a diferencia del imperativo categórico Kantiano, este imperativo Pentecostal, no procede de la razón en autonomía de la revelación, sino de la epifanía del resucitado que "produce en nosotros el querer como el hacer por su buena voluntad" y se da siempre en el marco de un contexto cultural particular. Es, en cierto modo, una *pulsión espiritual heterónoma*, movida por el Espíritu Santo desde dentro de nosotros mismos que no anula para nada la razón autónoma del hombre (Kant), sino

---

[112] Miguel Ángel Mansilla, *La Cruz y la esperanza: La cultura del pentecostalismo chileno en la primera mitad del siglo XX*. Chile: Editorial Universidad Bolivariana, 2009: 18
[113] Ibid: 13
[114] Ibid: 15
[115] Ibid: 19
[116] Ibid: 21
[117] Ibid: 159-181

que la esclarece y sobrepuja.

Para decirlo de otra forma, es la misma *pulsión mesiánica* que anidaba en los profetas del AT impulsándolos a inquirir o investigar acerca de nuestra salvación:

> *Los profetas que profetizaron de la gracia destinada a vosotros, inquirieron y diligentemente indagaron acerca de esta salvación, escudriñando qué persona y qué tiempo indicaba el* **Espíritu de Cristo** *que estaba en ellos, el cual anunciaba de antemano los sufrimientos de Cristo, y las glorias que vendrían tras ellos. A éstos se les reveló que no para sí mismos, sino para nosotros, administraban las cosas que ahora os son anunciadas por los que os han predicado el evangelio por el Espíritu Santo enviado del cielo; cosas en las cuales anhelan mirar los ángeles* (1 Pedro 1:10-12, *subrayado nuestro*)

Un ejemplo de esto se puede ver n el caso del pentecostalismo chileno. El contexto cultural fue determinante para que se forjara un *ethos "peregrino"* y luego, con el advenimiento de la modernidad periférica, avance a un *ethos de "ciudadanía",* como lo ha mostrado Juan Sepúlveda:

> Los pioneros del protestantismo no tenían en mente una iglesia evangélica que se viera a sí misma únicamente como una comunidad peregrina en tierra chilena. Ellos, y en particular David Trumbull, trabajaron por plantar un cristianismo evangélico que, asumiendo su plena ciudadanía, contribuyera al desarrollo de una sociedad justa, democrática y moderna, basada en los valores del evangelio. Sin embargo, la forma de protestantismo que echó raíces más profundas y creció más rápidamente en nuestro país fue el pentecostalismo, una criatura que el protestantismo histórico tardó en reconocer como parte de su familia. Su ruptura con el movimiento misionero (y por lo tanto, con las fuentes del pensamiento que informaba su estrategia misionera) y su inserción en los sectores más pobres y excluidos de la sociedad chilena, llevó al pentecostalismo a una situación de marginalidad social, cultural y política. Al ser, por otra parte, la expresión mayoritaria del cristianismo evangélico, el pentecostalismo ha sido determinante del *ethos* evangélico en la sociedad chilena. En

consecuencia, el mundo evangélico en su conjunto, con las excepciones que siempre confirman la regla, terminó viéndose a sí mismo, y siendo visto por el resto de la sociedad, como una comunidad "peregrina", con escasa identificación con la sociedad y cultura nacional.[118]

En el Perú el protestantismo en general ha pasado de ser una *minoría insignificante* a una *minoría significativa*, gracias a la fuerza numérica de los pentecostalismos y a la presencia activa de las iglesias protestantes históricas y evangelicales, desde la independencia hasta el siglo XIX.

En términos de un *ethos* evangélico, el pentecostalismo se ha caracterizado por ser una religión popular de *raigambre aborigen*, católica y protestante, reinterprete de las prácticas rituales del chamanismo ancestral a través de formas cristianas. Es una comunidad festiva, donde la solidaridad nos es la oferta simbólica, sino la manera de ser de los creyentes que por sí misma atrae a las personas que buscan afecto fraternal y una respuesta a sus necesidades de diversa índole.

La personalidad social del hombre peruano está marcada por el "yo quiero" y se expresa en su voluntad permanente de "querer ser" en razón de una larga historia de dominación y castración. Se caracteriza por una *apetencia religiosa* muy fuerte, lo que la ha llevado a ensayar las diversas ofertas religiosas del mercado, llámese catolicismo romano en todas sus formas, los protestantismos evangelicales e históricos, una diversidad de pentecostalismos y una variedad esotérica y exotérica de nuevos y viejos movimientos religiosos. A través de la religión pentecostal y otras formas culturales, algunos peruanos construyen su identidad y su realidad social cargando con ella complejos procesos de aculturación y deculturación.

Detrás de esas formaciones está su *cultura ancestral* que los etnólogos han sintetizado en tres preceptos morales o principios que hasta hoy admiramos por su sencillez y extraordinario valor: *ama sua* (no seas ladrón), *ama llulla* (no seas mentiroso) y *ama quella* (no seas flojo), así como por una compleja religiosidad andina persistente[119] y que pervive aún bajo formas pentecostales.

---

[118] Sepúlveda, Juan. *De Peregrinos a Ciudadanos. Breve historia del cristianismo evangélico en Chile*. Santiago, Fundación Honrad Adenanuer, 1999: 127
[119] Manuel M. Marzal, *La Transformación Religiosa Peruana*. Lima, Perú: PUCP Fondo Editorial, 1988:45-63

A ese legado se suman el de la *hispanidad* y la *americanidad*. La conquista española dejó sus huellas y con ella un *ethos hispánico* marcado según Eugene Nida por un idealismo profundo, pesimismo melancólico, personalismo, autoritarismo, una desvalorización del sentido del "trabajo", un desarrollado del sentido artístico, un fuerte sentido de honor y de defensa de su dignidad[120], y tal vez por eso mismo una propensión a la corrupción y liviandad.

La *americanidad*, por el contrario, se caracteriza por un *espíritu de conquista* ("américa para el mundo") En un sentido positivo, la americanidad es un proceso de integración humana en la totalidad de un continente nuevo, que crece en el tiempo y el espacio con base en los conceptos de fundación, expansión y necesidad inteligente de identidad abarcantes de la moralidad y la espiritualidad[121]. De ahí una visión planetaria, pero también imperial, global, total, del pentecostalismo.

e. El imperativo pentecostal

La presencia pentecostal atestigua (ella misma) la presencia concreta del "Imperativo Pentecostal" en el mundo. Hay una ética de la pentecostalidad que se desprende de la experiencia con la presencia del resucitado y que exige una moralidad consecuente con esa presencia. Por ejemplo, la santidad de vida y el compromiso solidario con los pobres, el amor y la humildad, son imperativos pentecostales. El culto pentecostal como reproducción o prolongación del día de Pentecostés con toda su dinámica es otro imperativo pentecostal. El pentecostal es un *homo cultualis,* porque quiere vivir para dar culto a Dios todos los días de su vida. Estar "en Su presencia" (la de Dios) es el ideal de todo pentecostal.

El imperativo pentecostal tiene valor de la ley universal en cuanto su finalidad última -- realizar la pentecostalidad-- no se contradice con los

---

[120] Eugene Nida *Noticiero Audio-visual Evangélico (suplemento especial).* Nro. 1. México, DF.: 10 páginas: passim.
[121] *Entrevista a José María Ovando Garrido, sobre su libro La americanidad. Grupo Editorial Ibáñez.* 2014 en: http://grupoeditorialibanez.com /2/index.php/others/all-categories/numero-9/260-la-americanidad

imperativos categóricos o absolutos de la humanidad sana y normal [122]. Esto no significa que su validez se verifique por los imperativos categóricos humanos, sino, por el contrario, es universal en la medida que no se reduzca a uno solo de ellos, y que no los suplante. Se trata de su *deber ser*.

El imperativo pentecostal hace posible y viable la praxis pentecostal y da lugar a la comunidad Pentecostal como "comunidad ética". De ese modo el IP expresa la voluntad de Dios en el modelo de la Obediencia de Cristo (que se haga tu voluntad y no la mía) y hace posible la "comunidad de la obediencia" bajo el impulso del "principio pentecostal"

Si bien el imperativo Pentecostal es "universal" porque enuncia (indica) el Hecho de Cristo resucitado y porque extiende su valor simbólico a toda la comunidad cristiana, es por otra parte, "particular" en cuanto traduce irreductiblemente el Hecho de Cristo en la diversidad de expresiones culturales. De ese modo, siendo universal, el imperativo pentecostal se desarrolla en el marco de la *interculturalidad*, como vivió la comunidad pentecostal de Hechos 2 con *"todas las naciones bajo el cielo"*. En cuanto es manifestación del Principio Pentecostal, el imperativo pentecostal expresado en códigos humanos, participa de la precariedad (penultimidad) de toda disposición humana. Participa de la tensión entre la *tendencia hacia lo absoluto* del Espíritu de Cristo y la tendencia hacia lo condicional de la posibilidad humana (la encarnación).

f. Hermenéutica Pentecostal

La Hermenéutica es un proceso que involucra una serie de elementos espirituales, sociales, culturales y prácticos, orientados a modificar o influir sobre la conducta de los demás. La hermenéutica teológica es, por ello, un proceso de comprensión y actualización de la presencia y mensaje de Dios a los hombres en, desde, y para, una situación histórica específica. Como ciencia de la interpretación (*ars téchné*) es tanto el conjunto de caminos por los que se llega a traducir, interpretar y reinterpretar una

---

[122] Paul Tillich, destaca la función del Espíritu en la moralidad humana y señala que la religión es una fuente de la moralidad humana. Cf. ID. *Moralidad y algo más*. Bs. As.: Ed. La Aurora, 1974: 35-39.

realidad cualquiera, cuanto la reflexión sobre estos caminos (epistemología).

El acto hermenéutico es la traducción y comprensión del sentido que el hombre inscribió en sus prácticas y en la interpretación de las mismas por medio de un texto literario o por otras prácticas.

El ilustre profesor y exégeta argentino, Severino Croatto, lo dijo así:

> Como parte de la semiótica --pero desbordándola al propio tiempo-- la hermenéutica es la ciencia de la comprensión del sentido que el hombre inscribe en sus prácticas y en la interpretación de las mismas por la palabra, por un texto o por otras prácticas. Toda acción humana se convierte en un signo que hay que descodificar; con mayor razón si es Dios quien inscribe su sentido en los acontecimientos"[123]

Por eso, la hermenéutica Pentecostal es el proceso de interpretación (comprensión) y actualización del Principio Pentecostal hecho imperativo en la pentecostalidad. Como tal, no es sólo un hecho noético y explicativo; es también práxico y per formativo. En palabras más sencillas, no es una mera cuestión intelectual, sino un hecho vivencial o experiencial, existencial y práctico, teológico y espiritual.

La Hermenéutica Pentecostal es fundamentalmente una Hermenéutica del Espíritu[124] que busca la comprensión más profunda del sentido mesiánico en las Sagradas Escrituras, en los acontecimientos históricos y en la propia experiencia de los creyentes en la iglesia y sus vidas cotidianas.

Queda pues, por elaborar, lo que sería el quehacer teológico propiamente tal que correlacione estos elementos con la realidad social, en una relación dialéctica de donde surjan lineamientos para la acción de la iglesia desde este eje de análisis.

---

[123] Cf. José Severino Croatto, *Liberación y Libertad. Pautas hermenéuticas.* Lima, Perú: CEP, 1978: 7

[124] En el sentido que se hace *en o por* el Espíritu Santo, pero también por causa *del* Espíritu Santo que nos ilumina y nos permite una comprensión de los textos o de las prácticas, de documentos o monumentos.

3. La Pentecostalidad forjadora de identidades

En mi artículo *La Madurez del Hermano Menor*, puse de manifiesto que el pentecostalismo contemporáneo, con más de 100 años en diferentes países del mundo, ha crecido. Si bien es el hermano menor de sus mayores católicos, protestantes y ortodoxos, ahora ha llegado a su mayoría de edad. En ese artículo concluía:

> Sabemos que somos pentecostales porque construimos socialmente una identidad marcada por el signo de Pentecostés. Sin embargo, siendo miembros de comunidades pentecostales (y por eso mismo ya diferentes) a la vez tenemos conciencia que con todos los cristianos somos hermanos, con ministerios y dones diferentes, pero todos guiados por un mismo Espíritu. En la "experiencia del Espíritu" teniendo diferentes dones y roles, somos pares, pues compartimos y pertenecemos a la misma gran familia. Si bien nuestras prácticas y representaciones, filiaciones y deseos nos muestren como diferenciados[125].

La pentecostalidad es, pues, forjadora de identidades, aunque tal vez sea mejor ponerlo a la inversa. Quienes experimentan esto que llamamos *pentecostalidad* construyen su identidad pentecostal y se auto producen como sujetos pentecostales a partir de esa experiencia por un *proceso de producción simbólica*, como veremos a continuación. De esta forma no sólo se crean una identidad, sino que construyen un *discurso* pentecostal (una teología) que da cuenta de esa experiencia. En el punto siguiente, cuando hablemos del principio pentecostalidad, desarrollaremos esta idea.

4. El Principio Pentecostalidad

El "*principio pentecostalidad*" es la fuerza del Espíritu que otorga poder al hombre para superar los condicionamientos que quieren reducirlo a la

---

[125] Bernardo Campos, *La Madurez del Hermano Menor. Los otros rostros del Pentecostalismo Latinoamericano Apuntes sobre el Sujeto de la Producción Teológica Pentecostal*. Lima, Perú: J&D Grafic S.R.L., 2012: 15

inhumanidad. Es la razón (lógica) por la cual las cosas son lo que son, y en ese sentido, es materialmente el Espíritu de Cristo (arqueé) que es razón y fundamento de todas las cosas (gr. *ta panta*). En él se conjugan tanto la razón como la realidad que fundamenta formal y materialmente la pentecostalidad.

El *principio pentecostalidad* en cuanto principio mesiánico es el principio del ser y del conocer que hace posible la *historicidad* de la iglesia y su *trascendencia*. Como fuerza del Espíritu hace fuerte al débil y exalta al humilde, al tiempo que debilita al fuerte y humilla a los exaltados.

El *principio pentecostalidad* quiere oponer "espíritu" allí donde el hombre solo quiere poner materia (fysis); corporeidad allí donde el hombre quiere espiritualizarse. El principio Pentecostalidad se opone así radical y definitivamente al principio Babel, generador del caos, o de la anomia social. Por el principio Babel[126] el hombre busca erigirse en Dios y hacerse un nombre antes que darle la gloria a Dios (Gn. 11:4).

El *principio pentecostalidad* es por eso mismo anti-monofisista y anti-docético porque se yergue contra todo idealismo con la misma intensidad que lo hace contra todo materialismo. El *principio pentecostalidad* genera vida en toda su dinámica, toda su complejidad, toda su plenitud y toda su irreductibilidad.

Por el *principio pentecostalidad* el hombre puede tener la capacidad espiritual que abre el entendimiento para "ver", "comprender" y discernir el plus de las cosas, más allá de las cosas mismas. El Principio Pentecostalidad es así, sabiduría de Dios, criterio de verdad para desvelar el misterio de Cristo y hacer posible su presencia en medio de la historia.

El *principio pentecostalidad* como acto del Espíritu de Cristo, es la acción de Dios que capacita al hombre para hablar y para actuar en el horizonte de la salvación. Por eso, como realización histórica, deviene "imperativo ético" y "moral social" y toma la forma de una diversidad de pentecostalismos que buscan expresarlo, pero sin poder agotarlo.

---

[126] El principio Babel es superado por el principio pentecostalidad y permite el diálogo inter-religioso. Cf. Claude Geffré, *De Babel a Pentecostés. Ensaios de teología inter-religiosa*. Sao paulo: PAULUS, 2013: 400. En esa misma línea, pero en una perspectiva carismática-pentecostal: Amos Yong, *Beyond the impasse: Toward a Pneumatological Theology of Religions*. Grand Rapids, USA: Backer Academic, 2003.

a. Pentecostalidad y pentecostalismos

Debemos definir la *Pentecostalidad* como aquella experiencia universal que expresa el acontecimiento de Pentecostés en su calidad de principio ordenador de la vida de aquellos que se identifican con el avivamiento pentecostal y, por ello mismo, construyen desde allí una **identidad pentecostal** [127]. La pentecostalidad sería así el principio y práctica religiosa tipo, informada por el acontecimiento de Pentecostés; una experiencia universal que eleva a la categoría de "principio" (arqué ordenador) las prácticas pentecostales y post-pentecostales que intentan ser concreciones históricas de esa **experiencia primordial** [128]

Desde que acuñamos la palabra **Pentecostalidad** la entendimos como un criterio epistemológico para hablar de la vocación de universalidad de la iglesia, y como categoría que permitiría superar las aporías de la novedosa pero precaria historización e institucionalización de los pentecostalismos, al mismo tiempo que una *notae* (característica) de la iglesia. Acuñamos la categoría de la *pentecostalidad* porque necesitábamos una categoría que, al mismo tiempo que nos permita una interpretación de la *eclesialidad* (¿"*sectaridad*"?[129]) de los pentecostalismos desde el punto de vista endógeno, devenga también una lectura objetiva, pública, inclusiva y verificable.

La pentecostalidad se distingue de los **pentecostalismos** de la misma forma como, por ejemplo, la *eclesialidad* se distingue de la Iglesia. Pero, aunque los pentecostalismos quieran ser actualizaciones históricas de esa pentecostalidad, por su condición de principio, de experiencia universal,

---

[127] El Dr. Gabriel O. Vaccaro, *Identidad Pentecostal*. Quito, Ecuador: CLAI, (edición ampliada y corregida) 1990, describe muy bien las características de esta identificación.
[128] Primordial en cuanto fundante de la experiencia presente y en cuanto donadora de sentido e identidad. Cf. Bernardo Campos, *De la Reforma Protestante a la Pentecostalidad de la Iglesia*. Quito, Ecuador: CLAI, 1997. En este libro lo planteé por primera vez.
[129] Tal vez más que de eclesialidad, habría que hablar de la sectaridad o del **principio sectario** del pentecostalismo como ha visto Eldin Villafañe. *El Espíritu Liberador: Hacia una ética social pentecostal latinoamericana*. Bs. As-Grand Rapids: Nueva Creación y William B. Eerdmans Publishing Company, 1996: 136-138: "*El principio sectario refleja así una evaluación teológica positiva de ciertos elementos del perfil sociológico. L os dos elementos que definen el principio sectario son (a) lo contracultural y (b) lo profético*" (p. 136) De ahí su carácter de protesta contra la cultura dominante y de denuncia profética de todos los factores destructivos para la vida (p.137)

la pentecostalidad rebasa cualquier concreción histórica que exija un carácter absoluto. A la luz de la nueva experiencia de la Iglesia con relación a las acciones del Espíritu de Dios, me permito afirmar que asistimos hoy a una expresión más universal de la pentecostalidad. Esta se expresa en la historia del cristianismo en diversas formas pentecostales y no pentecostales.

La distinción básica entre "pentecostalidad" y "pentecostalismos" radica en el hecho de que estos últimos quieren ser prolongaciones de aquella. Se trata de dos polos diferenciados, pero mutuamente complementarios. Diferenciados, porque los dos términos de la relación no son proporcionales: la pentecostalidad es epistemológicamente anterior a los pentecostalismos, en tanto que los pentecostalismos son históricamente posteriores a la pentecostalidad. Sin embargo, la pentecostalidad y los pentecostalismos son al mismo tiempo polos complementarios, en cuanto los pentecostalismos objetivan la pentecostalidad y en tanto ésta funda a los pentecostalismos, una vez que estos la constituyan en fundante.

El **esquema N°2** siguiente, muestra cómo estos dos polos son mutuamente complementarios.

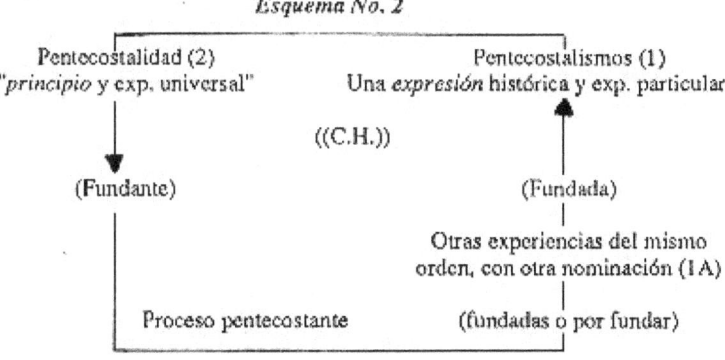

(1) = Del pentecostalismo a la Pentecostalidad
(2) = De la Pentecostalidad a los pentecostalismos

((C.H.)) =Círculo Hermenéutico que conecta "principio" con "expresión" (de ese principio) en la historia

(1A) = Experiencia de la pentecostalidad vivida por otras configuraciones religiosas sin el nombre de "pentecostal"

Sabríamos muy poco de la pentecostalidad a no ser por sus expresiones o concreciones históricas. En los pentecostalismos está implicado una pentecostalidad, de modo que un estudio teológico de los pentecostalismos (americanos, europeos, asiáticos, africanos) permitirá constatar cómo y de qué manera está presente entre nosotros la pentecostalidad. Cómo, a pesar de las diferencias (variedad o diversidad), esa experiencia universal con el Jesús Resucitado nos une y nos re-crea.

b. *El proceso de la pentecostalidad*

En el plano de conocimiento teórico-práctico, la racionalidad genera una necesaria transformación del conocimiento cotidiano abstrayéndolo al grado de *categoría*. En filosofía, una categoría es una de las nociones más abstractas y generales por las cuales las entidades son reconocidas, diferenciadas y clasificadas. Mediante las *categorías*, se pretende una clasificación jerárquica de las entidades del mundo. Entidades muy parecidas y con características comunes formarán una categoría, y a su vez varias categorías con características afines formarán una categoría superior. Son permisibles a este nivel categorizaciones como "pentecostalidad", "pentecostante", "pentecostalismos", pentecostalización, despentecostalización, etc. O, como veremos más adelante, permiten elaborar una taxonomía o clasificación.

La pentecostalidad, en relación con los pentecostalismos, deriva en una experiencia social, un sujeto colectivo, un fenómeno, un objeto y un hecho. Como tal, es pasible de construcción, investigación y contrastación. En este sentido, la pentecostalidad es racionalizable (por tanto, pasible de sistematización) y objetivable (y por tanto, verificable y/o falsable).

La **objetivación** implica, por su parte, una necesaria correspondencia entre el objeto producido por la ciencia (en este caso, la pentecostalidad) y la realidad estudiada (para el caso, las prácticas pentecostales). No solamente como una adecuación de la cosa al intelecto, sino como una relación dialéctica entre el objeto y el sujeto que lo produce. Pero siempre en el marco de una situación o una realidad dada.

La **verificación** no se refiere, como ha advertido Mario Bunge, a cada uno de los elementos que intervienen en la teoría científica, ya que no todos los componentes de una teoría factual pueden tener un correlato real propio. Sólo representan *modelos ideales,* de modo más o menos simbólico y con alguna aproximación, ciertos aspectos de los sistemas reales.

Todo esto ocurre en el marco de un proceso en el que la pentecostalidad queda como construida, según se muestra en el **esquema N°3**.

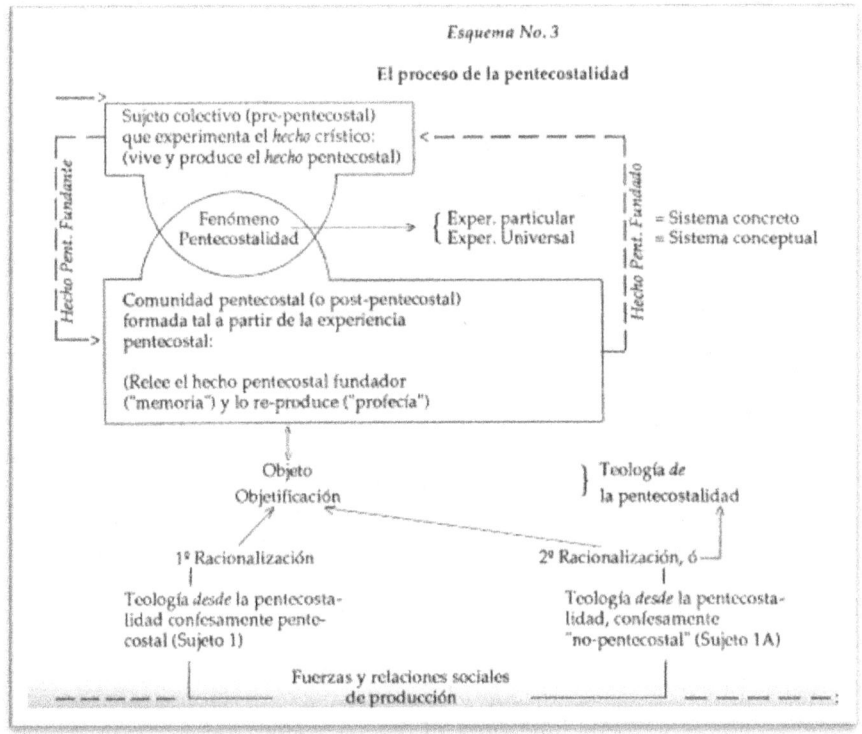

Según se muestra en el **esquema N° 4**, la objetivación de la pentecostalidad ("U") quedaría des implicada por la función (F) de los pentecostalismos ("O"), de manera que, invirtiendo la relación y midiendo "O", podemos inferir los correspondientes valores de "U". Así tendremos la siguiente correspondencia: O=F (U), graficado en el **esquema N° 4**

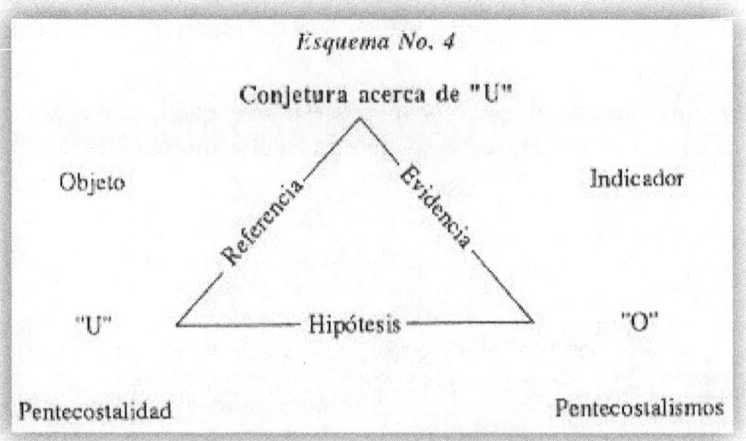

De donde: 0 = F (U)

U: conjunto de valores posibles de una propiedad inobservable por sí sola (la pentecostalidad)

O: un miembro de un conjunto de valores de una propiedad directamente observable (los pentecostalismos o experiencias de la misma naturaleza)

F: Función remisora y evidente de una "propiedad" observada[130]

Este esquema nos permite hablar de "notas" o "propiedades" de la pentecostalidad. Estas serán *inferidas* globalmente de la interrelación entre el suceso pentecostal fundante y el suceso pentecostal fundado.

La Hipótesis acerca de **qué sea** precisamente "lo pentecostal", será posible formularla por *referencia a* la pentecostalidad desde la *evidencia* de los pentecostalismos. Estos últimos son los indicadores de la naturaleza de *lo que sea* nuestro Objeto Pentecostalidad: (Conjetura). Hacer una conjetura es deducir de los indicios o antecedentes alguna consecuencia probable.

---

[130] Adaptado de Mario Bunge, *Metodología de la Investigación Científica*. Barcelona: Ariel, 1973:737 (Véase pp. 717-759 dedicado a la observación)

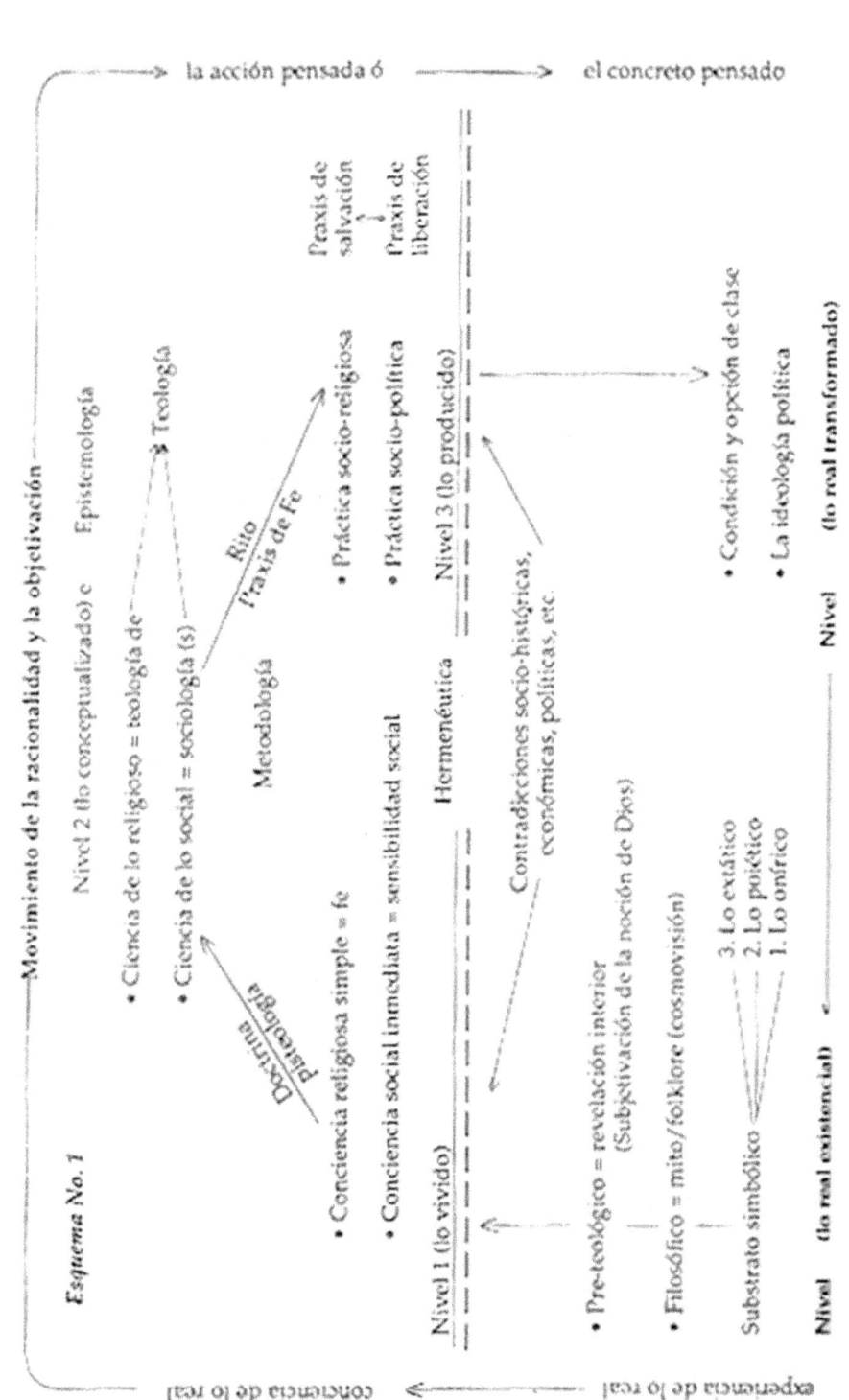

c. Hermenéutica de lo pentecostal y sus correlaciones

La interpretación de lo pentecostal no se da en abstracto, como podría sugerir toda esta esquematización. Ella supone, por un lado, una reflexión teológica de la pentecostalidad, y por otro, una praxis histórica expresada social y eclesialmente. Praxis que se da en un campo e producción dependiente y desigual. Se establecen así, a nivel de la hermenéutica, una serie de relaciones en que se conjuga:

1) **nuestra situación** social (fuerzas productivas leídas por las ciencias sociales); y

2) **la producción religiosa fundante** (kerigmas bíblicos en disputa, en su contexto de producción social y religioso). Estos dos a nivel de las *prácticas sociales*. Entran en juego, además,

3) **la ideología dominante o hegemónica**, según clases sociales. Ideología que se institucionaliza por medio de la filosofía y las ciencias de la época; y

4) **el mito y la revelación a nivel de la teología**. Estos son instituidos y esclarecidos por un cuerpo de especialistas religiosos que pugnan por el monopolio del poder de lo sagrado y que oponen a la "herejía" una "teología oficial". Estas otras dos a nivel de *las formas de conciencia*.

Una hermenéutica de lo pentecostal supone, entonces, el intercambio de relaciones a dos niveles (o "ejes"): a nivel de las formas e conciencia y a nivel de las prácticas sociales.

A nivel de **las formas de conciencia**, lo sagrado legitima lo político y ejerce sobre él una función conservadora; mientras que lo político ejerce control sobre lo religioso concitando, mediante él, el consenso de las mayorías.

A nivel de **las prácticas sociales**, se traducen en el campo religioso las relaciones de transacción o de enfrentamiento de los diversos actores sociales que son diferenciados por las relaciones de producción.

Esquema No. 5

Mito y revelación

d. *La producción Teológica Pentecostal*

En el **estadio inicial** de su producción simbólica, la comunidad pentecostal funda su discurso religioso.

Es un momento en el que los miembros de la comunidad religiosa *narran* su experiencia reproduciendo modelos circundantes de testimonio que, por lo general, se estructura en tres tiempos: el antes, el ahora y el después. Estos pueden, asimismo, darse simplemente como testimonios o pueden elaborarse bajo la forma de una *teología del testimonio*. Constituye un momento del quehacer teológico que llamaremos *testimonial*.

En un **segundo momento**, que se articula a partir del discurso religioso, la comunidad pentecostal va construyendo su discurso teológico de manera procesual.

Decimos procesual porque implica ritmos y etapas diferentes, según sea el grado de necesidad de la comunidad religiosa –segundas y terceras generaciones exigen un grado de racionalidad más formalizado-, y según sean las condiciones de la formación social que facilite ese proceso. A este momento de constitución teológica llamaremos lo *doctrinal* (dogmático).

En un **tercer estadio**, la comunidad Pentecostal se pregunta ya por el sentido de sus prácticas, por su razón de ser.

Quiere conocer no solamente lo que hace y lo que cree, sino también por qué hace lo que hace y por qué cree lo que cree. Dialoga con explicaciones exógenas respecto de sus prácticas y entra en diálogo crítico y creativo con otras comunidades semejantes o diferentes. Busca establecer correspondencias entre los diferentes momentos de su proceso de constitución, de relación entre las prácticas sociales y sus formas de conciencia. En una palabra, busca hacer ciencia (*episteme*) de su experiencia. A este momento lo llamaremos *epistémico o epistemático*.

Un **postrer estadio**, que supone los anteriores, busca construir un *sistema*. Ello implicará, probablemente, la formación de cuerpos especializados de intérpretes, comunidades de estudio, asociaciones interinstitucionales. Construir un sistema quiere decir aquí institucionalizar prácticas alternativas, "parte" o "contraparte" de un sistema mayor. A este momento lo llamaremos *sistemático*.

Uno puede preguntarse, legítimamente, si estos momentos deben ser cronológicamente distribuidos en el desarrollo histórico de cada comunidad, o si son procesos simultáneos y diferenciables. Puede preguntarse también si, en conjunto, puede ubicarse al pentecostalismo latinoamericano en uno de estos momentos.

Probablemente la respuesta será *equívoca*, lo que significa que es posible que, en determinadas comunidades con un grado de burocratización mayor, subsistan todos los momentos precisamente por tratarse de un quehacer colectivo. Pero es posible encontrar también comunidades que se resisten a salir de su estadio carismático, haciendo de lo testimonial un "nivel" opuesto a cualquier otro.

Yo prefiero ver lo testimonial, lo doctrinal, lo epistémico y lo sistemático más bien como "momentos" de un quehacer compartido, que como "niveles" teológicos; incluso como "tareas" que demandan esfuerzos colectivos diferentes, pero no excluyentes.

No obstante, sí habría que establecer una diferenciación interna entre cada uno de estos momentos; afirmaría que lo testimonial en el pentecostalismo es, al mismo tiempo que expresión de su matriz fundamental (experiencia de la pentecostalidad), el eje vertebral que cualifica a los pentecostalismos. Uno queda incompleto sin el otro. El conjunto de los momentos alrededor del eje de lo pentecostal, quedaría gratificado así:

Esquema Nro. 6

```
LO DOCTRINAL ⇄ ————————————⇒ LO EPISTEMATICO
     ↑↓                              ↑↓
              Lo Pentecostal
     ↓                                ↓
LO TESTIMONIAL ⇄ ——————————⇒ LO SISTEMATICO
```

CUADRADO SEMIOTICO RESULTANTE

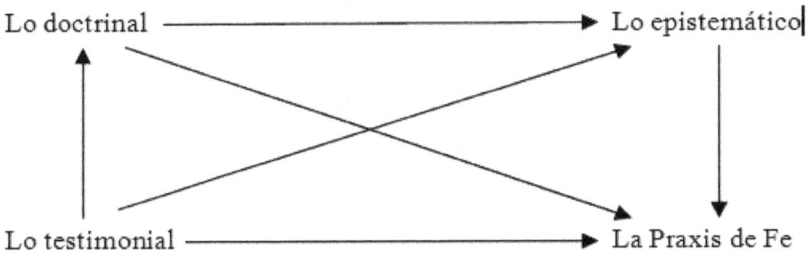

e. *Lo testimonial en la teología Pentecostal*

En la imposibilidad de hacer un desarrollo mayor de este "momento" del quehacer teológico, señalare únicamente algunos elementos que no deben pasarse por alto:

El *objeto* material del momento testimonial está formado por la experiencia religiosa de lo pentecostal en el espacio concreto de una formación social dada.

El *espacio* en el que se produce, se vive y se re-produce lo testimonial, es el "espacio cultual" al que hemos llamado también "espacio de significación". En el caso de los pentecostales, este espacio cultual se extiende a esferas de la vida cotidiana y del tiempo laboral, invadiéndolas e incorporándolas a la dinámica de lo sagrado. Se puede decir, por eso, que el hombre y la mujer pentecostales son un *homo cultualis*, es decir, un hombre y una mujer del *cultus* y para el *cultus*, para quienes la vida no admite diferencias entre lo sagrado y lo profano, porque todo ha sido ya consagrado por Dios. La tarea de la Iglesia en el mundo es, por ello, una tarea de santificación mediante la cual se busca "rescatar" a las personas del presente siglo malo. ¿Qué implicancia tiene esta visión respecto del trabajo humano, respecto de la producción de cultura, respecto de la adoración al Santo Dios? Una teología pentecostal de la cultura, del trabajo humano, de la producción social, deberá dar cuenta de las implicancias de esa "cultualidad pentecostal"

El *vehículo* del testimonio es, por lo general, la predicación de la palabra de Dios, así como una explicación inmediata de un encuentro con Dios. Cualquier investigación sobre lo testimonial podrá incluir probablemente, una sociología del testimonio y quizás una socio fenomenología del *cultus*. Pero ésta no podrá prescindir de una consideración del discurso teológico vehiculizado en la predicación pública y el testimonio de la experiencia con lo sagrado pentecostales.

La *estructura básica* de la predicación pentecostal, como vehículo de lo testimonial, se compone de una diversidad de elementos difíciles de reducir. Pero pueden señalarse por lo menos tres de ellos, como lo haremos. Sin embargo, es importante, sobre todo, considerar que la predicación pentecostal es básicamente una dramatización (una re-narración) del texto bíblico a la luz de la experiencia de su vida cotidiana, como produciendo su sentido en la experiencia cotidiana.

f. Lo Narrativo y su significación

Los componentes principales de la predicación pública pentecostal, atraviesan o viven tres momentos:

1. **Re-narración:** luego de una lectura del texto bíblico, el predicador repite de nuevo, con sus propias palabras, todo el texto leído, como buscando que éste dé de sí su mensaje, acentuando o entonando y subrayando palabras o frases clave del texto que, más que dilucidarlo, quiere asimilarlo en una especie de congenialidad.

2. **Ilustración testimonial** (testigos): la predicación interpola de forma permanente experiencias de la vida cotidiana por lo general recientes a modo de ilustración, de presentación de testigos de su verdad, la verdad que quiere enfatizar para la ocasión. Incluso su antigüedad o novedad es un indicador de su buena o mala relación con Dios. Los testimonios tienen que ser "frescos" o recientes.

3. **Actualización**: el predicador no sólo vive el texto hasta el drama, sino que lo extiende a la comunidad cultual a quien invita a una actualización ética (dígase moral) y también práctica de su sentido.

Así, mediante un proceso de reiteración, de asimilación (Impostación lingüística), el mensaje del texto cobra actualidad moral.

LA PRODUCCION SIMBOLICA DE LA PENTECOSTALIDAD

1. Variedad de las experiencias de lo pentecostal

Bien sabemos que le modo de experimentar lo pentecostal, en América Latina, está atravesando por la compleja dinámica social, pues los mismos proceso sociales y culturales marcan de un modo insalvable cualquier tipo de experiencia, y muy particularmente a la experiencia religiosa, haciéndola compleja, diversa y multiforme.

Esa **variedad de experiencias de lo pentecostal** hace de su quehacer teológico una práctica también compleja, aunque *diversa* e *irreducible* como *fecunda*. Por esa razón, y dado el estado primario ya una teología Pentecostal Latinoamericana, resulta banal recogerla en una totalidad sistemática (noemática) por lo mismo que se trata de un *habitus* en constante construcción.

No obstante, es esa misma pluralidad la que nos exige, aunque solo sea de modo instrumental y prospectivo, la búsqueda y configuración de una estructura básica sobre la cual descansaría la variedad de articulaciones teológicas que revelan **lo pentecostal** (en neutro), y sobre la cual se verificaría también la *proximidad, legitimidad* y *veracidad* de la remisión unívoca al suceso arquetípico conocido como Pentecostés y de su fundación en él.

Un quehacer teológico es pentecostal no solamente por su referencia o remisión al acontecimiento fundante de Pentecostés; lo es también por el proceso de producción de las comunidades informadas por ese acontecimiento, vale decir, aquellas que forjan su **identidad** a partir de su voluntad de ser en sí mismas una prolongación de la comunidad pentecostal originaria.

Se trata, pues, de *una concreta circularidad hermenéutica* que conecta – mediante la experiencia histórica, la tradición (efecto histórico) y el acto productivo- el polo kerygmático fundacional, con el polo de la experiencia nueva, en su práctica litúrgica y en su práctica social.

2. Univocidad del acontecimiento pentecostal fundacional

Desde el punto de vista hermenéutico, hay diferentes modos de interpretar un acontecimiento, cuales sean las perspectivas disciplinarias desde las que se haga. Pero en general se podrían reducir a dos: una *hermenéutica restauradora* de sentido así como una *hermenéutica reductora y crítica* en la perspectiva planteada por Paul Ricoeur[131].

---

[131] Beatriz Melano Coutch, "*Resumen de la hermenéutica Metódica: La Teoría de la Interpretación según Paul Ricoeur*" en Kairós, *Hacia una Hermenéutica Evangélica*. Tomo II. Lima, Perú: Kairós, 1977: 1-15.

En efecto, las *hermenéuticas restauradoras* buscan explicarlo vitalmente o **actualizarlo** como un proceso que lo prolonga (cf. el ejemplo de Jesús respecto del cumplimiento de la profecía de Isaías, Lc. 4:20-21; o, la interpretación de lo pentecostal según Pedro, en Hechos 2:14-36ss)

Las *hermenéuticas reductoras*, en cambio, sin sentirse involucrados por tal acontecimiento, lo explican tomando distancia expresa frente al acontecimiento y, por extensión, frente a sus intérpretes voluntariamente identificados con él. No interesa para el caso verificar si tal distanciamiento obedece o no a la conducta contraproducente de los intérpretes; o si, por el contrario, y más sutilmente, responde a consideraciones de clase social, ideas de prestigio, o a acondicionamientos de otra índole. Son en definitivas aproximaciones distintas de Lo Pentecostal –por decir lo menos.

Lo cierto es que, a lo largo de la historia de la iglesia cristiana, el acontecimiento de Pentecostés ha sido objeto de múltiples interpretaciones y se ha convertido en **un hecho fundador de identidades**, mediante un proceso social de los binomios "identificación-separación", "afirmación-negación", o de "conversión-aversión". Ahora bien, sea por identificación o sea por separación, la multitud de los cristianos tiene que habérselas con **el hecho pentecostal originario**, sobre todo si las interpretaciones actualizadoras van ganando terreno entre sectores de la Iglesia nominalmente no pentecostales, y amenazan con redefinirlos.

En buena cuenta, la multiplicidad de interpretaciones expresa una serie de conflictos propios de la esfera social, de su heterogeneidad y de sus variaciones; pero, en definitiva:

a. **Organiza** *la convivencia social* de un modo interesante, conflictivo y *des institucionalizador* (efecto carismático que reacciona al institucionalismo);
b. **Sustenta** *la existencia de un mercado* en el que un *cuerpo especializado de expertos* en materia religiosa (de sus misterios y complicaciones) y unos laicos consumen bienes simbólicos de salvación, y, finalmente
c. **Hace posible** la creación y funcionamiento de un *universo simbólico*, independiente de la visión del mundo (cosmovisión) de la sociedad más amplia. O bien la refleja o reproduce; la rechaza o ignora. Le aporta elementos de significado o los niega.

3. Operaciones de la conciencia pentecostal

Las comunidades emprenden el proceso productivo de su experiencia, mediante una serie de operaciones necesarias de su conciencia en relación con la comunidad social que le sirve de entorno. Se trata, en efecto, de una serie de distanciamientos o diferenciaciones que se presentan en forma de rupturas con los "cosmos" y "sagrados", y con los "saberes" y "decires" en el proceso de socio producción general. De esta forma las comunidades pentecostales se **re-crean** y se **auto producen**, en medio de una formación social (cultura, mundo, sociedad) que ha roto con ellas previamente o, para decirlo en términos positivos, las ha puesto en situación de auto-producir su mundo.

De ese modo, la ruptura de un sentido opera simultáneamente la creación -recomposición- de otro sentido. Es una labor artesana con la que la comunidad pentecostal produce (reconstruye) el mundo, y se auto-produce. ¿Cómo opera la conciencia en la construcción o producción de la identidad pentecostal? Sugiero cuatro momentos.

a. Ruptura tempo-espacial

En su proceso de fundación (fundamentación) socio-religiosa, la comunidad que denominaremos *pentecostante* [132] (sic), realiza una especie de migración *an-histórica* mediante la cual se coloca "congenialmente" en el centro mismo del acontecimiento de Pentecostés, como para reproducirlo.

En un *acto ritual* cuya dinámica produce la experiencia extática, la *comunidad pentecostante* «rompe» con la rutina de la vida cotidiana, se transporta psicológicamente al *illo tempore* y actualiza en la historia cultual el hecho *fundante* de Pentecostés. Esta acción, que implica necesariamente un salto de fe, una atemporalidad, crea un espacio de significación que hace que perviva y se mantenga fresco el mito de *lo pentecostal* heredado.

---

[132] Forma adjetivada del proceso identitario "pentecostal" o proceso mediante el cual el sujeto construye su identidad de cara al evento pentecostal.

> El *Culto* --privado o público-- es uno de los factores decisivos en el proceso de socialización pentecostal. Si bien no es el único, es fundamental para la identidad religiosa. El otro factor es la experiencia de la "Presencia de Dios" que se manifiesta en la *vida cotidiana* a través de acciones milagrosas de sanidad, de "bendiciones" espirituales y materiales, el Dios de la vida que salva del "errabundeo" (experiencia de vacío y caos) y que le da sentido a la vida. Me he referido al lugar que ocupa el *cultus* en la vida de los pentecostales en Morfología del Culto Pentecostal[133]

Con seguridad juega un papel importante el «dato recibido», una tradición y una doctrina de lo pentecostal que subsiste entre los intérpretes (actualizadores o espectadores) por la vía del recuerdo (anamnesis), la información (noticia) o la búsqueda (expectatio religio).

Es en ese **tiempo cultual** y en ese espacio de significación más o menos duradero, donde el pentecostante va adquiriendo una identidad pentecostal y donde definitivamente estructura su personalidad socio-religiosa de tipo pentecostal: su modo de ser, su hacer, su pensar, su hablar, etc., pentecostales. En una palabra, su habitus o esquemas de obrar, pensar y sentir asociados a la posición social. El habitus hace que personas de un entorno social homogéneo tiendan a compartir estilos de vida parecidos.

> Por habitus Pierre Bourdieu entiende el conjunto de esquemas generativos a partir de los cuales los sujetos perciben el mundo y actúan en él. Estos esquemas generativos están socialmente estructurados: han sido conformados a lo largo de la historia de cada sujeto y suponen la interiorización de la estructura social, del campo concreto de relaciones sociales en el que el agente social se ha conformado como tal. Pero al mismo tiempo son estructurantes: son las estructuras a partir de las cuales se producen los pensamientos, percepciones y acciones del agente. El *habitus* se define como un sistema de disposiciones durables y transferibles -estructuras estructuradas predispuestas a funcionar como estructuras estructurantes- que integran todas las experiencias pasadas y funciona en cada momento como matriz estructurante

---

[133] Cf. http://www.academia.edu/25378386/Estructura_y_morfologia_del_culto_pentecostal

de las percepciones, las apreciaciones y las acciones de los agentes cara a una coyuntura o acontecimiento y que él contribuye a producir[134]

Pero volvamos. Esa ruptura tempo-espacial no es, en este caso, una ruptura con la historia; por el contrario, mediante esa ruptura tempo-espacial busca hacer historia, "extender" un acontecimiento, o más exactamente, historizarlo (Duquoc), darle un *efecto histórico* (Gadamer). Una operación que es impensable sin una *conexión histórica* (hacia atrás) con el pasado *fundante* y (hacia adelante) con el presente y el futuro historizables.

No es solamente el recuerdo (nostalgia) del pasado *fundante* el que historiza esa migración actualizadora; lo es también su identificación con comunidades de practica semejante, mediata o inmediatamente anteriores, mediata o inmediatamente posibles. Me estoy refiriendo en este punto a la experiencia con la *pentecostalidad* por parte de tradiciones confesionales cristianas similares, católico-carismáticas, ortodoxo-carismáticas, protestantes-carismáticas.

Tampoco se trata de una *enajenación*, porque ese «salirse de sí mismo» es un salirse de sí para encontrarse con "el otro" en colectividad, para asimilarse a la «comunidad de los migrantes actualizadores» de la Pentecostalidad. Por paradójico que parezca, esta experiencia es profundamente histórica, recreadora de la historia y receptora de la Gracia (Xaris)

b. *Configuración epistemológica*

"Tiempo cultual" y "espacio de significación" forman el entorno inmediato en el que el *pentecostante* internaliza y objetiva la estructura de su **identidad**. Allí organiza un modo distinto de pensar y de vivir la fe por un proceso de **oposición-diferenciación** respecto de la sociedad más amplia. Se trata, pues, de la organización de una **racionalidad** (una lógica), un lenguaje y una simbólica (conjunto de arquetipos) –condicionados por

---

[134] Bourdieu, Pierre, *Esquisse d'une theorie de la pratique*. Droz. Genève, Paris: 1972: 178

una situación de clase y un espacio-tiempo históricos-, para interpretar una realidad desde ese especializado modo de conocer.

De esa forma, la *comunidad pentecostante* articula una **visión del mundo** (cosmovisión) **y una teología** acuñándolos con los elementos de que dispone en el momento.

No importa si, para el caso, esos elementos ya están identificados con los modos de conocer o con los modos de actuar de formaciones religiosas católicas o protestantes, si se corresponden con ideologías (sistemas y subsistemas culturales) ancestrales (su mundo social antiguo pre-cristiano), o si son extraños a su producción racional. Se trata, como hemos dicho, de una representación pragmática donde la "diferenciación", la "particularidad", o la "paternidad" o autoría de un concepto o una "doctrina" no es lo más importante.

c. *Actualización hermenéutica*

En el acto de apropiación del suceso pentecostal originario, el *pentecostante* echa mano de "hermenéutica del espíritu" para explicarlo y para explicarse a sí mismo. Empieza entonces un proceso de **donación de sentido** a la experiencia religiosa, que después él mismo y las comunidades próximas o ajenas, se darán el trabajo de «desvelarlo», "extraerlo", "re-interpretarlo" y "de-signarlo" (v.gr, teorías científico-sociales del pentecostalismo).

Como sucede con todo proceso hermenéutico, *la hermenéutica pentecostal es a)* ***un proceso heurístico***, en tanto descubre en la experiencia humana elementos de significación particulares y universales ; b) ***un proceso extático***, porque eleva al sujeto hacia el encuentro de un sentido profundo (dígase "alto") ; y c) ***un proceso constructivo***, porque organiza juiciosamente los elementos de significación previamente seleccionados, de modo que aparezcan como *un sentido nuevo*, transformador y convocante, capaz de reorientar sus acciones.

Pero en la medida que ese acto hermenéutico esté referido a un acontecimiento particular como es el acontecimiento de Pentecostés —ahora vivido o reproducido en su experiencia socio religiosa inmediata, la hermenéutica pentecostal se nutre de todos los elementos allí contenidos.

Con referencia a Hechos 2, puede decirse, por ejemplo, que la "hermenéutica de lo pentecostal" asume a mi modo de ver cuatro perspectivas:

1) Una *perspectiva escatológica* en tanto actualiza en la historia inmediata las promesas contenidas en la revelación anterior, y en cuanto anticipa desde ese momento los "últimos tiempos" o los tiempos venideros, como extensión y culminación de "este siglo"

2) Una *perspectiva apocalíptica* también, porque además de situarlo en la historia de Israel y las naciones (perspectiva histórica), inquiere el carácter inesperado y repentino de la venida del fin sea próximo o lejano.

3) Una *perspectiva cristológica* en cuanto entiende que el acontecimiento pentecostal tiene como su centro y estructura kerygmática a Jesús, el Cristo de Nazaret, sin el cual no tendría sentido. En otras palabras, la epifanía de Cristo y su manifestación en espíritu desde Pentecostés, hasta su retorno (Parousía), es visto como el centro de la historia de salvación. Finalmente,

4) Una *perspectiva pneumatológica* en cuanto entiende que la manifestación del Espíritu Santo –que marcará el inicio de la nueva era, el tiempo de la Iglesia- es el testimonio dinámico del Jesús Resucitado, presente ahora en la comunidad pentecostal y en el mundo.

Se trata, pues, de una *dialéctica del sentido* mediante la cual el *pentecostante* debe, por un lado, *restaurar* el sentido del acontecimiento expresado por el texto de la Sagrada Escritura, y por otro, *reducir* ese sentido al buscar duplicarlo en el culto y al discernir en el acto hermenéutico cuanto haya de falsa conciencia, de encubrimiento deformante de la realidad. Es mediante ese despliegue de *hermenéuticas restauradoras y reductoras*[135], de las que ya hemos hablado, que el pentecostante adquiere un modo de creer y comprender cuyo esquema y estructuras, es en mucho, reflejo de estructuras profundas que el sentido de un texto puede producir o inducir por vía del lenguaje.

---

[135] Beatriz Melano Coutch, "*Resumen de la hermenéutica Metódica: La Teoría de la Interpretación según Paul Ricoeur*" en Kairós, *Hacia una Hermenéutica Evangélica*. Tomo II. Lima, Perú: Kairós, 1977: 1-15

d. Impostación lingüística

La comunidad pentecostal se ha caracterizado quizá más que otra por su modo de expresar lo vivido a través de diversas formas de lenguaje: oral, escrito, gestual, gráfico, visual, etc.

No obstante, lo más notorio de esos lenguajes es su carácter repetitivo, **eco-parlante**, del lenguaje bíblico traducido e internalizado. Se trata de una asimilación de los códigos y símbolos del universo simbólico cristiano que lo coloca –a nivel de la lengua- en abierta distancia del lenguaje cotidiano del parlante común, y –a nivel del habla- al mismo "tono" con el mensaje del escritor sagrado.

Como es lógico, esta asimilación, por aparecer como una **Impostación** ante el interlocutor, desconcierta su estructura lógica de pensar (sentido común) y, encontrándolo disonante, lo envuelve y lo desestructura. Paradójicamente, esta "impostación", por su novedad y extrañeza logra "atrapar" al interlocutor al proyectar la imagen de un mundo diferente, donador de un nuevo sentido, al que simplemente tiene uno ordinario.

El lenguaje teológico, los *slogans evangelísticos*, las *frases* litúrgicas, los *movimientos figurativos* en el espacio cultual, las *gesticulaciones* durante la oración, las *danzas* en el espíritu, todas ellas *señales* extrañas al espectador, gozan de un *poder cautivante y apelativo*. Lejos de producir un rechazo absoluto, envuelve al espectador en un manto edípico de amor y odio, de atracción y repulsión inesperadas. La única alternativa que le queda al interlocutor es apartarse inmediatamente del "loco" disonante, o ponerse a tono y entonar el nuevo lenguaje (conversión) La alternación comporta, una reorganización del aparato conversacional. Los interlocutores que intervienen en el *diálogo significativo* van cambiando, y el diálogo con los otros significantes nuevos transforma la realidad subjetiva que se mantiene al continuar el dialogo con ellos o dentro de la comunidad que representan[136]

---

[136] Berger, Peter & Luckmann, Thomas. *La construcción social de la realidad*. Buenos Aires: Editorial Amorrortu 2001: 199. Cf. Moscovici, Serge, Mugny, Gabriel y Pérez, Juan Antonio (editores) *La Influencia Social Inconsciente* Anthropos, Barcelona, España, 1994

Pero la comunidad pentecostante se hace eco también de una vocación comunicativa al representar en su función ablativa el "cosmos" pentecostal frente al "caos" babilónico.

Como sabemos, Pentecostés es un evento ectípico del suceso de la torre de Babel, en la que se confundieron las lenguas y se dispersaron los pueblos. Pentecostés, por eso, prefigura simbólicamente la unidad de la lengua, y por ello mismo, la unidad del género humano.

Una *repetición ritual* de ese arquetipo produce durante el culto un sentimiento de continuidad y de ruptura con las barreras culturales (idiomáticas) que separan a los hombres.

Detrás del evento pentecostal se oye el eco de la presencia de Dios en el Sinaí. Su sentido de revelación --de validez universal-- viene del *Monte de Dios*, el lugar alto desde que suele manifestarse el Padre a Moisés su

TERCERA PARTE:
LOS PENTECOSTALISMOS

Esta parte incluye:

Complejidad de la Religión Cristiana; Los catolicismos; Las iglesias ortodoxas; Los Protestantismos; Los pentecostalismos; Epílogo: Hacia un cristianismo global.

Se destaca aquí que el principio pentecostalidad no tiene fronteras, es inter confesional, global o universal, porque procede del Padre. Debería ser considerado como una marca o *notae* del Credo Apostólico. El principio pentecostalidad mueve al mundo de regreso al seno de Abraham y nos da elementos para caminar hacia la unidad del género humano, que es el ideal del Reino de Dios como retorno al Paraíso; la comunión plena y familiar de los hijos con el Padre.

LA DIVERSIDAD DE LOS PENTECOSTALISMOS

LOS CRISTIANISMOS Y LA PENTECOSTALIDAD

El *principio pentecostalidad* no tiene fronteras, es inter confesional, global o universal, porque procede del Padre. Si el Credo Apostólico tuviera que ser reformulado hoy, probablemente la iglesia universal reunida en un concilio agregaría la *pentecostalidad* como una *notae*[137] más de la iglesia. El principio pentecostalidad mueve al mundo de regreso al seno de Abraham. Nos da elementos para caminar hacia la unidad del género humano, que es el ideal del Reino de Dios, como retorno al Paraíso, en comunión plena y familiar de los hijos con el Padre.

La pentecostalidad ha movido a comunidades cristianas de todas las épocas y de todo lugar a identificarse bajo el nombre de *pentecostales*. Los sistemas de creencias, sistemas rituales, así como las formas de organización y normas éticas de estas comunidades han configurado, a lo largo de la historia del cristianismo, movimientos de espiritualidad e instituciones eclesiales de muy diverso tipo. Unas como comunidades emergentes del seno del cristianismo católico como el caso del protestantismo radical, paralelo a la Reforma luterana y otras como emergiendo luego del interior de los protestantismos producto de avivamientos. Unas heredando la tradición trinitaria de la iglesia, otras bajo la tradición unitaria o Unicitaria de la iglesia. La gran mayoría producto de escisiones internas motivadas por la renovación de la experiencia de Pentecostés o la práctica de los carismas del Espíritu.

¿Cómo distinguir en las comunidades así llamadas "pentecostales" una genuina pentecostalidad? ¿Son todas las así llamadas comunidades del Espíritu, verdaderos cristianismos? ¿Son las comunidades pentecostales trinitarias legítimas herederas de la tradición cristiana? ¿Son las comunidades pentecostales unitarias, unicitarias o del nombre de Jesús, legítimas

---

[137] En latín *"notae"* designa la idea de marca, característica o cualidad que describe la naturaleza de la iglesia. Entre las *notae* de la iglesia están: la santidad, la apostolicidad, la unidad, la catolicidad y —yo añadiría, ahora — la pentecostalidad.

herederas de la tradición cristiana? ¿Qué es lo fundamental en cada una que la identifique con el cristianismo? ¡Qué es lo que interesa realmente al hacer estas preguntas? Me apresuro a decir que lo que hay que buscar no es la legitimidad, ni siquiera la autenticidad, peor aún la unicidad de la iglesia visible. Todos a su manera creen que son La verdadera iglesia. Es la pretensión de universalidad que tienen todas las religiones. Con Alfredo Fierro Bardaji, sostengo que no hay un único cristianismo, sino varios, en el sentido de vertientes o aproximaciones en el seguimiento a Cristo. Volveremos luego sobre este asunto.

Como decíamos no se trata aquí de buscar al "verdadero cristianismo" en el sentido de un único pueblo, porque eso sería como regresar al pasado en el que la iglesia cristiana se colocaba como el centro, la medida (canon) y la única depositaria de la salvación. Fuera de ella no había salvación (*Extra ecclesiam, nulla sallus*). En efecto, la frase latina *Extra Ecclesiam nulla salus* significa: "Fuera de la Iglesia no hay salvación". Es un dogma de la Iglesia católica antigua, según la cual, "es absolutamente necesario para la salvación de toda criatura humana que esté sujeta al Romano Pontífice" (bula *Unam Sanctam* del Papa Bonifacio VIII, año 1302).

Cipriano de Cartago es más directo:

> «Todo aquel que se separa de la Iglesia y se une con la adúltera (el cisma) se queda fuera de las promesas de la Iglesia... Para el tal, Dios ya no es su padre, porque la Iglesia ha dejado de ser su madre»[138]

También aparece en la profesión de fe del *Cuarto Concilio de Letrán*: "Una, más que nada, es la Iglesia Universal de los fieles, *fuera de la cual nadie está salvado*". Supone una versión modificada de la frase de Cipriano de Cartago: "*Extra ecclesiam salus non est*"[139], fuera de la iglesia, no hay salvación. Si por "iglesia" entendemos la confesión o denominación religiosa (una iglesia visible en particular) entonces estamos ante una herejía, porque la iglesia no salva, sino Cristo. Así, por ejemplo, en su encíclica papal *Mystici Corporis Christi* (Cuerpo místico de Cristo) del 29 de junio de 1943, emitida por el Papa Pío XII durante la Segunda Guerra Mundial, se lee:

---

[138] Prudencio Damboriena, La Salvación en las Religiones No Cristianas. Madrid: BAC, 1973: 448
[139] Cipriano de Cartago, *Cartas*. Madrid: Ed. Gredos, 1998: 73,21.

> «Los que no pertenecen a la estructura visible de la Iglesia católica» están invitados «a salir de un estado en el que no pueden estar seguros de su propia salvación eterna», aunque «pueden estar ordenados (*ordinentur*) al cuerpo místico del Redentor por cierto anhelo y deseo inconsciente (*inconscio quodam desiderio ac voto*) [140]

Aunque en una encíclica posterior, la *Humani generis* (1950), el propio Pío XII protestó contra la reducción a una fórmula vacía de la necesidad de pertenecer a la verdadera Iglesia, en el fondo entendía que –como no hay dos iglesias, una visible y otra visible-- "es menester sostener que es a la *Iglesia visible* a la que han de ordenarse los hombres para su salvación. El Vaticano II en su encíclica *Lumen Gentium (LG II: 14)*, prefirió hablar de "incorporación" a la iglesia visible; pero era lo mismo [141].

Siendo que la iglesia es una, santa, apostólica y católica (universal) no pueden haber teológicamente hablando varias iglesias o varios cuerpos de Cristo. Es verdad que hay un cristianismo, pero este está constituido por muchas comunidades o congregaciones cristianas que intentan seguir a Cristo, cada una, sin duda, tratando ser fieles a Dios.

El Dr. José Míguez Bonino, señalaba que hoy es común hablar de la existencia de "varios" cristianismos dentro del *cristianismo primitivo*, no en el sentido de que fueran realidades totalmente diferentes y aisladas, sino como movimientos paralelos, con sus particularidades, conflictos e influencias mutuas. Dice el Dr. Míguez:

> Hubo un *judeo-cristianismo de Siria occidental* (Antioquía) reflejado en el evangelio de Mateo y *uno con inclinaciones gnósticas en Siria Oriental* (Edessa) que se advierte en el apócrifo Evangelio de Tomás (ca.150 DC)...Un *cristianismo samaritano* que estaría a la base del evangelio de Juan y...un *cristianismo galileo* con sus propias tradiciones, que después fue articulado en lo que se podría llamar un cristianismo paulino" [142]

---

[140] Diccionario Enciclopedico de la iglesia Católica, "*Extra Ecclesiam nulla salus*" en: http://www.mercaba.org/DicEC/E/extra_ecclesiam_nulla_salus.htm
[141] Ibid.
[142] José Míguez Bonino, *Conflicto y Unidad en la Iglesia*. San José, Costa Rica: SEBILA. 1992:31. Según Alfredo Fierro Bardaji, *Teoría de los Cristianismos*. Estela, Navarra:

Lo mismo sucede hoy con el cristianismo. Dentro de él hay muchas corrientes, incluida la eclesial u oficial, las carismáticas y la profético-mesiánica. La diversidad es un don de Dios y la convivencia armónica depende que el Espíritu de Dios nos una en proyectos comunes.

LA PENTECOSTALIDAD DEL CRISTIANISMO

1. La taxonomía religiosa

Se podría afirmar en cierto modo que hay una diversidad de pentecostalismos, pero una misma pentecostalidad, aunque la *apropiación* de la pentecostalidad es con toda seguridad igualmente diversa como compleja e irreductible.

¿Es posible una taxonomía religiosa? La taxonomía, --del griego ταξις, taxis, 'ordenamiento', y νομος, nomos, 'norma' o 'regla'-- es, en su sentido más general, la ciencia de la *clasificación*. Habitualmente, se emplea el término para designar a la *taxonomía biológica*, la "teoría y práctica de clasificar organismos" al menos en 7 categorías primarias o principales: "Reino", "Filo o División", "Clase", "Orden", "Familia", "Género", "Especie". Pero aun en la biología no son posibles clasificaciones categóricas finales, en razón de la *biodiversidad* de las especies y de las diversas *nomenclaturas* o nombres que los científicos de diversas escuelas y teorías asignan a los seres vivos. Ni aun hoy, con los conocimientos del ADN, es posible una clasificación certera. ¿Cómo entonces podríamos clasificar a los movimientos religiosos o a las organizaciones religiosas sin desmedro de la subjetividad? ¿Por tendencias o megatendencias? ¿Cómo verificarlas? ¿Por su historia? ¿Por sus doctrinas, creencias y rituales? ¿Por su extracción social, sus formas de organización, o normas éticas?

El Dr. Hilario Wynarczyk nos muestra el mejor camino a la hora de clasificar:

Verbo Divino, 1982: "No hay solamente uno; ha habido y hay proyectos varios de cristianismo, relacionados desde luego, pero también irreductibles entre sí: el proyecto eclesiástico, el carismático, el profético-mesiánico"

Hablando de las tipologías en general --que yo prefiero llamar taxonomías-- debemos tener claro que son simplemente (nada más y nada menos) que herramientas para poder aprehender y estudiar empíricamente nuestros objetos de interés (nuestras unidades de análisis). La finalidad es poder estudiar las *propiedades* de nuestras unidades de análisis produciendo para ese fin antes algún tipo de *distinciones internas* del *universo* de unidades de análisis en *subgrupos*, con *características afines* en algún sentido, que nosotros metodológicamente tomamos en cuenta. En fin, sin taxonomía es imposible hacer sociología científica ni ningún tipo de estudio empírico (y aun teórico) sobre *objetos sociales complejos*, porque no es posible tener *parámetros mínimos* como puntos de referencia comparativos de unas categorías con otras categorías, y de unos estudios con otros estudios. A su vez las tipologías no surgen *a priori* sino *a posteriori*. Son frutos de procedimientos de *inferencia inductiva* en los cuales observamos un universo o muestras de un universo y el hallazgo de características afines nos induce a concluir que ahí existen *rasgos comunes* que a su vez nos permiten organizar la totalidad en subgrupos, que son las *clases* de la tipología. A partir de ahí, avanzamos hacia la construcción de una *teoría*.[143]

EL mismo Wynarczyk en su investigación sobre el *movimiento evangélico en la vida pública argentina 1980-2001*, ensaya una taxonomía a partir de la *teoría general de los sistemas* y una construcción específica de teoría del campo religioso evangélico como "campo de fuerzas" en tensión[144]. De cara a la participación o presencia pública de las iglesias en la Argentina, llega a una taxonomía que distingue dos polos en tensión: a) *el polo histórico liberacionista* integrada por iglesias históricas con mayor herencia de la Reforma Protestante y b) *el polo conservador bíblico* integrado mayormente por evangelicales conservadores y pentecostales.

---

[143] Carta de Hilario Wynarczyk al autor de este libro, a petición, en su calidad de maestro de *metodología de la investigación científica* en la Universidad San Martin (UNSAM). 17.12.2015

[144] Hilario Winarczyk, *Ciudadanos de dos mundos. El movimiento evangélico en la vida pública argentina 1980-2001* Bs. As. UNSAM Edita, 2009: 42-92[toda esta sección dedicada a la taxonomía]

Se han intentado muchas clasificaciones. Una de ellas desde el punto de vista de la religión global, sería la que Hans Kung ha hecho respecto del cristianismo mundial. Él ha insistido en la búsqueda de unidad entre las tres religiones abrahámicas: judaísmo, cristianismo e islamismo [145].

Dentro del cristianismo se podrían distinguir al menos tres formaciones o ramas como *tipos ideales*. El "tipo ideal" es un instrumento conceptual, creado por Max Weber, usado en sociología para aprender los *rasgos esenciales* de ciertos fenómenos sociales. Weber hizo una clasificación de las distintas variedades de *tipo ideal* presentes en la sociedad humana: 1) *Tipo ideal histórico*: sería el encontrado en una época histórica dada, como por ejemplo el capitalismo moderno, 2) *Tipo ideal de la Sociología General*: que estarían presentes en todas las sociedades, como por ejemplo la burocracia, 3) *Tipo ideal de acción*: basados en las actuaciones de un actor determinado, como la acción de la influencia, y 4) *Tipo ideal estructural*: que resulta de las consecuencias de la acción social, como por ejemplo la dominación tradicional.

Así pues, desde ese punto de vista *histórico-estructural*, podemos distinguir en el cristianismo tres grandes ramas de un mismo tronco judeo-cristiano: el catolicismo romano (con sus grupos u órdenes religiosas), el protestantismo (con toda su diversidad: luteranismo, calvinismo, anglicanismo) y la iglesia ortodoxa de varios países del mundo.

Otro ejemplo de taxonomía socio-religiosa es la que ensaya Bryan Wilson. En su estudio sobre las sectas norteamericanas, (siguiendo la distinción weberiana secta, iglesia y mística) Wilson construye una tipificación de las sectas considerando su *orientación ideológica y vocacional*; allí distingue las *sectas conversionistas*, que tratan de convertir a los demás y cambiar así el mundo; las *sectas adventistas*, que esperan una intervención divina radical y un nuevo plan providencial; las *sectas introversionistas*, que propugnan la retirada del mundo para cultivar la espiritualidad interior, y las *sectas gnósticas*, que ofrecen un conocimiento esotérico religioso especial. Considera también las sectas revolucionistas, manipulacionistas, taumatúrgicas, reformistas y utópicas [146].

---

[145] Hans Kung, *Ser cristiano*. Madrid: Cristiandad, 1977: 135-141; Cf. También, Hans Kung, *El Cristianismo: Esencia e Historia*. Madrid: Ed. Trotta, 1997: 44-45.
[146] Bryan Wilson, *Sociología de las sectas religiosas*. Madrid: Ediciones Guadarrama, 1970: 66-188.

El Dr. Heinrich Schäfer, tal vez el más ilustrado sobre este tema, en su estudio del protestantismo centroamericano[147], nos ha dejado una instrucción sobre la construcción de taxonomías, aplicando las teorías de Weber, Troeltch, y Lalive D'Epinay. Cruzando dos variables "corrientes teológicas" y "formas institucionales" llega a ocho tipos de protestantismos. 1) La denominación histórica (A), 2) la agrupación *evangelical* establecida (B), 3) la agrupación pentecostal establecida (C), 4) la agrupación pentecostal (C'); 5) la agrupación neopentecostal establecida (D) y dos de menor significado en la región: 6) la agrupación protestante histórica establecida (A'), 7) la agrupación *evangelical* (B') y la 8) agrupación neopentecostal (D').

Otro camino es el que ensaya el Dr. Míguez Bonino[148] acerca de las iglesias cristianas no católicas. Siguiendo a Christian Lalive D' Epinay, Míguez organiza las facciones del protestantismo en los siguientes términos.

> Los varios intentos más o menos empíricos de establecerla, partiendo de las clásicas tipologías de Max Weber, Yinger y otros, han sido recientemente retomados sistemáticamente por Christian Lalive d'Epinay en un estudio inédito[149], a base de dos variables: **el tipo sociológico de la iglesia madre** (ecclesia, denominación, secta establecida, secta conversionista) y la **forma y ámbito de penetración** (básicamente grupos de inmigración o población nativa). Llega así a cinco tipos: A) La ecclesia de inmigración protestante trasplantada, B) la denominación establecida entre inmigración protestante (o «iglesia de inmigrantes inyectada»), C) la denominación misionera (o «protestantismo tradicional» tal como el término se utiliza en América latina), D) la secta conversionista establecida («protestantismo de santificación») y E) la secta conversionista[150]

---

[147] Heinrich Schafer, *Protestantismo y crisis social en América central*. Costa Rica: DEI, 1992: (107) 85-13
[148] Míguez Bonino, "Visión del cambio social y sus tareas desde las iglesias cristianas no-católicas" en: Instituto de Fe y Secularidad, *Fe Cristiana y Cambio Social en América Latina. Encuentro en El Escorial 1972*, Salamanca 1973: Ediciones Sígueme: 179-202
[149] Chr. Lalive d'Epinay, *Les protestantismes latino-américains: un modele typologique* (mimeografiado), Genéve 1969: 26
[150] Míguez Bonino, Op.Cit.: 179-180

Para el pentecostalismo, es interesante la taxonomía que presenta el destacado investigador Allan Anderson en relación con los pentecostales africanos:

> "(a) *Pentecostales de Santidad*, con raíces en el movimiento de santidad del siglo XIX y la creencia en una segunda obra de gracia llamado santificación, seguida de la tercera experiencia del bautismo del Espíritu, que incluye la mayor denominación afroamericana en los Estados Unidos, la Iglesia de Dios en Cristo, la Iglesia de Dios (Cleveland, Tennessee), y la Iglesia de Santidad Pentecostal Internacional (entre otros); (b) *Pentecostales con influencia Bautista*, que difieren en su acercamiento a la santificación, viéndolo como una consecuencia de la conversión, y que incluye la Iglesia Cuadrangular, la Iglesia de Dios Pentecostal, y las Asambleas de Dios; y, derivado de este último, (c) *Pentecostales Unicitarios* que rechazan la doctrina de la Trinidad y postulan un unitarismo en la deidad de Cristo, incluyendo la Iglesia del Verdadero Jesús en China, la Iglesia Pentecostal Unida, y la Asamblea Pentecostal Mundial; y finalmente (d) *Pentecostales apostólicos, tanto unitarios y trinitarios,* que hacen hincapié en la actual autoridad de "apóstoles" y "profetas", incluyendo algunos de los mayores grupos de la Iglesia Apostólica e iglesias independientes africanas, la Iglesia de Pentecostés fundada en Ghana, y algunas nuevas iglesias independientes. Estas categorías se aplican principalmente (d) a los *pentecostales procedentes de Occidente*, aunque incluye un número significativo de las iglesias de África Occidental Pentecostales Apostólicos influenciadas por la Iglesia Apostólica británica, algunos de los cuales fueron fundadas por los africanos. Todos estos cuatro grupos tienen una teología de una experiencia posterior del bautismo del Espíritu, por lo general acompañado por el hablar en lenguas"[151]

Hemos mencionado sólo algunos intentos de clasificar el cristianismo o alguno de sus componentes para ver dos cosas: *primero* la necesidad de una clasificación (taxonomía) para comprender adecuadamente de lo que

---

[151] Allan Anderson, et.al. *Varieties, Taxonomies, and Definitions en Studying Global Pentecostalism Theories and Methods* Edited by Allan Anderson, Michael Bergunder, André Droogers, and Cornelis van der Laan. Berkeley Los Ángeles London: University of California Press, 2010: 18-29

estamos hablando o nuestro objeto de estudio, y *segundo*, para comprobar tanto la complejidad como la irreductibilidad de los cristianismos. Por cierto, hay muchas otras maneras de hacerlo. Sea como fuere, en esta *hora plástica* (Mandrioni) por la que atraviesa el mundo, la forma histórica como habíamos experimentado el cristianismo en el pasado, definitivamente está cambiando. Pareciera que avanzamos inexorablemente a una espiritualidad universal, a una mística, a un cristianismo sin religión (Bonhoeffer). Lo cierto es que conforme avanzamos al futuro, se hace cada vez más incierto alguna taxonomía que sea realmente útil. Entre tanto, mantengamos la ilusión de que sabemos algo de nuestra común fe. Veamos cómo se configuran *grosso modo* las diversas vertientes de lo cristiano.

2. El cristianismo católico y sus variantes

La *Iglesia católico romana* se considera a sí misma un «sacramento», un «signo e instrumento de la unión íntima con Dios y de la unidad de todo el género humano», por cuanto ella misma se declara fundada por Cristo. Está compuesta por 23 iglesias *sui iuris*[152] (o de Propio Derecho[153]) que se encuentran en completa comunión con el papa y que en conjunto reúnen a más de 1200 millones de fieles. Se trata de una comunidad cristiana que se remonta a Jesús y a los doce apóstoles, a través de una sucesión apostólica nunca interrumpida, también compartida con la Iglesia ortodoxa. Pero la iglesia católica englobar también a las Iglesias católicas orientales que reconocen la autoridad y primacía universal del papa -obispo de Roma- y están en plena comunión eclesiástica con él. Junto con la Iglesia latina constituyen la Iglesia católica romana. De acuerdo a su número de fieles y desarrollo territorial e histórico tienen diversos grados de organización y autonomía interna, conservando sus ritos particulares. Según el Código de los Cánones de las Iglesias Orientales éstas se agrupan en cuatro categorías: Iglesias patriarcales, Iglesias archi episcopales mayores, Iglesias metropolitanas sui iuris y otras Iglesias orientales *sui iuris*

---

[152] Iglesia Católica en https://es.wikipedia.org/wiki/Iglesia_católica. Cf también: <https://es.wikipedia.org/wiki /Iglesias_catolicas_orientales#Clasificacion>
[153] Luis Rodolfo Arguello, *Manual de Derecho Romano. Historia e Instituciones*. Buenos Aires, Argentina: Editorial Astrea, 2000.

En América Latina, el Dr. Gustavo Gutiérrez distingue tres corrientes o tendencias: el catolicismo de cristiandad (tradicional y cultural), el catolicismo de Nueva Cristiandad (vertiente modernizadora y de promoción social) y el Catolicismo Popular y los Carismáticos católicos. El antropólogo Dr. Manuel Marzal, de la Pontificia Universidad Católica del Perú, solía diferenciar entre los *católicos* (catolicismo popular, catolicismo comunitario, catolicismo carismático, catolicismo renovador, catolicismo tradicional y catolicismo sincrético) y los *para-católicos* (laicos ganados por la secularización, católicos eclécticos con su religión privada hecha a su propio gusto)[154]. Algunos investigadores como J.P. Bastián colocarían aquí a los pentecostales, pues sugieren que no serían más que una mutación religiosa del catolicismo popular[155]. Pero, si bien los pentecostales tienen raíces católicas, también las tienen de protestantes y aborígenes, y no por eso son alguno de ellos.

3. El cristianismo ortodoxo y sus variantes

La *Iglesia católica apostólica ortodoxa* es una confesión cristiana, cuya antigüedad, tradicionalmente, se remonta a Jesús y a los doce apóstoles, a través de una sucesión apostólica nunca interrumpida. Es la segunda Iglesia cristiana más numerosa del mundo después de la Iglesia católica apostólica romana que cuenta con aproximadamente con 1 229 millones de bautizados, el 17,5 % de la población mundial. La iglesia ortodoxa cuenta con más de 300 millones de fieles en todo el mundo. La Iglesia ortodoxa se considera la heredera de todas las comunidades cristianas de la mitad oriental del Mediterráneo. Su doctrina teológica se estableció en una serie de concilios, de los cuales los más importantes son los primeros Siete Concilios, llamados "ecuménicos" que tuvieron lugar entre los siglos IV y VIII. Tras varios desencuentros y conflictos, la Iglesia católica ortodoxa y la Iglesia católica romana se separaron en el llamado "Cisma

---

[154] Conferencia sobre "Los Rostros Religiosos en el Mundo urbano", auspiciada por el Centro Cristiano de Promoción y Servicios, CEPS, pronunciada el 06 de Agosto de 1996, en la Universidad Nacional Mayor de San Marcos.
[155] Jean-Pierre Bastián, "De los protestantismos históricos a los pentecostalismos latinoamericanos: análisis de una mutación religiosa" en Luis R. Huezo Mixco (compilador), *De las Misiones de Fe al Neopentecostalismo: Génesis y evolución del Protestantismo Salvadoreño, desde el siglo XIX hasta el Presente*. San Salvador: Secretaría de Cultura de la Presidencia, Universidad Evangélica de El Salvador, 2013: 31-52.

de Oriente y Occidente", el 16 de julio de 1054. El cristianismo ortodoxo se difundió por Europa Oriental gracias al prestigio del Imperio bizantino y a la labor de numerosos grupos misioneros. La Iglesia ortodoxa está en realidad constituida por 15 iglesias auto céfalas que reconocen sólo el poder de su propia autoridad jerárquica (por ejemplo, del Patriarca de Alejandría, de Antioquía, de Constantinopla, etc. o la de Metropolitanos, si es el caso), pero mantienen entre sí comunión doctrinal y sacramental. También hay iglesias ortodoxas no canónicas que están a medio camino entre el catolicismo y el protestantismo[156]

4. El cristianismo protestante y su diversidad

Las *Iglesias Protestantes* por su parte están compuestas por grupos cristianos, que se separaron de la Iglesia católica romana con la Reforma Protestante del siglo XVI, como a los desarrollos teológicos particulares de los reformadores y las iglesias resultantes de dicha Reforma (dentro de la cristiandad). El nombre *protestante* se comenzó a utilizar respecto de los partidarios de las ideas luteranas de la Reforma en Alemania, a raíz de su protesta y resistencia a los edictos imperiales que intentaban buscar la uniformidad religiosa de Alemania Para otros, el apelativo se les atribuyó con ocasión de que los príncipes que seguían a Martín Lutero protestaron no poder concurrir a la junta de Spira en 1529, apelando al futuro concilio.

Tradicionalmente se suele resumir esta doctrina común en las "cinco solas", que desarrolladas comprenden el núcleo de la fe protestante:

1. La doctrina de la "*sola scriptura*" es la creencia en que toda fuente de autoridad en materia de fe debe ser extraída con exclusividad de la Palabra de Dios, la Biblia. Esta posición, común a todas las iglesias protestantes, varía en su intensidad, desde el extremo del rechazo de cualquier contenido de fe ajeno a la Biblia (protestantismo evangélico más radical) hasta la supeditación de la tradición y las costumbres a la Biblia sin que por ello sea rechazada si no se puede argumentar una incoherencia o incompatibilidad manifiesta (iglesias protestantes históricas).

---

[156] Un vistazo general a su amplitud y diversidad puede encontrase en https://es.wikipedia.org/wiki/Iglesia_ortodoxa.

2. La doctrina de la "*sola fide*" es la creencia en que sólo mediante la fe en Cristo el hombre recibe gratuitamente la salvación. Esta fe en Cristo se describe como una fe viva que implica una conversión total en el hombre, es decir, una fe que produce una transformación que implica un cambio en las creencias, obras y aspiraciones del creyente.

3. La doctrina de la "*sola gratia*" es la creencia en que la salvación es recibida de parte de Dios, por el hombre, de forma gratuita, sin que éste pueda merecerla o adquirirla por sus propias fuerzas. La doctrina de la gracia en el protestantismo es semejante a la doctrina agustina si bien enfatizada o según para algunos mal entendida. El protestantismo presenta al hombre condenado e incapaz de obrar en favor de su salvación por causa del pecado original. En esta situación de depravación, el hombre necesita de Dios para su salvación desde incluso el mismo momento en que se convierte, pues sin la gracia de Dios tampoco podría recibir la gracia de la fe. Dentro del protestantismo se ha entendido esta doctrina de diversas formas. Existen algunas iglesias que defienden la idea de que el hombre es totalmente incapaz incluso de aceptar la gracia o de resistirla, de modo que su libertad queda totalmente anulada y todo depende de la elección divina (calvinismo más extremo) hasta posturas muy parecidas a la doctrina católica romana que defienden la idea de que el hombre, aun no mereciendo ni pudiendo lograr por sus méritos la salvación, una vez capacitado por Dios puede libremente aceptarla o rechazarla. Como una consecuencia de la radicalidad de la doctrina de la gracia y la fe en el protestantismo, el papel de las obras como actos que puedan merecer la salvación, la santidad o el favor de Dios es generalmente rechazado o muy atenuado como un producto secundario de la fe. Aun así, en el protestantismo se suele argumentar que una vida de fe que no produce obras es una vida de fe muerta, es decir, no es una vida de fe.

4. La doctrina de "*solus Christus*" es la creencia en que sólo hay un mediador capaz de redimir al hombre ante Dios, y que éste es Cristo. Desde un punto de vista teológico, esta doctrina es com-

partida por todas las iglesias cristianas. No obstante, en el protestantismo adoptó una serie de implicaciones nuevas que sí lo diferencian. La implicación más importante fue el rechazo de la intercesión de la virgen María y los santos en nuestro favor desde el cielo. También se rechazó el culto y veneración de éstos y otras creencias populares que incluso la misma Iglesia católica no reconoce como correctas. Otra implicación importante fue el rechazo de lo que se percibió como una apropiación por parte del clero de ciertos medios de salvación o condonación de los pecados, como la celebración del sacramento de la penitencia y las indulgencias.

5. La doctrina de "*Soli Deo Gloria*" es la creencia en que sólo a Dios se le puede dar gloria y adoración. Asimismo, es la creencia en que ángeles y toda la creación (incluidos los hombres) dan gloria a Dios y que por ello y para ello Dios los creó. En el protestantismo implicó además el rechazo de la adoración y veneración de los santos y de cualquier ángel, hombre o cosa.

El protestantismo habitualmente se expresa en tres tipos de movimientos o congregaciones:

1. *Aquel que se corresponde a iglesias históricas de carácter nacional*, como la Iglesia de Inglaterra (anglicanismo) en el Reino Unido y el ámbito de sus excolonias, las iglesias luteranas en Alemania y Escandinavia, y las iglesias calvinistas (reformados y presbiterianos) en Suiza, Holanda y Escocia. Las iglesias metodistas y algunas iglesias bautistas, aunque sin carácter nacional, son agrupadas en este primer tipo.

2. *Aquel que se corresponde a iglesias históricas de carácter congregacional*, como las iglesias congregacionalistas, las iglesias puritanas, las iglesias anabaptistas (menonitas, hermanos) y la mayoría de iglesias bautistas; o a Iglesias evangélicas, de carácter libre y generalmente calvinistas, aunque anabaptistas. Generalmente se las ha llamado iglesias de la segunda reforma.

3. *Aquel que se corresponde a movimientos pentecostales o carismáticos*, surgidos de diversas iglesias protestantes o sin continuidad histórica, por irrupciones multi locales.

Existen en el mundo alrededor de 800 millones de protestantes, distribuidos en diferentes denominaciones que siguen diferentes líneas interpretativas de la Biblia. De estos, aproximadamente 600 millones son pentecostales[157]. El Centro de Investigación "para el Estudio del Cristianismo Global", de EE.UU., afirma que en el año 2000 los creyentes *carismáticos/pentecostales* eran ya casi 582 millones; para el 2025 se prevé que llegarán a 800 millones[158]

Cristianos por movimiento			
Movimientos	*Número Estimado*	*Porcentaje de la población total del Mundo*	*Porcentaje de la población cristiana mundial*
Pentecostales	279,080,000	4.0 %	12.8 %
Carismáticos	304,990,000	4.4	14.0
Pentecostales y Carismáticos juntos	584,080,000	8.5	26.7
Evangélicos	285,480,000	4.1	13.1

---

[157] David Martin, catedrático de sociología en la London School of Economics, y uno de los mejores conocedores del pentecostalismo ha señalado al pentecostalismo como «la tercera gran fuerza del cristianismo» que supera los 600 millones: citado por Josh Mcbride en AGENCIA LA VOZ en: http://noticiaslavoz.blogspot.pe/2009 /02/600-millones-de-pentecostales-en-el.html (consultado el 18.12.15).

[158] (Vatican Insider, 11 de abril) citado por *Noticia Cristiana* (On Line) en: http://www.noticiacristiana.com/iglesia/crecimiento/2013/05/2025 -se-preve-que-evangelicos-pentecostales-llegaran-a-800-millones-en-el-mundo.html (consultado el 18.12.15).

> **Fuente**: *Pew Research Center's Forum on Religion & Public Life * Global Christianity, December 2011*

De acuerdo con un análisis de Pew Forum[159] acerca de las estimaciones del *Centro para el Estudio del Cristianismo Mundial* (CSGC) del Gordon-Conwell Theological Seminary, hacia el 2011, hay cerca de 279 millones de cristianos pentecostales y 305 millones de cristianos carismáticos del mundo.

Esto significa que, de acuerdo con este análisis, los cristianos pentecostales y carismáticos juntos representan alrededor del 27% de todos los cristianos, y más del 8% de la población total del mundo. Hay más carismáticos que pentecostales.

5. El cristianismo Pentecostal y su variedad

El pentecostalismo o *movimiento pentecostal* corresponde al conjunto de iglesias y organizaciones cristianas protestantes que enfatizan la doctrina del bautismo en el Espíritu Santo. Los términos «pentecostalismo» y «pentecostal» se derivan de Pentecostés, la Fiesta de las Primicias. Para los cristianos, este acontecimiento conmemora la manifestación del Espíritu Santo sobre los discípulos de Jesucristo, como se describe en el capítulo dos del libro de Hechos de los Apóstoles. El Dr. Frank D. Macchia, ha puesto de manifiesto la diversidad de creencias y opiniones sobre doctrinas, prácticas y liturgia existentes entre las distintas organizaciones pentecostales[160]. Otro tanto sucede en América Latina con fuertes raíces

---

[159] http://www.pewforum.org/2011/12/19/global-christianity-movements-and-denominations/

[160] Frank D. Macchia «Dios presente en una situación confusa: la influencia mixta del movimiento carismático en el pentecostalismo clásico en los Estados Unidos». *Pneuma: La revista de la Sociedad de Estudios Pentecostales* (1996) (en inglés). Vol. 18: 33.

en el catolicismo romano[161], las religiones aborígenes[162] y la influencia del urbanismo y la postmodernidad[163].

En la actualidad se suele distinguir en el pentecostalismo cuatro corrientes importantes y dos variantes: 1) el pentecostalismo histórico, 2) el pentecostalismo clásico, 3) el pentecostalismo unicitario, 4) el movimiento carismático o neo pentecostalismo, 5) la vertiente pentecostal apostólico-profética y 6) las "agencias de cura divina" como una variante más

1. El *pentecostalismo histórico* es una de las cuatro ramas del pentecostalismo moderno y la más antigua de todas. Empezó a fines del siglo XIX y comienzos del siglo XX, a partir de la agrupación de iglesias protestantes que fueron rechazadas por la importancia que le daban al supuesto don de lenguas. A diferencia de algunos otros grupos pentecostales posteriores, los pentecostales históricos creen en la doctrina de la Trinidad. En esta línea estarían la Iglesia de Dios (Cleveland); Iglesia de Dios de la Profecía; Movimiento e iglesias de Santidad; Iglesia de Dios Hispana Betel.

2. El *pentecostalismo clásico* es una de las cuatro ramas del pentecostalismo moderno, que sucede al pentecostalismo histórico y precede al pentecostalismo unicitario[164]. Surgió el 1 de enero de 1901 con el avivamiento de la ciudad estadounidense de Topeka, Kansas. Es heredero también del avivamiento de Gales, Gran Bretaña (1904), dirigido por Evan Roberts. El pentecostalismo clásico cree, a diferencia de algunos otros movimientos pentecostales, en la doctrina de la Trinidad, y se considera un movimiento fundamentalista, pues creen en la existencia del infierno, en la vida eterna en el cielo y la muerte

---

[161] Jean-Pierre Bastián, *La mutación religiosa de América Latina*, México, Fondo de Cultura Económica, (1997) 2003.

[162] Luis A, Samandú, "*El pentecostalismo en Nicaragua y sus raíces populares*" En: Pasos, San José, Costa Rica, may-jun N° 17 (1988): pp. 1-10. Luis A. Samandú, "Religión e identidades en América Central" En: *Cristianismo y Sociedad*, México, XXIX/3, N° 109, pp. 67-86. 1991.

[163] Cf. Ignacio Mena, *Génesis, Estructura y Contextos del Pentecostalismo en la Sociedad Global* en: Si Somos Americanos: *Revista Estudios Transfronterizos* Volumen XI / N°2 / 2011 / pp. 63-83; Martin Lindhardt, "La Globalización Pentecostal: Difusión, Apropiación y Orientación Global" en *Revista Cultura y Religión*, Vol. V, N° 2 (Diciembre del 2011) 117-136;

[164] Los unicitarios afirman tener creencias distintas a los unitarios, de modo que habría que distinguir entre unicitarios y unitarios. Los primeros serían modalistas, los segundos sabelianistas y arrianistas. Véase notas de pie: 92, 93, 94 y 95.

eterna en el lago de fuego. Además, practican la mayordomía financiera; desaprueban aquellas doctrinas que consideran erróneas; consideran que los creyentes tienen autoridad por sobre aquello que consideran «demoníaco», y desaprueban la homosexualidad y el divorcio. Los pentecostalistas clásicos se abstienen del alcohol, el tabaco y otras drogas más fuertes, y también están en contra de la pena de muerte. El pentecostalismo hizo surgir además una rama separada en el cristianismo, que se deriva de las renovaciones de tipo espiritual que se llevaron a cabo en el Bethel Bible College (Topeka, Kansas) en 1901 y en la Azusa street Mission (Los Ángeles, California) en 1906. De estos dos movimientos surgieron muchas pequeñas congregaciones que sucesivamente se organizaron en Iglesias como las Asambleas de Dios, fundada en 1914. Según Allan Anderson, el pentecostalismo clásico se puede dividir en *cuatro subtipos*: (a) Pentecostales de Santidad, (b) Pentecostales con influencia Bautista, (c) Pentecostales Unicitarios y finalmente (d) Pentecostales apostólicos, tanto unitarios y trinitarios[165].

Se identifican en este grupo a las siguientes iglesias de América: Asambleas de Dios; Asambleas de Iglesias Cristianas; Concilio Internacional de Iglesias Pentecostales de Jesucristo (Nueva York); Congregación Cristiana en el Brasil; Federación de Iglesias de Santidad Pentecostal de Venezuela; Iglesia Cristiana Integral; Iglesia Cristiana Inter denominacional A.R. (México); Iglesia Cuerpo de Cristo (España); Iglesia de Dios Pentecostal (Chile, Perú, Argentina, Bolivia, EEUU, Honduras); Iglesia de Dios Pentecostal, Movimiento Internacional (Puerto Rico); Iglesia de Cristo Misionera (Puerto Rico); Iglesia evangélica pentecostal (Chile); Iglesia Fuente de Agua Viva, México, BC, Tijuana; Iglesia Fuente de Salvación Misionera (Puerto Rico); Iglesia internacional del Evangelio Cuadrangular; Iglesia Metodista Pentecostal Argentina; Iglesia Misión Internacional Encuentro con Dios (Colombia); Iglesia Metodista pentecostal de Chile; Iglesia pentecostal de Chile; Iglesia Pentecostal de Jesucristo, Misión Internacional (Puerto Rico); Iglesia Pentecostal Unida de Colombia; Iglesia Unida Metodista Pentecostal; Iglesia Visión de Dios

---

[165] Anderson, Allan et.al. *Varieties, Taxonomies, and Definitions en Studying Global Pentecostalism Theories and Methods* Edited by Allan Anderson, Michael Bergunder, André Droogers, and Cornelis van der Laan. Berkeley Los Ángeles London: University of California Press, 2010: 18-29

(México); Iglesia Wesleyana Central; Jesús De Nazaret Único Salvador, Ministerio Internacional Iglesia Pentecostal (Puerto Rico, Estados Unidos); Movimiento Iglesia Evangélica Pentecostés (México); Movimiento Misionero Mundial (Puerto Rico); Obra evangélica luz de mundo; Unión de Iglesias Evangélicas Independientes (México), entre otras.

3. El *pentecostalismo Unicitario*, también llamado pentecostalismo del *nombre de Jesucristo*, es una de las cuatro ramas del pentecostalismo moderno. Se caracteriza por practicar la doctrina del unitarismo, es decir, por no creer en la Trinidad y considerar al «Padre», «Hijo» y Espíritu Santo manifestaciones de Dios[166]. Por consecuencia, sus creyentes practican el *bautismo en el nombre de Jesús*, en lugar de seguir la forma trinitaria del bautismo en el nombre del padre, del hijo y del Espíritu Santo. Su *unitarismo* lo basan en el monoteísmo interpretado en el Tanaj[167]. El judaísmo se basó en este texto (*"Oye, Israel: Jehová nuestro Dios, Jehová uno es"*, Deuteronomio 6:4) para afirmar la unicidad de Dios. Por esa causa los judíos rechazaron a Jesús como mesías del judaísmo, pues consideraba que Dios no tenía un hijo igual en gloria o potestad, y afirmaban que la doctrina de unitariedad es el cimiento de su fe y de su cultura.

El modalismo de los pentecostales unicitarios suele ser frecuente-

---

[166] IAFCJ, "Principios Doctrinales", *Constitución 2012*. Guadalajara, México: Mesa Directiva General Iglesia Apostólica de la Fe en Cristo Jesús, A.R., 2012: 6-9. Una Interpretación de esta doctrina: Elías Luque López en colaboración con Domingo Torres Alvarado "La Doctrina Apostólica" en: Domingo Torres Alvarado (coordinador) *Cien Años de Pentecostés. Desde la vivencia de la Iglesia Apostólica*. México: Ediciones del Lirio, 2014:153-193.
[167] el Tanaj es un acrónimo de las tres letras iniciales de cada una de las tres partes que lo componen la Biblia hebrea, a saber: La Torá (תּוֹרָה), 'Instrucción' o 'Ley'; Los Nevi'im (נְבִיאִים), 'Profetas' y Los Ketuvim (כְּתוּבִים), 'Escritos'

mente criticado por los movimientos pentecostales trinitarios. El teólogo unicitario Dr. David Bernard[168] consideraba al «monarquianismo modalista»[169] y la «unicidad» como esencialmente lo mismo, (siempre que no se entendiera «modalismo»[170] como patripasianismo[171]) y negaba rotundamente cualquier conexión con el "arrianismo"[172] en la doctrina unicitaria. Hacia 2007 se estimaban 40 millones de pentecostales unicitarios en el mundo.

Entre las principales organizaciones pentecostales unicitarias se encuentran las siguientes: Iglesia Pentecostal Unida de Colombia; Iglesia Pentecostal Unida Internacional; Iglesia pentecostés Unida Internacional; Iglesia Evangélica Apostólica del Nombre de Jesús; Asambleas Pentecostales del Mundo; Iglesia de Nuestro Señor Jesucristo de la Fe Apostólica; Iglesia del Camino Bíblico de Nuestro Señor

---

[168] David Bernard, *The Oneness of God*, en: http://web.archive.org/web/20090621070951 /http://ourworld.compuserve.com/hmepages / pentecostal/one-Top.htm. (Consultado el 17. 12. 2015. ("The Council of Nicea" en Capítulo 11) http://web.archive.org/web/ 20090608 115454/ http://ourworld.compuserve.com/homepages/pentecostal/One-Ch11.htm

[169] El monarquianismo modalista identificaba a Jesucristo como Dios mismo (el Padre) manifestado en carne. De otro lado, el monarquianismo dinámico o Adopcionismo, declaraba que Jesús era un ser inferior y subordinado a Dios. Mantenía que Jesús era un ser humano que llegó a ser el Hijo de Dios a causa de la sabiduría divina o el Logos que habitaba en El.

[170] Doctrina según la cual Dios es definido como un Espíritu Único e Indivisible, que se manifiesta al hombre de diversos modos (Hebreos 1:2; 1. Timoteo 3:16; 2. Corintios 5:19; Juan 14:8-9), y que fue manifestado en carne como Jesucristo con el propósito de redimir al hombre (1 Timoteo. 3:15-16). Antes de la invención del término *modalismo*, dicha doctrina había sido conocida con términos como *Monarquianismo*, o la creencia en un solo Rey o Monarca que es Dios; *sabelianismo* o herejía sabeliana, contra la que luchó en el siglo IV San Basilio Magno. Los Pentecostales del Nombre de Jesucristo defienden la teología modalista, aunque prefieren utilizar el término Unicidad de Dios.

[171] El patripasianismo (del latín pater, patris, padre, y passus, padecer) fue una doctrina cristiana monarquianista de los siglos II y III que negaba el dogma de la Trinidad al considerar la misma como tres manifestaciones de un ser divino único, sosteniendo que fue el mismísimo Dios Padre quien había venido a la Tierra y había sufrido en la cruz bajo la apariencia del Hijo. Esta doctrina, fue condenada en 261 d. C por el Concilio de Alejandría, y es también conocida como sabelianismo al ser su principal defensor el obispo Sabelio.

[172] El arrianismo es el conjunto de doctrinas cristianas expuestas por Arrio (256-336) Según Arrio el Hijo fue la primera criatura creada por Dios antes del principio de los tiempos. Según el arrianismo, este Hijo, que luego se encarnó en Jesús, fue un ser creado con atributos divinos, pero no era Dios en y por sí mismo. Argüían como prueba de ello que Jesús no pudo salvarse en la cruz.

Jesucristo; Asamblea Apostólica de la Fe en Cristo Jesús[173]; Asambleas del Señor Jesucristo; Verdadera Iglesia de Jesús; Iglesia Apostólica de Pentecostés de Canadá; Iglesia Apostólica de la Fe en Cristo Jesús; Iglesia Pentecostal de Jesucristo Ríos de Bendición; Iglesia Restauración Pentecostal (Venezuela); Iglesia Pentecostal de El Salvador del Nombre de Jesús; Iglesia de Dios Voz en el Desierto.

4. El *movimiento carismático o neopentecostalismo*[174] es un movimiento religioso surgido a partir de las iglesias evangélicas, bautistas, metodistas, presbiterianas, episcopales, luteranas y católica. Se caracteriza por introducir a sus respectivas iglesias elementos del pentecostalismo, como la doctrina del bautismo en el Espíritu Santo y algunos aspectos litúrgicos, sin abandonarlas del todo ni seguir el pentecostalismo clásico. Debido a lo anterior, es considerada la rama más nueva del pentecostalismo, y al igual que en las iglesias pentecostales que la preceden, sus miembros creen en el Bautismo en el Espíritu Santo. Variantes de este pentecostalismo han asimilado una Teología de la prosperidad y la Guerra espiritual.

Los carismáticos son miembros de denominaciones no pentecostales -incluyendo católicos, ortodoxos y algunas denominaciones protestantes- que tienen al menos algunas creencias pentecostales y participan en al menos algunas prácticas espirituales asociadas con el pen-

---

[173] Dos preclaros historiadores son: Maclovio Gaxiola López, Historia de la Iglesia Apostólica de la fe en Cristo Jesús de México, Miraflores, Baja California, IAFCJ, 1964 y Manuel J Gaxiola Gaxiola, La Serpiente y la Paloma: Historia, teología y Análisis de la Iglesia Apostólica de la Fe en Cristo Jesús, la denominación más antigua de México (1914-1994), México: IAFCJ, 2007

[174] Sobre el neopentecostalismo Cf.: Vinson Synan, *The Century of the Holy Spirit* [El Siglo del Espíritu Santo], Nashville,TN: Thomas Nelson Publishers, 2001; R.Bitun, *Igreja Mundial do Poder de Deus: rupturas e continuidades no campo religioso neopentecostal. 2007.* 210 f. Tese (Doutorado em Sociologia)–Pontifícia Universidade Católica de São Paulo, São Paulo, 2007; R. Bitun, "Continuidade nas Cissiparidades: Neopentecostalismo Brasileiro" en *Ciências Da Religião – História e Sociedade* Volume 8 • N. 2 • 2010: 123-154; J. R. L. Jardilino, *Sindicato de mágicos: um estudo de caso da eclesiologia neopentecostal.* São Paulo: Cepe, 1993; R. Mariano, *Neopentecostalismo: os pentecostais estão mudando. 1995.* Dissertação (Mestrado em Sociologia)–Departamento de Sociologia da Faculdade de Filosofia, Letras e Ciências Humanas, Universidade de São Paulo, São Paulo, 1995; R. Mariano, *Neopentecostais: sociologia do novo pentecostalismo no Brasil.* São Paulo: Loyola, 1999; R. Mariano, "*Um panorama do protestantismo brasileiro atual*". Cadernos do ISER, Rio de Janeiro, n. 22, 1989.

tecostalismo, incluyendo sanidad divina, profecía y hablar en lenguas. El movimiento carismático, a veces conocido como la *renovación carismática*, comenzó entre los protestantes en los EE.UU. en 1960 y se extendió a partes de la Iglesia Católica de Estados Unidos por el año 1967. El movimiento carismático también encuentra expresión en congregaciones independientes que han formado sus propias redes de iglesias afiliadas, similar a las Denominaciones establecidas. Estas redes de iglesias, como la Comunidad Cristiana La Viña, con sede en California, son distintas de las denominaciones pentecostales históricas. Son una continuación del pentecostalismo y una transformación del mismo[175]. Como lo ha hecho notar José Luis Rocha para Centroamérica, han caído en el gerencialismo y emprendedurismo, hijos de la razón instrumental y el neoliberalismo[176].

Algunas iglesias del movimiento carismático son: La Iglesia del Evangelio Pleno de Yoido - Corea del Sur; La Iglesia Lakewood - Estados Unidos; Iglesia de Dios Ministerial de Jesucristo Internacional – Colombia; El Rey Jesús - Estados Unidos; Iglesia evangélica Salem – España; Pueblo de Alabanza - Estados Unidos; Misión Carismática Internacional; Visión G12 – Colombia; Iglesia Universal del Reino de Dios – Brasil, Hosanna en Nicaragua, El Shaddai, la Casa de Dios y la Fraternidad Cristiana en Guatemala, el Tabernáculo del Avivamiento y el Ministerio COMPAZ en el Salvador, el Ministerio Internacional La Cosecha, el Ministerio Apostólico y Profético Mi viña, el Centro Cristiano Internacional, La Casa del Alfarero, La Reunión del Señor, La Iglesia Cántico Nuevo, el Ministerio

---

[175] Ese es el tratamiento que le da el sociólogo (ex pentecostal) William Mauricio Beltrán en Colombia, quien distingue 4 vertientes pentecostales: 1) *pentecostalismo exógeno* o clásico de origen norteamericano, 2) el *pentecostalismo endógeno* colombiano de origen más tardío, 3) los *movimientos carismáticos* nacidos en el seno de organizaciones protestantes históricas y evangélicas que han adoptado las estrategias pentecostales y 4) *pentecostalismos étnicos* que constituyen formas de "actualización" de las culturas ancestrales. William Mauricio Beltrán, *Del Monopolio Católico a la explosión pentecostal: Pluralización religiosa, secularización y Cambio Social en Colombia*. Bogotá, Colombia: UNC-Centro de Estudios Sociales, 2013: 148, 210.
[176] José Luis Rocha, "Sincretismo en la Centroamérica neoliberal: los pentecostalismos absorben y difunden la cultura gerencial y el pensamiento positivo", en Luis R. Huezo Mixco (compilador), *De las Misiones de Fe al Neopentecostalismo: Génesis y evolución del Protestantismo Salvadoreño, desde el siglo XIX hasta el Presente*. San Salvador: Secretaría de Cultura de la Presidencia, Universidad Evangélica de El Salvador, 2013: 271 - 228.

Internacional Shalom y Vida abundante en Honduras.. Suele incluirse a veces equivocadamente a Las comunidades renovadas como la Renovación Carismática Católica, y la Comunidad de La Palabra de Dios

Dos *variantes* del neo pentecostalismo, serían el pentecostalismo neo apostólico y las mal llamadas "agencias de cura divina".

5. El *pentecostalismo neo apostólico-profético* es de más reciente data. Está integrado por pentecostales clásicos y neo pentecostales que han asimilado la visión *restauracionista judía* y en gran parte asumen creencias y rituales cuasi judaizantes. Como los pentecostales modernos en sus orígenes, promueven la restauración de los carismas ministeriales de Efesios 4 (especialmente apóstoles y profetas) y la restauración de la iglesia primitiva teniendo a Israel como reloj escatológico. Predican el Reino de Dios aquí en la tierra (escatología realizada) y los más radicales, niegan la doctrina del rapto, la resurrección de Cristo y su segunda venida. Se identifican por eso como *preteristas*, porque afirman que Jesús ya vino por segunda vez y ya no vendrá más[177]. Se trata de un pensamiento postmoderno, pues según Josep Pico, "el pensamiento postmoderno se presenta, así como un intento de vislumbrar el futuro desde un mundo en el que ya ha ocurrido todo y ninguna utopía o razón queda por venir. La fuerza y plenitud de las cosas está en el presente, que se convierte en fugaz apariencia para el individuo, y eterna representación para una humanidad en la que lo siempre nuevo se convierte indefinidamente en siempre lo mismo". Desaparece así el concepto de historia como progreso de la razón y de transformación social, y se convierte en un presente cuya única finalidad es su propia reproducción[178].

Aunque existe una Coalición Internacional de Líderes Apostólicos

---

[177] Bernardo Campos, "*Paradigmas Neo Pentecostales en la Misión Latinoamericana: Micro tendencias en las teologías de misión y prácticas misioneras de los neo pentecostales en América Latina*" en Vinson Synan, Amos Yong, and Miguel Álvarez, (eds.), *Global Renewal Christianity: Spirit-Empowered Movements Past, Present, and Future, vol. II: Latin America* (Lake Mary, Fla.: Charisma House Publishers, 2016). Cf. También: Cf. Mi libro Bernardo Campos, *Visión de Reino: Apóstoles y Profetas en la historia del Cristianismo: Apreciación Fenomenológica de un Movimiento de Restauración y Reforma*. Lima, Perú: Bassel Publishers, 2009.

[178] Josep Pico (comp.) *Modernidad y Postmodernidad*. Madrid, Alianza, 1988: 48-49

(*International Coalition of Apostolic Leaders*: ICAL por sus siglas en inglés)[179] no hay organizaciones formales en este tipo de pentecostalismo. En su lugar se han levantado Ministerios personales de nombre propio y la feligresía se ha convertido en una masa de oyentes sin una identidad clara. Son conocidos, por ejemplo, el Ministerio de Rony Chaves en Costa Rica, el ministerio de Guillermo Maldonado en Miami, el ministerio de John Eckahard en Chicago, entre otros. Este pentecostalismo está al filo de la navaja porque al desterrar de su credo las dos columnas del cristianismo, la resurrección y la Parousía o segunda venida, se ha quedado fuera y es cuestión de tiempo y divulgación de sus convicciones preteristas, para que la cristiandad protestante la desconozca como parte de la familia de la fe.

6. Las *agencias de cura divina* o "*iso-pentecostalismos*". Las denomino así por estar en sintonía con algunas peculiaridades del pentecostalismo clásico, pero cuya identidad, aún en proceso de desarrollo, parece ser de naturaleza distinta. El Dr. Antonio G. Mendonça, los llama "*agencias de cura divina*"[180] por su énfasis en las sanidades o curaciones milagrosas, y porque esa es su oferta ante la demanda de bienes simbólicos de salvación por parte del pueblo. También Se le ha llamado un tanto abusivamente "*sindicato de magos*"[181] porque predomina la magia por sobre la religión[182] y porque más que a una iglesia se parecen a un sindicato. La mayor agencia brasileña de la sanidad divina es la *Iglesia Pentecostal "Dios es Amor"*, del fallecido

---

[179] Cf. http://www.icaleaders.com/
[180] Antonio G. Mendonça, "Evolução historica e configuração atual do protestantismo no Brasil", en A. G. Mendonça- Prócoro Velasques Filho, *Introdução ao Protestantismo no Brasil*. Sao Paulo, Brasil: Edições Loyola, 1990: 11-59.
[181] Antonio G. Mendonça, *Sindicato de mágicos: pentecostalismo e cura divina – desafio histórico para as igrejas*. Estudos da Religião, São Paulo, n. 8, p. 49-59, 1992.
[182] La diferencia entre magia y religión es muy sutil, y muy fácilmente los ritos religiosos se transforman en ejercicios de magia. La diferencia está en dónde se coloca la confianza, si es en Dios o en los mecanismos o instrumentos de mediación. Pablo A. Deiros, "Magia", *Diccionario Hispano-Americano de la Misión*. Versión electrónica: Ex libris eltropical, 2006:187

pastor David Miranda, que tiene números similares en grandes o pequeñas habitaciones dispersas en zonas dañadas o en los suburbios pobres de los grandes centros urbanos[183].

Su público busca desesperadamente los mínimos bienes de supervivencia, como la salud y el empleo. Es la religión de la angustia en palabras de Peter Fry. Atrae gente de muchas religiones y no requiere de las personas ningún compromiso a no ser la contraparte por las gracias recibidas. En milagro de sanidad divina es el fin, no el camino, como en las iglesias pentecostales[184]. Aunque comparte rasgos, la Iglesia Universal del Reino de Dios podría considerarse aquí. No obstante, creemos que con ella estamos ante una nueva manera de hacer religión en una sociedad capitalista, en la que el teatro y el mercado se han metido en el templo, como bien ha señalado Leonildo Silveira Campos[185]

---

[183] Juan Diego Demera Vargas. *"Dios es Amor" en Guanbiano o la forma de crear una nueva religión: La circulación de las prácticas rituales y las pertenencias étnicas*. Antipod. Rev. Antropol. Arqueol. [online]. 2006, n.2 [consultado el 19-12-2015], pp. 253-273.Disponible en: <http://www.scielo.org.co/scielo.php?script=sci_arttext&pid=S1900-54072006000100014& lng=en&nrm=iso>. ISSN 1900-5407.
[184] Rogério da Silva Cardoso, *Agência de curas divinas e organizações paraeclesiásticas* en: http://bereianos. blogspot.pe/2013/06/agencia-de-curas-divinas-e-organizacoes.html
[185] Para Leonildo Silveira Campos, la Iglesia Universal del Reino de Dios (IURD) escapa a las tentativas de encuadramiento y comprensión de fenómenos culturales y religiosos en general. Cf. Leonildo Silveira Campos, *Teatro, Templo y Mercado Comunicación y marketing de los nuevos pentecostales en América Latina* Quito-Ecuador, Ediciones Abya-Yala, 2000:64-65

EPILOGO
HACIA UN CRISTIANISMO GLOBAL

¿Hacia dónde va la espiritualidad religiosa en el mundo? ¿Tiene futuro el cristianismo, así como está, dividido y fragmentado? ¿Podemos decir que –ahora sí— ha llegado el fin del denominacionalismo o del confesionalismo? ¿Qué cambios radicales habrá que introducir en el mundo, después de más de dos mil años de historia cristiana? ¿Cómo se libra una propuesta global de una visión imperialista?

El teólogo Jorge Costadoat, SJ., en un artículo titulado *Un futuro para el cristianismo* se pregunta lo mismo. Y responde de manera contundente:

> Supuesta una noción de Cristo suficientemente ortodoxa y adecuada a los tiempos precisos, el cristianismo se juega en una identificación personal con Jesús y en la asimilación práctica de su causa. Más que una *noción* de Dios la fe cristiana es una *versión* de Dios. Qué es Beethoven sin un pianista que lo interprete... ¿Y puede haber algo más opuesto a la interpretación que la copia, la reproducción literal? El futuro del cristianismo pende de la interpretación que los cristianos hagan de Cristo. ¿Serán estos capaces de abrirse a la nueva era, de encarnarse en ella, de correr con ella el riesgo del fracaso que la amenaza? ¿Podrán verter a Cristo en un arte nuevo, en una nueva moral, en una esperanza alternativa de mundo? No es aventurado pensar que si el cristianismo agota su creatividad, si opta por la falsa seguridad de la copia tradicionalista, por la condena a priori de cualquier novedad, si renuncia al Espíritu, no servirá más que como texto de estudio de arqueólogos o, en el mejor de los casos, ofrecerá sus templos de museo. La creatividad, como el Espíritu, es inherente al cristianismo. Sin el Espíritu, Jesús no habría inventado el camino de regreso a su Padre entre la Encarnación y la Pascua, pero tampoco habría sido posible la libertad que proviene de él para que el cristiano, *alter Christus*, haga su propia historia. La pertinencia de la fe cristiana depende de la teoría, pero en última ins-

tancia proviene del Espíritu que inspira en el cristiano, con originalidad, la praxis de Jesús. La fe en la Encarnación, en los tiempos nuevos, pide a los cristianos protagonismo[186]

Y en otro párrafo conmovedor, Costadoat, desde lo profundo y como un cristiano coherente con lo que enseña la Biblia, dice:

> La historia parece perdida. Los poderosos son cada vez más ricos. La multiplicación de las espiritualidades no es garantía de nada. En varios casos es otro buen negocio. A los cristianos toca elegir la diferencia, mejor dicho inventarla. Lo harán si atinan con su misión y su identidad. La misión es la liberación, la identidad es la libertad. A la identidad se llega por la misión y a la misión por la identidad: la libertad de los hijos de Dios, como fraternidad y no como individualismo, es condición y meta. En camino tras la liberación de la humanidad del dolor y de la culpa que culmina en la cruz, Jesús se supo el Hijo amado y uno con su Padre desde siempre. Pero de aquí extrajo el amor, la confianza, la valentía, el juego, la poesía, en una palabra, la libertad que le llevaron a interesarse desinteresadamente por un prójimo tan personal como universal. Sobre esta pista los cristianos descubrirán que el núcleo de la libertad es la gratuidad. La pista es experimentar a Dios como un Padre que, entre la Encarnación y la Pascua, se percibe como puro amor gratuito, como pura autoridad y pura autorización, para que sus hijos se responsabilicen de un mundo que, habiendo sido creado para ser compartido, es tristemente disputado.[187]

Por su parte Martin Velasco, interpretando la situación mundial, ve que estamos pasando por una *"metamorfosis de lo sagrado"*[188]. Siguiendo a Karl Rahner, señala que el «El cristiano del mañana o será místico o no será cristiano». Con el término místico no designaba Rahner al sujeto de experiencias extraordinarias, sino al creyente que, en medio de la vida,

---

[186] Jorge Costadoat, *Un futuro para el Cristianismo*. Biblioteca Católica Digital en: http://www.mercaba.org/FICHAS/Teologia_latina/futuro_para_el_cristianismo.htm
[187] Ibid.:13

[188] Velasco, Juan Martín *Metamorfosis de lo sagrado y futuro del cristianismo*, "Selecciones de Teología" 150 (1999) 127-146

hace la experiencia personal de su fe. ¿Será esa mística la pentecostalidad, donde lo extraordinario se expresa en lo ordinario, lo divino se epifaniza en lo humano?

Para Velasco, el *problema fundamental* de las religiones en las sociedades modernas no es la crisis de determinadas mediaciones -creencias, prácticas rituales, constelaciones simbólicas, organizaciones institucionales, comportamientos morales-. El problema decisivo, aquél en función del cual se juega *el ser o no ser de las religiones,* reside en si es posible el reconocimiento de *la absoluta Trascendencia de Dios* sin menoscabo de la condición de persona del ser humano, de su legítima autonomía, de su inviolable dignidad. Con la modernidad y postmodernidad el hombre se ha vuelto en el centro de sí mismo y desde dentro de sí mismo busca autónomamente ser Dios. Precisamente esta es la crítica a la modernidad que hace Alain Touraine. Esa pérdida de la trascendencia expresada en la afirmación del Yo humano que reemplaza la unidad de un mundo creado por voluntad divina por la razón o la historia, la racionalización y la subjetivación[189].

La institucionalización que han impuesto al cristianismo siglos de convivencia y contaminación con la organización de la sociedad secular exige, dice Martin Velasco, una reconversión. Se trata de pasar del *modelo de Iglesia-sociedad perfecto*, con un predominio absoluto de la jerarquía convertida en su centro, al *modelo de fraternidad, propuesto por el NT*, comunidad de hijos del Padre común, iguales en dignidad y en derechos; todos activos y corresponsables, dotados de diferentes carismas y destinados a diferentes ministerios, pero puestos todos al servicio del Reino a través del servicio a los hermanos y al mundo[190].

> El futuro del cristianismo dependerá de la manera cómo responda al desafío de la justicia. Si el cristianismo quiere seguir conduciendo a los humanos hacia el futuro de Dios, debe recuperar la capacidad humanizadora, la dimensión ética, el lado práctico y «político» que le es consustancial. Porque, si es verdad que «quien no ama no conoce a Dios» (1 Jn 4,8), la situación de injusticia exige de los cristianos que se conviertan en un «grupo profético de choque» (Maritain) que, con su forma de vida y con las opciones que toma, lucha contra la injusticia y colabora con

---

[189] Alain Touraine, *Crítica de la Modernidad* México: FCE, ³2012: 227
[190] Martin Velasco, op.cit.:15

> las mujeres y hombres en la promoción de todas las causas justas: la transformación de la propia vida en el sentido de la solidaridad y la transformación de las estructuras sociales hasta ponerlas al servicio de todos los seres humanos, en especial de lo excluidos por el sistema imperante.[191]

Avanzamos hacia una globalización de la pentecostalidad, hacia una espiritualidad no confesional. La pentecostalidad no es solo una *notae* de la iglesia, sino una realidad sobrenatural del Espíritu de Dios que empuja a la creación entera, hacia la reunión con él. Y eso supone además de una confesión de fe, una praxis de transformación social de cara al Reino de Dios.

Si esa pentecostalidad, traiciona el sentido de la praxis apostólica de sus orígenes, que fue una praxis solidaria, atenta a los cambios sociales, entonces esa pentecostalidad será espuria alejada de los principios de Jesús. El futuro de los pentecostalismos dependerá de la forma cómo respondan a los desafíos sociales y políticos de un mundo en transformación acelerada[192]. Daniel H. Levine, hablando sobre el futuro del cristianismo en Latinoamérica, resalta precisamente *el papel de los pentecostales* en un contexto de competencia política y pluralismo:

> La cara pública de la religión en América Latina ha sido transformada en la última mitad de siglo, con importantes implicancias para el futuro. La cristiandad del futuro estará marcada por una competición vigorosa y un creciente pluralismo en una sociedad civil y un orden político cada vez más abiertos y competitivos. Los orígenes de esta diversidad se encuentran en los cambios dentro del catolicismo largamente dominante de la región, combinado con el *surgimiento de nuevas iglesias protestantes, en particular, Pentecostales*. Ambas tendencias adquieren sentido en el contexto de transformaciones sociales y políticas que han desplazado a países importantes de la región de la guerra civil y el autoritarismo hacia la política competitiva, lo que *atrae a las iglesias hacia el espacio público en nuevas formas*. El impacto de la violencia sobre las iglesias se ve en la nueva apertura hacia cuestiones de derechos y libertad de organización, pero

---

[191] Ibid.:16
[192] Cf. Luis Orellana, *The Future of Pentecostalism in Latin America*, in: Synan, Vinson *Spirit-empowered Christianity in the twenty-first century* (1st ed). Charisma House, Lake Mary, Fla, 2011:107-126

también en *un retiro del compromiso político directo y una diversificación de las posiciones políticas de todas las iglesias*[193].

Igual análisis hace el Dr. Oscar Corvalán, catedrático pentecostal en la Universidad de Talca, Chile, y el Dr. José Míguez Bonino, extinto profesor de ISEDET en Argentina. En una lectura global de cambios y transformaciones en la región, Corvalán señala que,

> El futuro del pentecostalismo en particular dependerá de la forma cómo responda y ponga un mayor interés en problemáticas relativas a la gestión y preservación de la naturaleza, a los pueblos originarios desplazados de su hábitat, una mejor comprensión y acción más eficaz para acoger a drogadictos, alcohólicos, autistas, minusválidos y otros grupos socialmente discriminados [194].

Míguez Bonino se pregunta si no están los pentecostales condenados a los mecanismos de rutinización y burocratización descritos por Weber, que lo conducen a imitar a las "iglesias tradicionales"[195]. Una posibilidad teológica de salida, es –según Míguez--que al menos los pentecostales, ya que es tarea de todos, amplíen su *teología del Espíritu* en términos más globales que incluya la creación entera y la realidad social (como hemos sugerido nosotros en este libro) en el marco de una comunidad trinitaria (perijóresis) como ha sugerido Leonardo Boff[196] y Amos Yong[197] al hablar de la interrelación entre el Padre, el Hijo y el Espíritu. La comunión trinitaria es para Yong la base para una liberación social e integral y para una praxis cristiana comprometida desde una pneumatología del amor[198].

---

[193] Daniel H. Levine, *The Future of Christianity in Latin America"*. Working Paper #340. Kellog Institute: August 2007:1-43 (subrayado mío)

[194] Oscar Corvalán Vásquez, "Notas sobre el Futuro de los Pentecostales Latinoamericanos en su Transisión de Movimiento Social a la Constitución de Iglesias Cristianas" en David Mesquiati Oliveira (org) *Pentecostalismos e Transformação Social*. Sao Paulo: Fonte Editorial, 2013:195-213. En esa misma línea: Míguez Bonino, José, "El Futuro del Protestantismo", en Fraternidad Teológica Latinoamericana, Boletín *Teológico*, Buenos Aires, Año XXIII, N° 42-43 Setiembre (1991)155-157.

[195] Míguez Bonino, José, *Rostros del protestantismo latinoamericano*, Nueva Creación, Buenos Aires, 1995:105-106

[196] Leonardo Boff, *La Trinidad, la Sociedad y la Liberación.* Buenos Aires: Eds. Paulinas, 1987: 167-190 [capítulo dedicado a la *perijóresis*]

[197] Amos Yong, *Spirit of Love. A Trinitaria Theology of Grace*. Texas, USA: Baylor University Press, 2012: 59-112

[198] Ibid: 153-166ss

Desde que Cristo Jesús murió y resucitó, el camino al Padre ha quedado expedito. Ahora tenemos acceso directo al Padre y podemos decirle "papá", papito. Podemos entrar en su santuario y conversar con él cara a cara. Tenemos los "cielos abiertos" para establecer una comunicación con él (Juan 1: 51). Estamos regresando simbólica y espiritualmente al Paraíso. Hemos ascendido figurativamente al Monte de la Transfiguración. Hemos entrado en su morada. Sin embargo, tenemos que descender con poder para transformar el mundo, y cumplir así la misión de Cristo de discipular a las naciones. El que se viene, o al que vamos, como ha insistido Amos Yong[199], en muchos de sus libros es un cristianismo global, planetario, universal. La Teología que dé cuenta de esa magnitud, debe poder ser también global.

Hoy por hoy la humanidad tiene conciencia de la necesidad de proclamar la universalidad de valores éticos que, respetando la multiculturalidad, trasciendan los propios valores epocales y converjan en unos principios comunes inherentes a todo ser humano, más allá de su raza, cultura o credo. Esta es la propuesta de *una ética universal*[200]. Esta opción ética no es una opción más, sino la única capaz de dar a la sociedad una sostenibilidad en la paz y la dignidad humana. Sin ella, ni sistemas sociales, ni económicos, ni avances científicos ni tecnológicos garantizan la paz ni un auténtico desarrollo de los pueblos de la Tierra.

El filósofo holandés Baruj Spinoza (1632-1677), padre del pensamiento moderno, fue tal vez el que planteó el proyecto de una ética universal[201], mediante el uso exclusivo de la razón[202] Según la visión moderna,

> Es posible consolidar una ética universal al margen de la idea de Dios. Semejante idea está sustentada a través de la racionalidad del hombre. Por medio de la razón, el hombre es capaz de vincularse a los demás hombres a través de la amistad y la generosidad. Siendo estos dos últimos conceptos, bases fundamentales de la propuesta ética de Spinoza, servirán de apoyo a la tesis aquí sugerida, así como los conceptos de: razón, virtud, entendimiento y conocimiento que no van en contra de la propuesta aquí

---

[199] Amos Yong, *The Spirit Poured Out on All Flesh. Pentecostalism and the Possibility of Global Theology.* Grand Rapids: Baker Academic, 2005: 167-234.
[200] http://www.eticauniversal.net/
[201] http://www.eticauniversal.net/2009/05/presentacion-del-proyecto.html
[202] Baruc Spinoza *Ética demostrada según el orden geométrico.* Edición y traducción de Atilano Domínguez. Editorial Trotta: Madrid, 2005

planteada, sino que por el contrario, pueden ser utilizados para demostrar la teoría de que es posible una ética universal al margen de la idea de Dios[203].

Desde la teología Hans Kung, desde el diálogo entre las religiones, se viene haciendo un llamado a construir, una ética y una teología universales que permitan el encuentro entre los seres humanos, empezando al menos por las religiones abrahámicas: judaísmo, islam y cristianismo.

De acuerdo con la declaración de principios de la *Red Internacional para una ética Universal*, se hace necesario entender el vínculo y unidad esencial existente entre todos los seres humanos más allá de sus razas, creencias y condiciones sociales; entender la humanidad como una gran familia donde debe reinar la paz, el entendimiento y la solidaridad. El espíritu de fraternidad se apoya en el reconocimiento de la dignidad de todo ser humano, de su libertad para elegir su vida y sus creencias en el marco natural de respeto a los valores universales y los derechos humanos.

Naturalmente esto supone una voluntad general y una propuesta política global, como propone por ejemplo el Dr. José María Ovando Garrido.

> La Americanidad es la manifestación cultural de América para el mundo, que se pone al servicio de la humanidad pues está motivada por alcanzar la paz universal y quiere evitar toda forma de opresión, explotación, dominio imperial, belicismo y economicismo utilitarista y excluyente. Propone el gobierno del mundo por una asamblea de repúblicas cooperantes, dotada de funciones, organización y medios de ejecución. Para la Americanidad las repúblicas deben congregarse en una asamblea general actuante y operativa de servicio a la humanidad, que emplee y distribuya los bienes materiales equitativamente y realice la justicia de la vida humana. Persigue la comunidad de repúblicas, con su órgano de decisión, dirección, coordinación y ejecución, concertar idénticos compromisos y derechos para que la humanidad logre la convivencia, las buenas relaciones y el mutuo apoyo para resolver las necesidades humanas, suprimir la beligerancia, la hegemonía política y económica y regular la producción, el mercado y los convenios comerciales, sociales y culturales. La uni-

---

[203] Ricardo Cruz, "¿Es posible una Ética Universal?". Universidad el Minuto de Dios, en: http://www.saga. unal.edu.co/etexts/PDF/Ponencias2010/WalterCruz.pdf

dad de repúblicas será armonizada por la moral universal, el derecho internacional, la política y la seguridad de las relaciones, cuyo propósito precisa obtener el derecho y la justicia común de la humanidad. Así como el hombre precisa de la sociedad para su realización en el mundo, de igual manera la sociedad republicana requiere de la fortaleza de las naciones que conjuntamente puedan activar planes de progreso general de alta generosidad y altruismo, que propicien la realización de la persona y los fines de felicidad material y espiritual de la humanidad. La cooperación de las repúblicas facilita las funciones de los gobiernos nacionales, el orden social y económico y hace viable la ecumenicidad del género humano.

Semejante utopía podría convertirse en un proyecto histórico viable, pero contamos con la maldad instalada en el mundo. ¿Qué ser humano, qué institución pública, qué estado mundial podría librarnos del imperialismo y de afanes hegemónicos? Creemos que ninguno sería capaz de establecer un gobierno mundial de paz para una justa distribución de las riquezas. Habría que empezar por distribuir las que ya tenemos para lograr la justicia social, sin la cual es imposible ni el desarrollo ni la paz mundial.

Una ética y una moral universalidad no serán posibles, a mi juicio, únicamente a base de la razón pura (Spinoza)[204], ni al margen del cristianismo, sino de una razón en diálogo con una teología pública global. Puede servir como precedente la Teología de la unidad: la "reunión de todas las cosas en Cristo" (anaquefalíosis) como ya habían anticipado José Míguez Bonino[205] y Jorge León[206] en los 70s. Igualmente el urgente llamado de Hans Kung[207] a una *Teología universal*.

---

[204] Ricardo Cruz, "¿Es posible una Ética Universal?". Universidad el Minuto de Dios, en: http://www.saga.unal.edu.co/etexts/PDF/Ponencias2010/WalterCruz.pdf
[205] Míguez Bonino, José, *Integración Humana y Unidad Cristiana*, Seminario Evangélico de Puerto Rico, Puerto Rico, 1969
[206] Jorge León, *Teología de la Unidad*. Buenos Aires, Argentina: Ediciones La Aurora, 1971
[207] H. Kung, *Hacia una Teología Universal,* Video en https://www.youtube.com/embed/dB9OXZSC3yk?showinfo=0&rel=0&autoplay=1 (Parte I - Emisión del día 17-06-2011 - 26:14 min. y Parte II - Emisión del día 01-07-2011 - 21:05 min.); Hans Küng, *El cristianismo y las grandes religiones. Hacia el diálogo con el islam, el hinduismo y el budismo.* Madrid: Ediciones Cristiandad, 1993.

Una Teología de la unidad de Dios en Cristo debe tomar en cuenta que, al final de la historia (Telos), todos seremos uno en Dios, como el apóstol San Pablo lo señaló a los corintios:

> Porque, así como en Adán todos mueren, también en Cristo todos serán vivificados. Pero cada uno en su debido orden: Cristo, las primicias; luego los que son de Cristo, en su venida. Luego el fin, cuando entregue el reino al Dios y Padre, cuando haya suprimido todo dominio, toda autoridad y potencia. Porque preciso es que él reine hasta que haya puesto a todos sus enemigos debajo de sus pies. Y el postrer enemigo que será destruido es la muerte. Porque todas las cosas las sujetó debajo de sus pies. Y cuando dice que todas las cosas han sido sujetadas a él, claramente se exceptúa aquel que sujetó a él todas las cosas. Pero luego que todas las cosas le estén sujetas, entonces también el Hijo mismo se sujetará al que le sujetó a él todas las cosas, para que Dios sea todo en todos (1 Corintios 15: 22-28)

La unidad *en* el Espíritu y *por* el Espíritu –en cuanto es el Espíritu de Cristo– es la que hará posible la paz entre las naciones, como preparación para el definitivo reinado universal de Dios, concepto que ha llevado a Eldin Villafañe a articular una ética social latinoamericana[208]. En tal sentido, la Pentecostalidad *apunta* en esa dirección, en la ruta de regreso al Padre, por el espíritu de Cristo (conciencia mesiánica) que mora en nosotros.

Una teología de la pentecostalidad, de camino a una práctica de la pentecostalidad universal, debe entrar en *diálogo* con la larga tradición de la teología y de la religión *natural*. Solo así, la teología *revelada* podrá ser capaz de comunicarse con la secularidad para no quedarse hablando sola sobre cuestiones que interesan sólo a los creyentes.

Para el efecto la teología universal de la pentecostalidad deberá tomar en cuenta las recomendaciones de Habermas sobre la participación de la iglesia en la vida púbica. Mediante el uso de una glosolalia simbólica, la pentecostalidad universal debe ser capaz de establecer puentes de diálogo con la comunidad universal para traducir el mensaje del Mesías y de su Reino definitivo, universal, en el mundo.

---

[208] Eldin Villafañe, *El Espíritu Liberador: Hacia una Ética Social Pentecostal Latinoamericana*. Bs. As-Grand Rapids: Nueva Creación y William B. Eerdmans Publishing Company, 1996: *In toto.*

Habermas, en su «*Religion in the Public Sphere*»[209] publicado en inglés el 2006, empieza por destacar el papel de las Iglesias y de las organizaciones religiosas en el desarrollo de la democracia y de los derechos civiles y hace especial mención del papel de estas organizaciones en Estados Unidos, aunque también menciona el papel de las Iglesias en los totalitarismos y contra los derechos civiles.

Habermas subraya de manera muy positiva el papel de las Iglesias en las democracias constitucionales actuales, al prestar una valiosa contribución a la estabilidad y al avance de la cultura política liberal. Llama la atención además sobre las exigencias que suponen para los ciudadanos las condiciones que imponen los defensores de la idea de la *razón pública*, ya sea en la versión de Robert Audi[210] o la de John Rawls[211]. Porque si además de que el Estado haya de permanecer neutral para garantizar la libertad religiosa se exige a los ciudadanos que suplementen sus declaraciones públicas acerca de *sus convicciones religiosas* con declaraciones equivalentes en un lenguaje no religioso accesible para todos, entonces lo que estamos haciendo es plantear que cuando los ciudadanos religiosos actúen como votantes, lo hagan guiados en última instancia por consideraciones laicas. Esto, según Habermas, equivale a ignorar cuáles son «las realidades de una vida devota, de una existencia basada en las creencias». Y, añade, «el Estado liberal no debe transformar el requisito de la separación institucional entre religión y política en una carga psicológica y mental indebida para aquellos ciudadanos que sigan una fe»[212].

Se exige a los creyentes la capacidad de considerar reflexivamente su propia fe y relacionarla con puntos de vista no religiosos, algo así como «una condición institucional de traducción». La *traducción* ha de ser concebida como una tarea *cooperativa* en la que han de participar los ciudadanos no religiosos, porque de otro modo se estaría creando una

---

[209] Jürgen Habermas, "Religion in the Public Sphere", *European Journal of Philosophy*, 2006ª 14:1, 1-25; Cf. También: Jürgen Habermas, *Entre naturalismo y religión*, Barcelona, Paidós Ibérica.2006b

[210] Robert Audi, «The Separation of Church and State and the Obligations of Citizenship», *Philosophy and Public Affairs, vol. 18*, n.º 3, (1989): 259-296; Robert, Audi, *Religious Commitment and Secular Reason,*Cambridge Univ. Press. 2000.

[211] John Rawls, *El liberalismo político*, trad. cast. de A. Doménech, Barcelona, Crítica.1996; John, Rawls, «Una revisión de la idea de razón pública», en *El derecho de gentes y una revisión de la idea de razón pública*, Barcelona, Paidós. 2001.

[212] Habermas, 2006b: 9-10

situación asimétrica al imponer una carga adicional a los religiosos. Sin esa traducción, los argumentos procedentes de los religiosos no serían tomados en cuenta en la agenda política.

Habermas afirma que el Estado liberal tiene interés en la participación pública y política de las voces religiosas, sin constricciones, porque esos ciudadanos pese a su lenguaje religioso se entienden a sí mismos como parte de una *civitas* terrena, lo cual les legitima para ser autores de las leyes que han de obedecer, aunque el lenguaje religioso implique siempre la necesidad de respetar la «condición de traducción» con fines al diálogo[213].

A continuación, en las páginas siguientes, presentamos algunos gráficos que ayudarán a visualizar el desarrollo histórico del cristianismo y en particular del protestantismo. En orden de presentación, están:

CUADROS Y GRAFICAS

- CUADRO 1: CORRIENTES DEL CRISTIANISMO PRIMITIVO
- CUADRO 2: RAMAS DEL PROTESTANTISMO
- CUADRO 3: RAMAS DEL CRISTIANISMO MUNDIAL
- CUADRO 4: LINEAS HISTORICAS DEL PROTESTANTISMO
- CUADRO 5: TIPOS IDEALES EN LA TENSIÓN "IGLESIA - SECTA"

---

[213] Ibid.

CUADRO 1: CORRIENTES DEL CRISTIANISMO PRIMITIVO

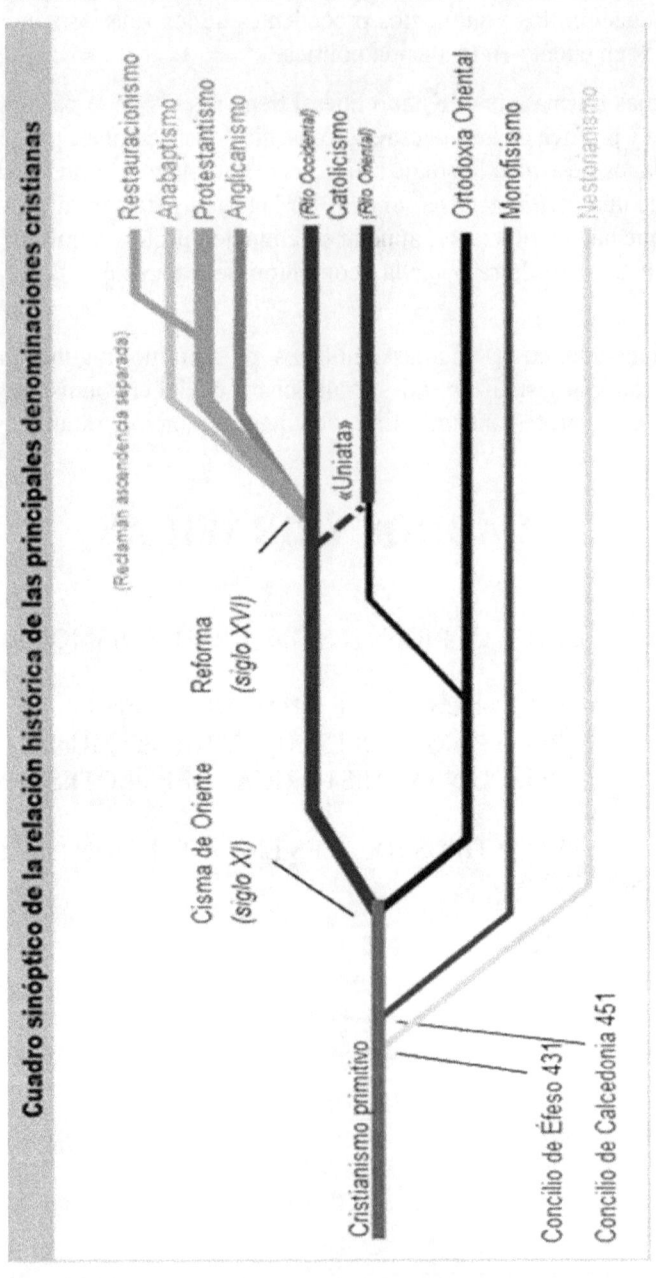

Fuente: https://es.wikipedia.org/wiki/Cristianismo

CUADRO 2: RAMAS DEL PROTESTANTISMO

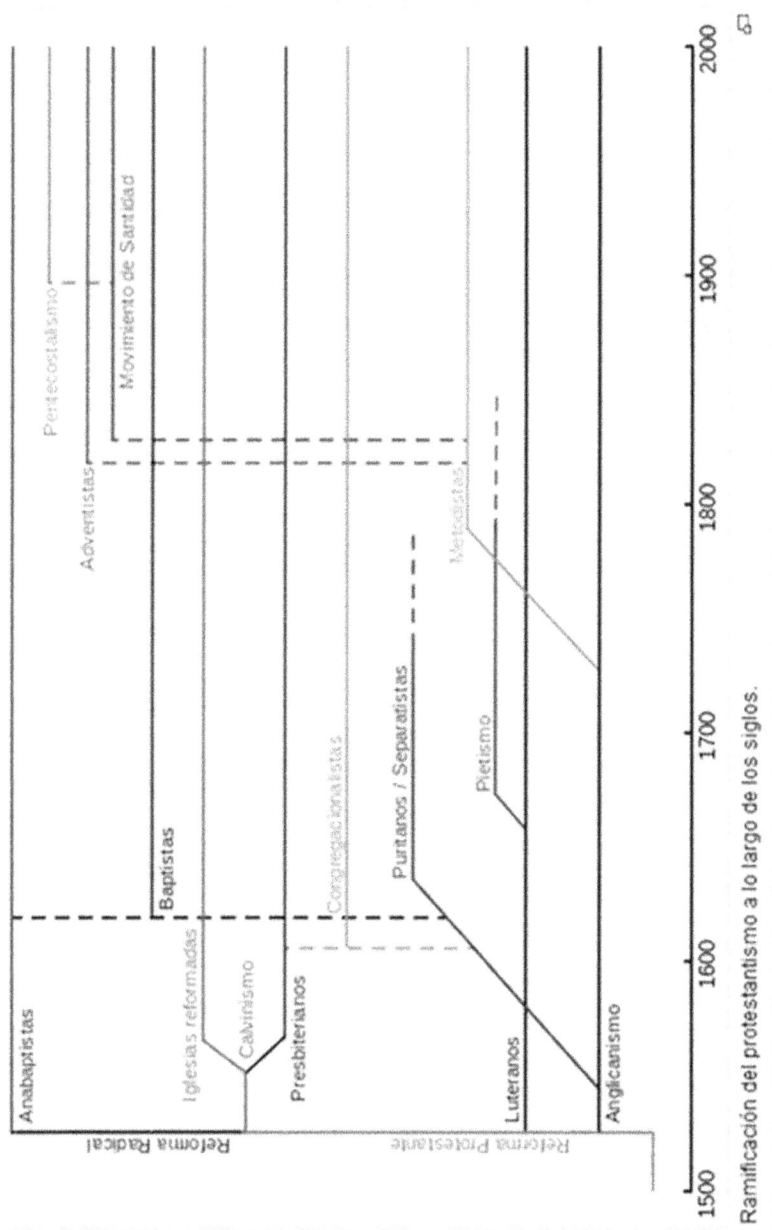

Fuente: https://es.wikipedia.org/wiki/Cristianismo

CUADRO 3: RAMAS DEL CRISTIANISMO MUNDIAL

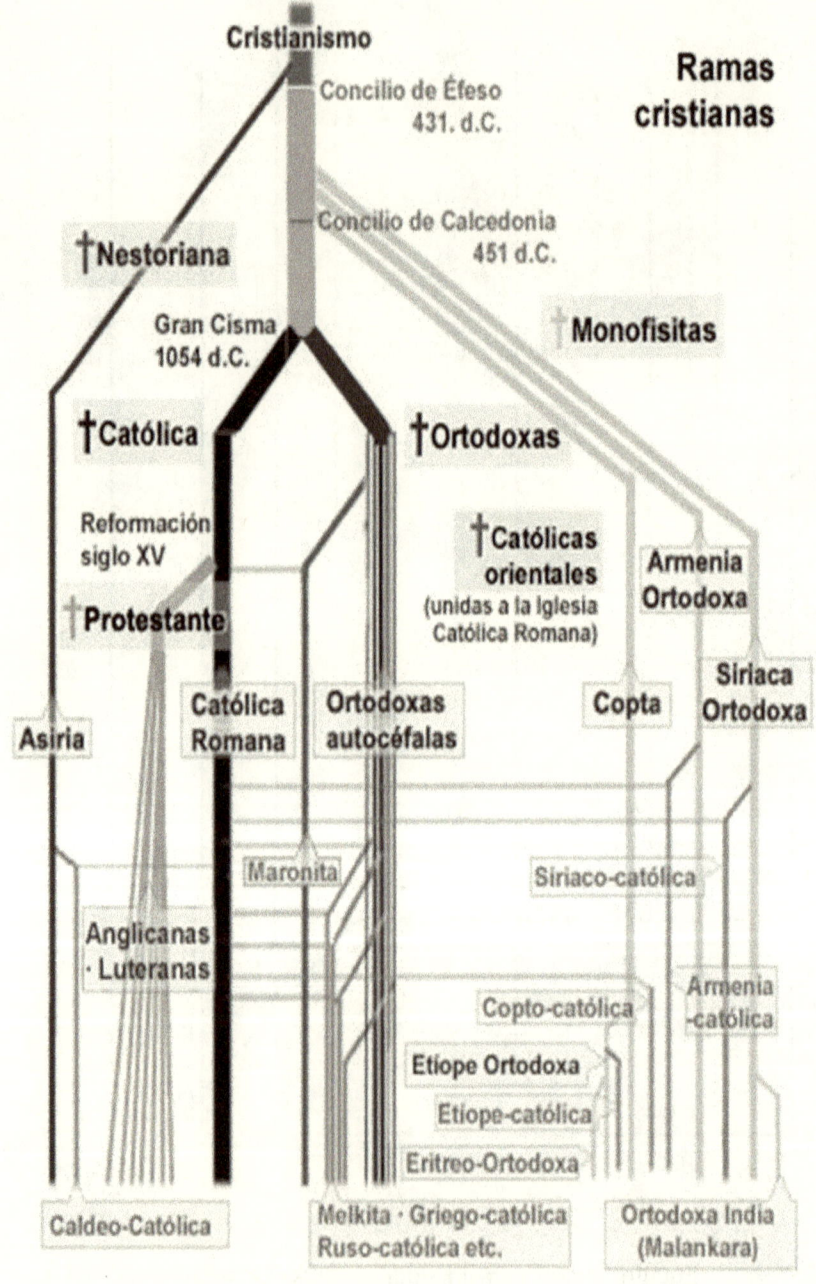

Fuente: https://es.wikipedia.org/wiki/Cristianismo

CUADRO 4: LINEAS HISTORICAS DEL PROTESTANTISMO
P. Prudencio Damboriena

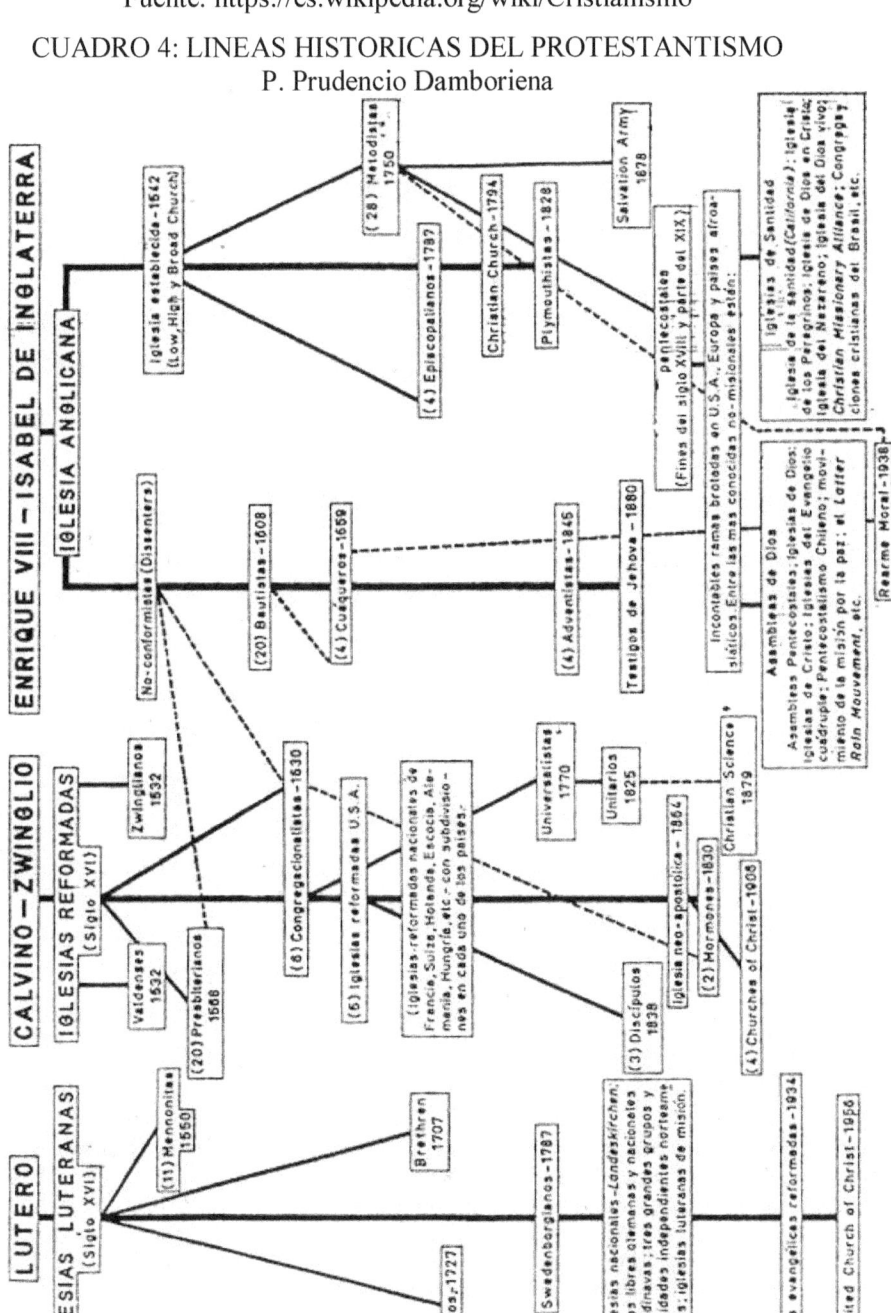

CUADRO 5: TIPOS IDEALES DE LA TENSIÓN "IGLESIA-SECTA"[214]

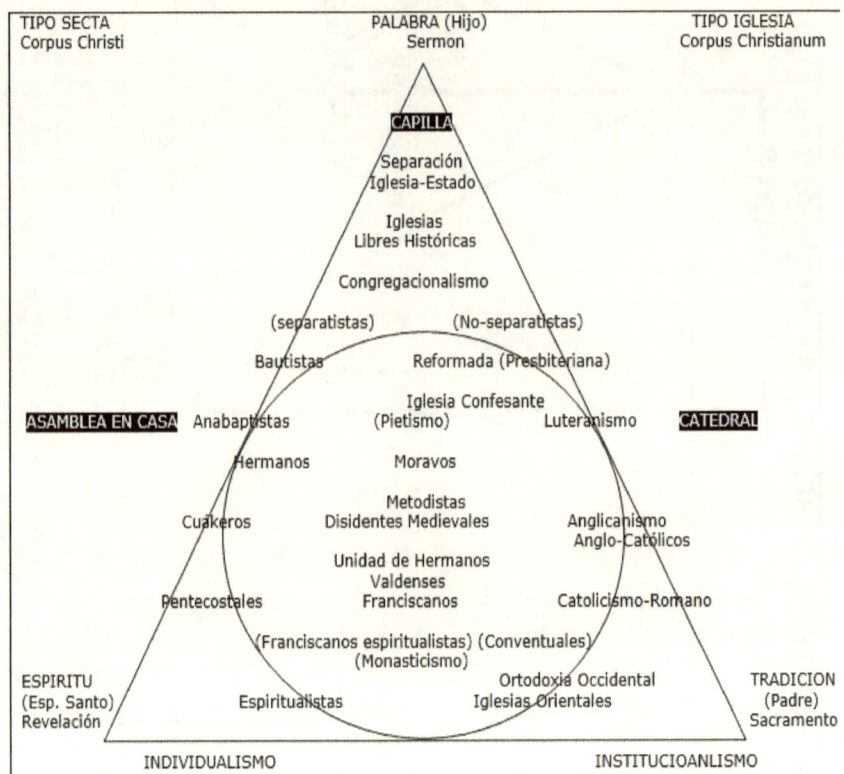

---

[214] Tomado de Donald F. Durnbaugh, *The Believers' Church: The History and character of Radical Protestantism*. London: The Macmillan Company, 1968: 31. El Diagrama de Durnbaug ha sido construido sobre las taxonomías de Lesslie Newbigin, *The Household of God*. New York: Friendship Press, 1954 y Troeltsch, Ernst. *The Social Teaching of the Christian Churches* (2 Volumes). Translated by Olive Wyon. Louisville, Kentucky: Westminster/John Knox Press.1912 [English Translation 1931, Reprint 1992].

BIBLIOGRAFIA

Aguirre Monasterio, Rafael - Carmona, Antonio Rodríguez (eds.) *La investigación de los evangelios sinópticos y Hechos de los Apóstoles en el siglo XX.* Navarra, España: Ed. Verbo Divino, 1996.

Aguirre Monasterio, Rafael - Carmona, Antonio Rodríguez *Evangelios Sinópticos y Hechos de los Apóstoles.* Navarra, España: Ed. Verbo Divino, 1992.

Ajith, Fernando, *The NIV Application Commentary: Acts.* Grand Rapids: Zondervan, 1998

Alencar, Gedeon. *Assembleias de Deus. Origem, implantação e Militancia (1911-1946).* Sao Paulo: Arte editorial, 2010: 107-103.

Álvarez, Carmelo (editor), *Pentecostalismo y Liberación. Una experiencia Latinoamericana.* Costa Rica: DEI, 1992.

Anderson, Allan et.al. *Varieties, Taxonomies, and Definitions en Studying Global Pentecostalism Theories and Methods* Edited by Allan Anderson, Michael Bergunder, André Droogers, and Cornelis van der Laan. Berkeley Los Ángeles London: University of California Press, 2010: 18-29,

Anderson, Allan-Bergunder, Michael, Droogers, André and Van der Laan, Cornelis (Eds). *Studying Global Pentecostalism: Theories and Methods*, Berkeley Los Ángeles London: University of California Press, 2010

Arboleda Pariona, Samuel, *La Unción del Santo.* Lima, Perú: Centro Apostólico Misionero Ríos de Agua Viva, 2004

Archer, Kenneth J. *A Pentecostal Hermeneutic: Spirit, Scripture and Community.* Cleveland, Tennessee USA: CPT Press, 2009.

Arent, Hannah *The Origins of Totalitarism.* New York: Schocken, 2004.

Aristóteles, *Retorica.* Madrid: Ed. Gredos, 1999

Assmann, Hugo *Opresión-Liberación. Desafío a los cristianos.* Ed. Tierra Nueva, Montevideo 1971

Audi, Robert. «The Separation of Church and State and the Obligations of Citizenship», *Philosophy and Public Affaires*, vol. 18, n.º 3, (1989) pp. 259-296.

Audi, Robert. *Religious Commitment and Secular Reason*, Cambridge Univ. Press, 2000.

Barros, Marcelo "Escucha la trompeta del Espíritu: Para que vivamos una espiritualidad del Jubileo" *Revista RIBLA Nro. 33* (octubre 1999) 175-182.

Bastián, Jean-Pierre "De los protestantismos históricos a los pentecostalismos latinoamericanos: análisis de una mutación religiosa" en Luis R. Huezo Mixco (compilador), *De las Misiones de Fe al Neopentecostalismo: Génesis y evolución del Protestantismo Salvadoreño, desde el siglo XIX hasta el Presente*. San Salvador: Secretaría de Cultura de la Presidencia, Universidad Evangélica de El Salvador, 2013.

Bastián, Jean-Pierre *La mutación religiosa de América Latina*, México, Fondo de Cultura Económica, (1997) 2003.

Bauckham, Richard. *El Dios crucificado: Monoteismo y Cristología en el Nuevo Testamento*. Barce-lona: Editorial CLIE, 2003

Berger, Peter & Luckmann, Thomas. *La construcción social de la realidad*. Buenos Aires: Editorial Amorrortu 2001.

Bernard, David *The Oneness of God*, en: <http://web.ar-chive.org/web/20090 621070 951/ http://ourworld. compuserve.com/homepages/pentecostal/one-Top. htm. (Consultado el 17.12.2015.

Bitun, R. "Continuidade nas Cissiparidades: Neopentecostalismo Brasileiro" en *Ciências Da Religião – História e Sociedade* Volume 8 • N. 2 • 2010: 123-154.

Bitun, R. *Igreja Mundial do Poder de Deus: rupturas e continuidades no campo religioso neopentecostal*. 2007. 210 f. Tese (Doutorado em Sociologia) –Pontifícia Universidade Católica de São Paulo, São Paulo, 2007.

Bock, Darrell L. Baker *Exegetical Commentary on the New Testament: Acts*. Grand Rapids: Baker Academic, 2007.

Boff, Leonardo. *La Trinidad, la Sociedad y la Liberación*. Buenos Aires: Eds. Paulinas, 1987.

Braclay, William *Comentario al Libro de los Hechos de los Apóstoles 2:1-11*. Tomo 7. Bs. As. Argentina: Ed. La Aurora, 1974.

Brandão, Carlos Rodrigues, "Ser católico: dimensões brasileiras um estudo sobre a atribução através da religião", In: *Brasil & EUA: Religão e Identidade Nacional*, Rio de Janeiro: Graal.1988.

Bruce, F. F. *The New International Commentary on the New Testament: The Book of Acts* (Revised) Grand Rapids: William B Eerdmans Publishing Company, 1988.

Bunge, Mario *Metodología de la Investigación Científica*. Barcelona: Ariel, 1973.

Campos, Bernardo "Apuntes sobre la Identidad Pentecostal" en: <http://issuu. com/ pentecostalidad/docs/apuntes_sobre_la_identidad_pentecostal>

Campos, Bernardo *"Estructura y Morfología del Culto Pentecostal"* en https://www.academia.edu/25378386/Estructura_y_morfologia_del_culto_ pentecostal

Campos, Bernardo "Guerra Espiritual" en http://www.sigueme. net/estudios-biblicos/29-la-guerra-espiritual-un-desafio-a-la-misiono logia-actual-1/2/3/

Campos, Bernardo *"La Hermenéutica del Espíritu como instrumental analítico para la comprensión de la Realidad"*, presentado al Círculo Ecuménico de Lectura Popular de la Biblia de Lima, en enero 19, 2005.

Campos, Bernardo *"Neo pentecostal paradigms in Latin America Mission"* en Vinson Synan, Amos Yong, and Miguel Álvarez, (eds.), *Global Renewal Christianity: Spirit-Empowered Movements Past, Present, and Future, vol. II: Latin America* (Lake Mary, Fla.: Charisma House Publishers, 2016).

Campos, Bernardo *"Situación del Pentecostalismo al 2013"* en: <http://es.slideshare.net/ipermaster/situacion-de-los-pentecostalismos-en-el-peru-2013>

Campos, Bernardo *De la Reforma Protestante a la Pentecostalidad de la Iglesia*. Quito, Ecuador: CLAI, 1997.

Campos, Bernardo *Experiencia del Espíritu. Claves para una interpretación del Pentecostalismo*. Quito, Ecuador: Ediciones CLAI, 2002.

Campos, Bernardo *Hermenéutica del acontecimiento Fundante. Un análisis de la tesis de relectura bíblica de José Severino Croatto*. Tesis de Grado: Seminario Evangélico de Lima, 1981.

Campos, Bernardo *La Madurez del Hermano Menor. Los otros rostros del Pentecostalismo Latinoamericano Apuntes sobre el Sujeto de la Producción Teológica Pentecostal*. Lima, Perú: J&D Grafic S.R.L., 2012.

Campos, Bernardo *La Tarea Hermenéutica*. Lima, Perú: CEPS, 1987.

Campos, Bernardo *Visión de Reino: Apóstoles y Profetas en la historia del cristianismo: Apreciación Fenomenológica de un Movimiento de Restauración y Reforma*. Lima, Perú: Bassel Publishers, 2009.

Cardoso, Rogério Da Silva *Agência de curas divinas e organizações paraeclesiásticas* en: <http://bereianos.blogspot.pe/2013/06/agencia-de-curas-divinas-e-organizacoes.html>

Casal, F. *La Biblia Día a Día: Comentario exegético a las lecturas de la Liturgia de las Horas*. Madrid: Ediciones Cristiandad 1981.

Católica, Enciclopedia "Verdad" en: http://www.mercaba.org/Articulos/v /la _verdad_como_acontecimiento.htm

Chiquete, Daniel. *"Pentecostés y Liberación: Lectura Pentecostal Latinoamericana de Hechos 2"* en: ID. *Haciendo camino al andar. Siete ensayos de teología pentecostal*. San José, Costa Rica, Centro Cristiano Casa de Vida, 2007, págs. 59-90

Chiquete-Orellana (eds.) *Voces del Pentecostalismo Latinoamericano Vol 1*. Chile, 2003.

Comay, Joan. *The Diaspora Story: The Epic of the Jewish People among the Nations* (1981), Tel Aviv y Bnei-Brak: Steimatzky, repr. 1994.

Corvalán Vásquez, Oscar *"Notas sobre el Futuro de los Pentecostales Latinoamericanos en su Transición de Movimiento Social a la Constitución de Iglesias Cristianas"* en David Mesquiati Oliveira (organizador) *Pentecostalismos e Transformação Social*. Sao Paulo: Fonte Editorial, 2013.

Costadoat, Jorge *Un futuro para el cristianismo*. Biblioteca Católica Digital en: <http://www.mercaba.org/FICHAS/Teologia_latina/futuro_para_el_cristianismo.htm>

Croatto, José Severino "Del año jubilar levítico al tiempo de liberación profético: Reflexiones exegéticas sobre Isaías 61 y 58, en relación con el Jubileo" en *Revista RIBLA Nro. 33* (octubre 1999) 76-96.

Croatto, José Severino "La relevancia socio histórica y hermenéutica del éxodo" en *Revista Concilium* 209 (1987): 155-164

Croatto, José Severino *Liberación y Libertad. Pautas hermenéuticas.* Lima, Perú: CEP, 1978.

Cruz, Ricardo "¿Es posible una Ética Universal?". Universidad el Minuto de Dios, en: http://www. saga.unal.edu.co/etexts/PDF/Ponencias2010/WalterCruz.pdf

D. Nichol, Francis (ed). *Comentario bíblico adventista*, 7 vols. Boise, Idaho: Publicaciones Interamericanas, tomo 1, 1978-1990.

David Mesquiati de Oliveira, *"Profetismo Bíblico e Profetismo Pentecostal: Um Chamado à Transformação social"* en David Mesquiati de Oliveira (Organizador), *Pentecostalismos e Transformação Social*. Brasil: Fonte Editorial-RELEP, 2013: 39-63.

De Araujo, Isael "O Movimento Chuva Serôdia" en *Dicionário do Movimiento Pentecostal.* Río de Janeiro: CPAD, 2007: 619-620

De Cartago, Cipriano. "Epístolas", en: <http://es.scribd.com/doc/130224462 /255-Cartas-Cipriano-de-Cartago-pdf#scribd>

De Cartago, Cipriano. *Cartas*. Madrid: Ed. Gredos, 1998

De Cesarea, Eusebio, *Historia eclesiástica.* Buenos Aires: Editorial Nova, 1950.

De Voux, R. *Instituciones del Antiguo Testamento*. Barcelona: Editorial Herder, 1964.

Deiros, Pablo A. "Magia", *Diccionario Hispano-Americano de la Misión*. Versión electrónica: Ex libris el tropical, 2006.

Deiros, Pablo *La Acción del espíritu Santo en la Historia: Las lluvias tempranas (años 100-550)* EE.UU: Ed. Caribe, 1998.

Del Olmo Lete, Gregorio *La vocación del Líder en el Antiguo Israel*. *Salamanca*, Universidad Pontifi-cia, 1973.

Demera Vargas, Juan Diego *"Dios es Amor" en Guanbiano o la forma de crear una nueva religión: La circulación de las prácticas rituales y las pertenencias étnicas*. Antipod. Rev. Antropol. Arqueol. [On line]. 2006, n.2 pp. 253-273.Disponible en: <http://www.scielo.org.co/scielo.php?script=sci_art text&pid =S1900-540720 0 60001000 14&lng=en&nrm=iso>. ISSN 1900-5407. (Consultado el 19-12-2015)

Dempster, Murray "Evangelism, Social Concern, and the Kimgdom of God" En *Called and Empowered: Global Mission in Pentecostal Perspective*, Murray W. Dempster, Byron D. Klaus and Douglas Petersen (eds,). Peabody Ma: Hendrikson Publishers, 1991

Dempster, Murray W. "The Church's Moral Witness: A Study of Glossolalia in Like's Theology of Acts". *Paraclete: A Journal of Pentecostal Studies* 23 (1989)

Diccionario Enciclopédico de la iglesia Católica, "*Extra Ecclesiam nulla salus*" en: <http://www.mercaba.org/DicEC/E/extra_ecclesiam_nulla_salus. htm>

Douglas, J. D., *Nuevo Diccionario Bíblico Certeza*. Barcelona: Certeza, 2000.

Dufour X, Léon-. (ed.), *Los milagros de Jesús*, Madrid 1979.

Dunn, James D. G. *El cristianismo en sus comienzos Tomo II / Volumen 1 Comenzando desde Jerusalén*. Pamplona: Ed. Verbo Divino, 2009.

Durkheim, Émile. *Escritos Selectos. Introducción y selección de Anthony Giddens*. Buenos Aires: Nueva Visión, 1993.

Durnbaugh, Donald F. *The Believers' Church: The History and character of Radical Protestantism*. London: The Macmillan Company, 1968.

Ética Universal, Declaración de Principios: http://www.eticauniversal.net/

Ética Universal, Proyecto de: http://www.eticauniversal.net/2009 /05 /presentacion-del-proyecto.html

Fabris, R. *La prima lettera di Pietro*, Ed. Lanterna, Génova 1971 en: http:// www.mercaba.org/DicTB/P/pedro_primera_carta_de.htm

Faw, Chalmer E., *Believers Church Bible Commentary: Acts,* Scottdale, PA: Herald Press, 1993

Fee, Gordon D. *Pablo, el Espíritu y el Pueblo de Dios*. Miami, FL: Editorial Vida, 2007

Fee, Gordon D. *Primera epístola a los corintios* Buenos Aires-Grand Rapids: Nueva Creación, 1994.

Fierro Bardají, Alfredo *Teoría de los cristianismos*. Estela, Navarra: Verbo Divino, 1982.

Foulkes, Irene *Problemas pastorales en Corinto. Comentario exegético pastoral a 1 Corintios*, San José, SEBILA/DEI, 1996.

Frank E., Viktor. Homo *patiens. Intento de una patodicea*. Editorial Plantin, Buenos Aires 1955.

Freston, Paul. "Breve historia da Assembleia de Deus". *Revista Religião e Sociedade*, 16/3, maio/1994. Rio de Janeiro.

García Cordero, Maximiliano. *Biblia Comentada por los Profesores de Salamanca*. Madrid: Editorial B.A.C, 1967.

Gaxiola Gaxiola, Manuel J. *La Serpiente y la Paloma: Historia, teología y Análisis de la Iglesia Apostólica de la Fe en Cristo Jesús (1914-1994)*, México: IAFCJ, 2007.

Gaxiola López, Maclovio. *Historia de la Iglesia Apostólica de la fe en Cristo Jesús de México. México*: IAFCJ, 1964.

Geffré, Claude *De Babel a Pentecostés. Ensaios de teología inter-religiosa*. Sao paulo: PAULUS, 2013.

Habermas, Jürgen *Entre naturalismo y religión*, Barcelona, Paidós Ibérica.2006.

Habermas, Jürgen. Religion in the public sphere. *European Journal of Philosophy* (2006) 14 (1):1–25.

Huezo Mixco, Luis R. (Compilador), *De las Misiones de Fe al Neopentecostalismo: Génesis y evolución del Protestantismo Salvadoreño, desde el siglo XIX hasta el Presente*. San Salvador: Secretaría de Cultura de la Presidencia, Universidad Evangélica de El Salvador, 2013

ICAL *International Coalition of apostolic leaders*, en: <http://www.icaleaders.com/>

Jardilino, J. R. L. *Sindicato de mágicos: um estudo de caso da eclesiologia neopentecosta*l. São Paulo: Cepe, 1993.

Kovadloff, Santiago. *La extinción de la diáspora judía*, Buenos Aires: Emecé, 2013.

Krotz, Esteban. *Introducción a Ernst Bloch (a 125 años de su nacimiento)*. En-clav.pen [online]. 2011, vol.5, n.10 [citado 2015-12-17], pp. 55-73. Disponible en: <http://www.scielo.org.mx/scielo.php?script=sciarttext&pid= S1870-879X2011000200004&lng=es& nrm=iso>. ISSN 1870-879X.

Kung, Hans *El Cristianismo: Esencia e Historia*. Madrid: Ed. Trotta, 1997

Kung, Hans *Hacia una Teología Universal,* Video en https://www.youtube. com/embed/dB9OXZSC3 yk?showinfo=0& rel =0&autoplay=1 (Parte I - Emisión del día 17-06-2011 - 26:14 min. y Parte II - Emisión del día 01-07-2011 - 21:05 min.)

Kung, Hans *Ser cristiano*. Madrid: Cristiandad, 1977

Küng, Hans. *El cristianismo y las grandes religiones. Hacia el diálogo con el islam, el hinduismo y el budismo*. Madrid: Ediciones Cristiandad, 1993.

Lalive d'Epinay, Christian. *Les protestantismes latino-américains: un modele typologique* (mimeografiado), Genéve 1969.

Latourelle, R. "Milagro" en <http://www.mercaba.org/DicTF/TF _milagro.htm>

Latourelle, R. *A Jesús el Cristo por los evangelios,* Salamanca 1982.

Latourelle, R. *Milagro, en Nuevo diccionario de teología* I, Madrid 1982, 1065-1079.

Latourelle, R., *Milagros de Jesús y teología del milagro*, Salamanca 1990.

Latourelle, R., Miracle, en *Dictionnaire de Spirttualité* 10, fasc. 68-69, col. 1274-1286.

León, Jorge, *Teología de la Unidad*. Buenos Aires, Argentina: Ediciones La Aurora, 1971.

Levine, Daniel H. *The Future of Christianity in Latin America"*. Working Paper #340. Kellog Institute: August 2007:1-43.

Lindhardt, Martin "La Globalización Pentecostal: Difusión, Apropiación y Orientación Global" en *Revista Cultura y Religión*, Vol. V, N° 2 (diciembre del 2011) 117-136.

Lohfink, Gerhard *El Origen del bautismo cristiano* (Der Ursprung der christlichen Taufe, Theologische Quartalschrift, 156 (1976) 35-54 Traducido y condensado por Luis Tuñi.

Lohse, E. "πεvτηκοστή (Pentecostés)" en Gerhard Kittel, *Compendio del Diccionario del NT*. Estados Unidos: Libros Desafío, 2003: 805-806.

Lugo, Gamaliel (Organizador), *Jubileo La Fiesta del Espíritu: Identidad y Misión del Pentecostalismo Latinoamericano*. Maracaibo, Venezuela: CEPLA-CLAI, 1999.

Macchia, Frank D «Dios presente en una situación confusa: la influencia mixta del movimiento carismático en el pentecostalismo clásico en los Estados Unidos». *Pneuma: La revista de la Sociedad de Estudios Pentecostales* (en inglés). (1996). Vol. 18.

Maertens, Thierry *Fiesta en honor de Yahvé*. Madrid 1964.

Mariano, R. *Neopentecostais: sociologia do novo pentecostalismo no Brasil*. São Paulo: Loyola, 1999; R. Mariano, *"Um panorama do protestantismo brasileiro atual"*. *Cadernos do ISER*, Rio de Janeiro, n. 22, 1989.

Mariano, R. *Neopentecostalismo: os pentecostais estão mudando. 1995*. Dissertação (Mestrado em Sociologia) –Departamento de Sociologia da Faculdade de Filosofia, Letras e Ciências Humanas, Universidade de São Paulo, São Paulo, 1995.

Marshall, I. Howard *Luke: Historian and Theologian* (Lucas, Historiador y teólogo), citado por Stronstad, Stronstad, Roger. *La Teología Carismática de Lucas*. Miami, Florida: Editorial Vida, 1994.

Martin, David "Seis cientos millones de pentecostales", citado por Josh Mcbride en Agencia La voz en: <http://noticiasla voz.blogspot.pe/2009/02/ 600-millones-de-pentecostales-en-el.html> (consultado el 18.12.15).

Martin, David. *Tongues of Fire: Protestant Expansion in Latin America.* Oxford: Basil Blackwell. 1990.

Marzal, Manuel "Los Rostros Religiosos en el Mundo urbano", auspiciada por el Centro Cristiano de Promoción y Servicios, CEPS, conferencia pronunciada el 06 de agosto de 1996, en Lima, Perú: Universidad Nacional Mayor de San Marcos.

Marzal, Manuel M. *La Transformación Religiosa Peruana.* Lima, Perú: PUCP Fondo Editorial, 1988.

Matthew Henry's Commentary » Resources » Acts » Chapter 2 » Verses 5–13 en: <https:// www.biblegateway.com/resources/ mat thew - henry/Acts.2.5-Acts.2.13>

Mauricio Beltrán, William *Del Monopolio Católico a la Explosión Pentecostal: Pluralización religiosa, Secularización y Cambio Social en Colombia.* Bogotá, Colombia: UNC-Centro de Estudios Sociales, 2013.

Melano Couch, Beatriz "Resumen de la hermenéutica Metódica: La Teoría de la Interpretación según Paul Ricoeur" en Kairós, *Hacia una Hermenéutica Evangélica.* Tomo II. Lima, Perú: Kairós, 1977: 1-15.

Mena, Ignacio. *Génesis, Estructura y Contextos del Pentecostalismo en la Sociedad Global* en: Si Somos americanos: *Revista Estudios Transfronterizos* Volumen XI / N°2 / 2011 / pp. 63-83.

Mendonça, Antonio G. "Evolução historica e configuração atual do protestantismo no Brasil", en A. G. Mendonça - Prócoro Velasques Filho, *Introdução ao Protestantismo no Brasil.* Sao Paulo, Brasil: Edições Loyola, 1990: 11-59.

Mendonça, Antonio G. *Sindicato de mágicos: pentecostalismo e cura divina – desafio histórico para as igrejas.* Estudos da Religião, São Paulo, n. 8, p. 49-59, 1992.

Mendonça, Gouvea Antonio *O Celeste Porvir. A insercao do Protestantismo no Brasil.* Sao Pau-lo: Paulinas, 1984

Mesquiati Oliveira, David (org) *Pentecostalismos e Transformação Social.* Sao Paulo: Fonte Editorial, 2013.

Míguez Bonino, José, *"El Futuro del Protestantismo"*, en Fraternidad Teológica Latinoamericana, *Boletín Teológico,* Buenos Aires, Año XXIII, N° 42-43 Setiembre (1991)155-157.

Míguez Bonino, José, *Rostros del protestantismo latinoamericano*, Nueva Creación, Buenos Aires, 1995.

Míguez Bonino, José. "*Visión del cambio social y sus tareas desde las iglesias cristianas no-católicas*" en: Instituto de Fe y Secularidad, *Fe Cristiana y Cambio Social en América Latina. Encuentro en El Escorial 1972*, Salamanca 1973: Ediciones Sígueme: 179-202.

Míguez Bonino, José. *Conflicto y Unidad en la Iglesia*. San José, Costa Rica: SEBILA. 1992.

Míguez Bonino, José. *Integración Humana y Unidad Cristiana*, Seminario Evangélico de Puerto Rico, Puerto Rico, 1969.

Míguez, Néstor. "Juan 20:19-23" (Selah) en: http://www.webselah.com/juan-20-19-23.

Mínguez, Dionisio. *Pentecostés. Ensayo de Semiótica Narrativa en Hechos 2* (Analecta Bíblica, 75, tesis doctoral). Roma: Biblical Institute Press, 1976.

Miranda, Roberto. *¿Borracho en el Espíritu Santo?" Sermón 4 de julio 2010* en: http://leondejuda.org/node/7496 (consultado el 12.12.15).

Moltmann, Jürgen. *El Espíritu Santo y la Teología de la Vida – La Fuente de la Vida*. Salamanca: Ediciones Sígueme, 2000.

Moscovici, Serge, Mugny, Gabriel y Pérez, Juan Antonio (editores) *La Influencia Social Inconsciente* Anthropos, Barcelona, España, 1994.

Moulian Tesmer, Rodrigo. "*Somatosemiosis e identidad carismática pentecostal*" Revista Cultura y Religión. ISSN 0718-4727 Disponible en: http://www.revistaculturayreligion.cl/index.php/culturayreligion/article/viewFile/158/148

Moulian Tesmer, Rodrigo. *Metamorfosis Ritual. Desde el Ngillatun al Culto Pentecostal. Teoría, historia y etnografía del cambio ritual en comunidades mapuche williche*. Chile: Ediciones Kultrún-Universidad Austral de Chile, 2011

Moulian, Rodrigo; Izquierdo, José Manuel y Valdes, Claudio. *Poiesis numinosa de la música pentecostal: Cantos de júbilo, gozo de avivamiento y danzas en el fuego del espíritu*. Rev. music.chil. [On line]. 2012, vol.66, n.218 [citado 2016-05-17], pp. 38-55.

Mowinckel, Sigmund *El que ha de venir: Mesianismo y Mesías*. Madrid: FAX, 1975.

Nelson, Wilton M. "perro" en *Nuevo Diccionario Ilustrado de la Biblia*. Nashville, Tennessee: Caribe, 2000: 1088.

Newbigin, Lesslie *The Household of God*. New York: Friendship Press, 1954

Nicea, The Council of http://web.archive.org/web/20090608115454/http:// ourworld.compuserve.com/homepages/pentecostal/One-Ch11.htm>

Nida, Eugene. *Noticiero Audio-visual Evangélico (suplemento especial)*. Nro. 1 México, DF. S/F.

Noticia Cristiana (On Line) en: <http://www.noticiacristiana.com/iglesia/crecimiento /2013/05/2025-se-preve-que-evangelicos-pentecostales-llegaran-a-800-millones-en-el-mun do.html> Vatican Insider, 11 de abril. (Consultado el 18.12.15).

Oñoro, Fidel "Inundados por el poder del Espíritu Santo: Fuego y Viento impetuoso de Amor Hechos 2,1-11" Centro Bíblico del CELAM (27 de Mayo de 2005) en: <http://www.homiletica.org/fidelonoro/fidelonoro0018.pdf>

Orellana, Luis *The Future of Pentecostalism in Latin America*, in: Synan, Vinson *Spirit-empowered Christianity in the twenty-first century* (1st ed). Charisma House, Lake Mary, Fla, 2011

Ovando Garrido, José María. *La americanidad Filosofía de la moral el derecho y la política*. Santa Fe de Bogotá: Grupo Editorial Ibañez, 2014

Pablo II, Juan. *Creo en el Espíritu Santo: Catequesis sobre el Credo III*. Madrid: Ediciones Palabra, 2003.

Padilla, Alvin "*Comentario del San Juan 20:19-23*" en: <https://www.working preacher. org/preaching.aspx ?commentary_id=971>

Padilla, C. René "Cristo y el Anticristo en la proclamación del Evangelio" en Id. *Misión Integral: Ensayos sobre el Reino y la Iglesia*. Bs. As-Grand Rapids: Nueva Creación-B. Eerdmans Publishing Co. 1986: 106-122.

Petersen, Douglas. *No con Ejército ni con Fuerza*. Miami, Florida: Ed. Vida, 1996.

Pico, Josep (compilador) Modernidad *y Postmodernidad*. Madrid, Alianza, 1988.

Piñero, Antonio. *Los Cristianismos Derrotados. ¿Cuál fue el pensamiento de los Primeros Cristianos Heréticos y Heterodoxos?* Madrid: Ed. EDAF, 2007.

RAE, "Ethos" en: <http://dle.rae.es/?id=H3xAc5s>

Rauls, John. «Una revisión de la idea de razón pública», en *El derecho de Gentes y una revisión de la idea de Razón Pública*, Barcelona, Paidós. 2001.

Rauls, John. *El liberalismo político*, trad. cast. A. Doménech, Barcelona, Crítica, 1996.

Revista RIBLA Nro. 33 (octubre 1999) (íntegramente dedicado al Jubileo bíblico).

Richard, Pablo "*Ya es tiempo de proclamar un Jubileo: Sentido general del Jubileo en la Biblia y en el contexto actual*" en *Revista RIBLA Nro. 33* (octubre 1999): 17-21.

Richard, Pablo *Hechos*, en: <http://hectorucsar.files.wordpress.com/2014/01/ el-movimiento-de-jesus-antes-de-la-iglesia.pdf >

Riss, R. M. "The Later Rain Movement of 1948", *Pneuma 4* (Spring 1982):32-46.

Riss, R.M."Latter Rain Movement" en: Stanley M. Burgess and Gary B. McGee (editors) *Dictionary of Pentecostalism and Charismatic Movement*. USA: Regency Zondervan Publishing House, 1988.

Rocha, José Luis "*Sincretismo en la Centroamérica neoliberal: los pentecostalismos absorben y difunden la cultura gerencial y el pensamiento positivo*", en Luis R. Huezo Mixco (compilador), *De las Misiones de Fe al Neopentecostalismo: Génesis y evolución del Protestantismo Salvadoreño, desde el siglo XIX hasta el Presente*. San Salvador: Secretaría de Cultura de la Presidencia, Universidad Evangélica de El Salvador, 2013.

Rodolfo Arguello, Luis *Manual de Derecho Romano. Historia e Instituciones*. Buenos Aires, Argentina: Editorial Astrea, 2000.

Ropero, Alfonso y Hughes, Philip E. *Teología Bíblica del Avivamiento: Avívanos de nuevo*. Barcelona: Ed. CLIE, 1999.

Samandú, Luis A, "*El pentecostalismo en Nicaragua y sus raíces populares*" En: Pasos, San José, Costa Rica, may-jun N° 17 (1988): 1-10.

Samandú, Luis A. "Religión e identidades en América Central" En: *Cristianismo y Sociedad*, México, XXIX/3, N° 109, (1991.) 67-86.

Sánchez Cetina, Edesio *'emet en el Antiguo Testamento*, Departamento de literatura, Tesis de licenciatura, San José: SBL. 1974.

Santos Molano, Enrique. "Entrevista a José María Ovando Garrido, sobre su libro La americanidad. Grupo Editorial Ibáñez. 2014" en: <http://grupoeditorialibanez.com/2/index.php/others/all-categories/numero-9/260-la-americanidad>

Schafer, Heinrich *Protestantismo y crisis social en América central*. Costa Rica: DEI, 1992

Schille, G. *Die Apostelgeschichte des Lukas*. Berlin, 1983: 90, citado por Daniel Chiquete, *Pentecostés y Liberación: Lectura Pentecostal Latinoamericana de Hechos 2*: 6

Sepúlveda, Juan. "El Principio Pentecostal: Reflexiones a partir de los orígenes del Pentecostalismo en chile" en, Chiquete-Orellana (eds.) *Voces del Pentecostalismo Latinoamericano*. Vol 1, 2003.

Silveira Campos, Leonildo. *Teatro, Templo y Mercado Comunicación y marketing de los nuevos pentecostales en América Latina* Quito-Ecuador, Ediciones Abya-Yala, 2000.

Sobrino, Jon. *El Principio Misericordia: Bajar de la cruz a los pueblos crucificados*. Santander: Ed. Sal-terrae, 1992.

Sobrino, Jon. *Jesús en América Latina. Su Significado para la Fe y la Cristología*. Santander: Sal Terrae, 1982.

Spinoza, Baruc. *Ética demostrada según el orden geométrico*. Edición y traducción de Atilano Domínguez. Editorial Trotta: Madrid, 2005.

Steinmueller, John E. and Sullivan, Kathryn "Glossolalia" y "Gift of Tongues" en: *Catholic Biblical Encyclopedia: Old and New Testaments* New York: Joseph Wagner, 1956: 258-9; 635-6 respectivamente.

Stronstad, Roger. *La Teología Carismática de Lucas*. Miami, Florida: Editorial Vida, 1994.

Synan, Vinson. *Spirit-empowered Christianity in the twenty-first century* (1st ed). Charisma House, Lake Mary, Fla, 2011.

Synan, Vinson. *The Century of the Holy Spirit*. Nashville, TN: Thomas Nelson Publishers, 2001.

Theisen, Gerd *La Religión de los primeros cristianos. Una teoría del cristianismo primitivo*. Salamanca: Ediciones Sígueme, 2002.

Theissen, Gerd *Sociología del Movimiento de Jesús: El nacimiento del Cristianismo primitivo*. España: Ed. Sal Terrae, 1979.

Tillich, Paul *Moralidad y algo más*. Bs. As.: Ed. La Aurora, 1974.

Tillich, Paul. *La Era Protestante*. Chicago: The University of Chicago Press, 1965.

Torres Alvarado, Domingo (coordinador) *Cien Años de Pentecostés. Desde la vivencia de la Iglesia Apostólica*. México: Ediciones del Lirio, 2014.

Touraine, Alain. *Crítica de la Modernidad*. México: FCE, (1992) ^{3}2012.

Troeltsch, Ernst. *The Social Teaching of the Christian Churches* (2 Volumes). Translated by Olive Wyon. Louisville, Kentucky: Westminster/John Knox Press.1912 [English Translation 1931, Reprint 1992].

Unger, Merrill F. & White, William (eds.), *Diccionario Expositivo de palabras del Antiguo Testamento*. Nashville: Thomas Nelson, Inc. 1984.

Uribe Ulloa, Pablo "*Pascua Judía, Pascua Cristiana*" en: <http://www.ucsc.cl /blogs-academicos/pascua-judia-pacua-cristiana/> (Consultado 09.12.15).

Uribe Villegas, Eleuterio. *Unicidad y Revelación del Nombre: Una Exégesis de Hechos 2:1-41*. México: RELEP, 2016 Ponencia (inédita) presentada en el Encuentro de RELEP y la Iglesia Apostólica de la Fe en Cristo Jesús en Culiacán, Sinaloa, México 6-8 de abril del 2016.

Utley, Bob "2 Tesalonicenses 2 en: <"http://www.biblestudytools.com/commentaries/utley/2-tesalonicenses/2-tesalonicenses2.html> (consultado el 12. 12. 15)

Vaccaro, Gabriel O. *Identidad Pentecostal*. Quito, Ecuador: CLAI, (edición ampliada y corregida) 1990.

Varios, «Pablo de Tarso, Militante de la fe», *Revista de Interpretación Bíblica Latinoamericana* (RIBLA), Nro. 20, 1995.

Velasco, Juan Martín *Metamorfosis de lo sagrado y futuro del cristianismo*, "Selecciones de Teología" 150 (1999) 127-146

Villafañe, Eldin. *El Espíritu Liberador: Hacia una Ética Social Pentecostal Latinoamericana*. Bs. As-Grand Rapids: Nueva Creación y William B. Eerdmans Publishing Company, 1996.

W Stegemann, Ekkehard y Stegemann, Wolfgang. *Historia social del cristianismo primitivo. Los inicios en el judaísmo y las comunidades cristianas en el mundo mediterráneo*. Navarra: Ed. Verbo divino, 2001.

W. Musser, Donald y D. Dixon Sutherland, War Or Words?: *Interreligious Dialogue as an Instrument Of Peace*. EE. UU.: Pilgrim Press 2005.

Walaskay, Paul, *Westminster Bible Companion: Acts*, Louisville: Westminster John Knox Press, 1998.

Wariboko, Nimi *The Pentecostal Priciple: Ethical Methodoloy in New Spirit*. USA: William B. Publishing Company-Grand Rapids, Michigan / Cambridge, U.K., 2012.

WCC. *Ven, Espíritu Santo, renueva toda la creación*. Seis estudios bíblicos preparatorios para la Séptima Asamblea del Consejo Mundial de Iglesias. Bs. As.: Ed. La Aurora, 1990.

Wendell Willis, "koinonia" en Freedman, David Noel (ed.), *Eerdmans Dictionary of the Bible*. Grand Rapids: William B. Eerdmans Publishing Co., 2000.

Wikipedia, "Éfeso" en: <https://es.wikipedia.org/wiki/Efeso>

Wikipedia, "Iglesia Católica" en <https://es.wikipedia.org/wiki/ Iglesia_católica>

Wikipedia, "Iglesia Ortodoxa", en <https://es.wikipedia.org/wiki/ Iglesia_ortodoxa.>

Wikipedia, "Iglesias Católicas Orientales" en: <https://es.wikipedia.org/wiki/ Iglesias_catolicas_orientales#Clasificacion>

Wilbur, Gingrich, F. Shorter *Lexicon of the Greek New Testament*. Chicago: University of Chicago Press, 1983.

Wilson, Bryan *Sociología de las sectas religiosas*. Madrid: Ediciones Guadarrama, 1970.

Wynarczyk Hilario. *Sal y luz a las naciones. Evangélicos y política en la Argentina (1980-2001)*. Buenos Aires: Instituto Di Tella y Siglo XXI Editora Iberoamericana, 2010.

Wynarczyk, Hilario "Sobre la *Taxonomía*" en Carta al autor de este libro, a petición, en su calidad de maestro de *metodología de la investigación científica* en la Universidad San Martin (UNSAM) de Bs. As. Argentina. 17.12.2015.

Wynarczyk, Hilario *Ciudadanos de dos mundos. El Movimiento evangélico en la vida pública argentina 1980-2001*. Bs. As.: UNSAM Edita, 2009.

Yong, Amos *Beyond the impasse: Toward a Pneumatological Theology of Religions*. Grand Rapids, USA: Backer Academic, 2003.

Yong, Amos *Spirit of Love. A Trinitarian Theology of Grace*. Texas, USA: Baylor University Press, 2012.

Yong, Amos *The Spirit Poured Out on All Flesh. Pentecostalism and the Possibility of Global Theology*. Grand Rapids: Baker Academic, 2005.

Yong, Amos *The Spiritu of Creation. Modern Sciencie and Divine Action in the Pentecostal-Charismatic Imagination*. Gran Rapids, Michigan: William B. Eerdmans Publishing Co, 2011.

Zorrila C., Hugo *La Fiesta de Liberación de los oprimidos. Relectura de Jn. 7:1-10.21*. San José, Costa Rica: SEBILA, 1981.

www.ingramcontent.com/pod-product-compliance
Lightning Source LLC
Chambersburg PA
CBHW031143160426
43193CB00008B/231